Achim Bühl

Antisemitismus

Achim Bühl

Antisemitismus

Geschichte und Strukturen von der
Antike bis 1848

marixverlag

INHALT

Einleitung

In dt. Städten müssen Synagogen durch die Polizei geschützt werden. In Berlin erlebt man, wie ein Fahrgast aus Wut, weil ihm der Bus vor der Nase wegfährt, gegen das Fahrzeug tritt und „Jude" schreit. In der dt. Hauptstadt gehören Angriffe auf Juden, die als solche erkennbar sind, zum Alltag. Angst geht um unter Juden, sodass die Kippa in der Öffentlichkeit kaum mehr getragen wird. In Frankreich und in den USA führten terroristische Attentate auf Synagogen, bei denen zahlreiche Todesopfer zu beklagen waren, zur tiefen Verunsicherung der jüdischen Gemeinden. In nahezu ganz Europa und in den USA ließen sich unzählige Beispiele dafür anführen, dass antisemitische Denkmuster, antisemitische Sprechakte und gewalttätige Handlungen von erschreckender Aktualität sind.

Die Frage „Was ist Antisemitismus?" ist gleichwohl nicht leicht zu beantworten, zumal zahlreiche Definitionen existieren und der Terminus als solcher umstritten ist. In einem ersten definitorischen Zugriff ließen sich unter Antisemitismus alle „feindseligen oder gar hasserfüllten Einstellungen und Verhaltensweisen gegenüber Juden und Jüdinnen" fassen. Dieser erste Versuch zeigt bereits die Schwierigkeit einer präzisen Begriffsbestimmung auf, insofern sich nunmehr die Frage stellt: „Wer ist Jude?" Laut Halacha, dem jüdischen Religionsgesetz, ist Jude, wer von einer jüdischen Mutter abstammt oder zum Judentum konvertiert. Sowohl der Konvertit als auch diejenige Person, welche eine jüdische Mutter hat oder von einer Mutter abstammt, die ihrerseits zum Judentum konvertierte, gelten als gleichberechtigte wie vollwertige Juden. Die Vollwertigkeit der konvertierten Mitglieder einer jüdischen Gemeinde zeigt sich in Berlin am Sachverhalt, dass die Rabbinerin der Synagoge in der Oranienburger Straße ihrerseits eine Konvertitin ist. Der zum Judentum Konvertierte ist ein gleichberechtigter Jude und bleibt nicht etwa ein Konvertit, der diesen Sachverhalt stets zu benennen oder als vermeintlichen Makel offenzulegen hätte. Übernimmt man diese Definition des Judentums bzw. des Jüdischseins, so ergeben sich neuerliche Probleme, insofern es gerade der Antisemit ist, der das Recht der definitorischen Eigenbestimmung missachtet. Für den Antisemiten gilt der

Leitsatz: „Wer Jude ist, bestimme ich!" Der dt. Nationalsozialismus hat bei der Durchführung seines Vernichtungsprogramms nicht das jüdische Religionsgesetz, sondern seine eigenen willkürlichen Kriterien bei der Bestimmung des „Jüdischseins" zugrunde gelegt. Die Relevanz des Sachverhalts wird daran ersichtlich, dass dieser Tatbestand den jungen Staat Israel vor Probleme stellte. Nach israelischem Gesetz hat jeder Jude das Recht einzuwandern und die israelische Staatsbürgerschaft zu erhalten. Bei der Staatsgründung im Jahr 1948 stellte sich auch für Israel die Frage: „Wer ist Jude?" Sollte die Definition der Halacha zugrunde gelegt werden und damit Menschen, die unter dem Nationalsozialismus als Juden verfolgt wurden, die Einwanderung nach Israel versagt werden, da sie laut jüdischem Religionsgesetz keine Juden waren? Israel traf die politische Entscheidung, auch denjenigen Personen, die nur einen einzigen jüdischen Großelternteil besitzen, die Einwanderung zu gestatten. Unsere erste Annäherung an den Terminus „Antisemitismus" hat somit ergeben, dass der Definitionsversuch „feindselige oder gar hasserfüllte Einstellungen und Verhaltensweisen gegenüber Juden" zwingend um den Passus „oder Menschen, die zu Juden konstruiert werden" zu erweitern ist.

Versteht man unter Antisemitismus als Arbeitsdefinition einen Oberbegriff, der alle Formen gruppenbezogener Feindschaft gegenüber Juden oder zu Juden konstruierter Menschen umfasst, so lässt sich konstatieren, dass die Ursprünge des sozialen Phänomens bereits in der Antike liegen und der Tatbestand als solcher auch heutzutage von hoher Aktualität ist. Diese Aussage ist keineswegs damit identisch, einem „ewigen Antisemitismus" das Wort zu reden. Weder ist der Antisemitismus „ewig", da es durchaus Länder gegeben hat mit keinem oder nur äußerst geringem Antisemitismus, es Phasen „relativer Ruhe" gab, in denen es zu wechselseitigen sozio-kulturellen Verflechtungen und vielfältigen Bereicherungen kam, noch sind die Erscheinungsformen, Varianten, Funktionen wie Träger des Antisemitismus stets die gleichen geblieben. Einem „ewigen Antisemitismus" das Wort zu reden, liefe unweigerlich darauf hinaus, die Ursache des sozialen Phänomens den Juden selber und nicht dem Antisemiten anzulasten und damit antisemitisches Gedankengut zu reproduzieren sowie resignierend die Unmöglichkeit seiner Bekämpfung oder Abschaffung zu konstatieren.

Da der Antisemitismus als solcher nicht stets der gleiche geblieben ist, stellt sich die Frage nach einer historischen Phaseneinteilung des sozialen Phänomens. Unseres Erachtens lassen sich sechs Phasen unterscheiden, und zwar *erstens* der überwiegend religiös geprägte Antisemitismus, der sich von der Antike bis zum Mittelalter erstreckte (Kap. 1, Kap. 2), *zweitens* der frühneuzeitliche Antisemitismus, der in Gestalt der „Statuten von der Reinheit des Blutes" bereits ein biologisches Differenzkriterium konstruierte sowie zugleich die soziale wie ökonomische Vorherrschaft der Christen postulierte (Kap. 3), *drittens* der säkularisierte, völkisch-nationalistische Antisemitismus bis zur Mitte des 19. Jh.s, der gleichwohl noch immer stark christlich geprägt war (Kap. 4), *viertens* der „rassenbiologisch" argumentierende „moderne Antisemitismus" seit der Mitte des 19. Jh.s (s. Band 2, Kap. 1 u. 2), *fünftens* der eliminatorische Antisemitismus des dt. Nationalsozialismus, bei dem der alles beherrschende „Rassegedanke" zum sechsmillionenfachen Massenmord an den europäischen Juden führte (s. Band 2, Kap. 3), sowie schließlich *sechstens* der sog. sekundäre Antisemitismus bzw. Post-Holocaust-Antisemitismus nach 1945 (s. Band 2, Kap. 4).

Unsere Einteilung der historischen Phasen verwendet den Terminus „Antisemitismus" somit als Oberbegriff und lehnt eine dichotome Gegenüberstellung bzw. eine binäre Konstruktion von „Antijudaismus" versus „Antisemitismus" ab. Vertreter des dichotomen Konstrukts konstatieren demgegenüber einen religiös begründeten Antijudaismus, der zeitlich bis in die Mitte des 19. Jh.s angesetzt wird, sowie einen „rassenbiologischen" Antisemitismus ab Mitte des 19. Jh.s und betonen einen grundlegenden Unterschied beider Phänomene. Argumentativ beziehen sich die Befürworter dieser Position auf den Sachverhalt, dass die Begrifflichkeit „Antisemitismus" durch einen Personenkreis um Wilhelm Marr (1819–1904) im Jahr 1879 geprägt wurde. Die Ursache des Antisemitismus lag für den Journalisten bei den Juden selbst, insofern diese Marr zufolge der »semitischen Rasse« angehörten, die er als minderwertig bezeichnete. Die Antisemiten benutzten den Terminus „Antisemitismus" in affirmativer Weise als Eigenbezeichnung („Antisemiten-Liga"), agitierten indes nur gegen die Juden und nicht etwa gegen alle zur semitischen Sprachfamilie zählenden Ethnien wie bspw. die Araber. Letzterer Sachverhalt verweist darauf, dass der Terminus „Antisemitismus" unabhängig davon, ob man diesen phasenübergreifend oder nur für den Zeitabschnitt ab Mitte des 19. Jh.s benutzt, zu problematisieren ist, insofern der Terminus die Existenz „biologischer Rassen" suggeriert, die indes nichts als die Erfindung des Rassisten sind. Weder gibt es eine „Rasse" der „Semiten" noch eine „Rasse" der „Negriden" oder der „Mongoliden"; zu konstatieren sind lediglich Sprachverwandtschaften zwischen dem Hebräischen und dem Arabischen („semitische Sprachfamilie"), die für das vermeintliche Rassenkonstrukt („die Semiten") im 19. Jh. herhalten mussten.

Wir wollen uns im Folgenden der strittigen Frage zuwenden, ob bei der Judenfeindschaft trotz zu konstatierender qualitativer Wandlungsprozesse primär epochenübergreifende Kontinuitätslinien zum Tragen kommen („Antisemitismus") oder aber die Dominanz eines dualen, antipodischen Bruchs („Antijudaismus" versus „Antisemitismus") zu konstatieren ist. In der „Lutherdekade" sowie im „Lutherjahr" ist angesichts des Reformationsjubiläums immer und immer wieder betont worden, Luther sei kein Antisemit sondern nur ein Antijudaist gewesen. Der Sprachgebrauch angesichts der Feierlichkeiten verdeutlicht exemplarisch die Problematik einer dualistischen Gegenüberstellung der Termini „Antijudaismus" und „Antisemitismus". Versteht man unter Antisemitismus, wie dies hier der Fall ist, eine gegen Juden und Jüdinnen gerichtete soziale Erscheinung, die Einstellungen, Diskurse, Ressentiments, Diskriminierungen, Vertreibungen bis hin zu Pogromen sowie den Völkermord umfasst, so beinhalten die Schriften und Hasspredigten Martin Luthers eine Vielzahl judenfeindlicher Bemerkungen, die von „den Juden" als Christusmördern bis hin zu „den Juden" als einer verschworenen Gemeinschaft reichen, die durch alles erdenklich Böse wie Wucher sowie Giftmischerei den Tod der Christenmenschen wünschten und die Herrschaft in christlichen Ländern an sich reißen wollten. In seinen Schriften propagierte der Reformator einen eschatologisch geprägten Endzeitkampf zwischen „den Juden" und „den Christen". Luther malte in seinen Predigten eine alles entscheidende finale Schlacht zwischen den mit dem Antichristen verbündeten Juden und den der Versuchung des Teufels ausgesetzten Christen aus. Angesichts derartiger Hasspredigten, die u. a. Landesfürsten zur Vertreibung der Juden aus ihren Territorien bewegen sollten, sowie programmatischen Aufrufen Luthers, die Synagogen bis auf ihre Grundmauern zu zerstören, die Religionsausübung der

Juden zu untersagen, sie zur Arbeitspflicht heranzuziehen sowie jüdische Schriften zu verbrennen, diente der im Lutherjahr betonte Dualismus zwischen „Antijudaismus" und „Antisemitismus" als Legitimation, um den Vernichtungswahn des Reformators, der nur noch die reine Körperlichkeit der Juden ausließ, zu verdecken und die Judenfeindschaft Luthers auf diese Weise verharmlosend als eine Art Religionsstreit hinsichtlich der Auslegung der hebräischen Bibel erscheinen zu lassen.

Die binäre Logik der Termini „Antijudaismus" und „Antisemitismus" verkennt, dass derlei ideologische Muster, wie sie bei Luther und anderen christlichen Theologen zu finden sind, eine tiefe Prägung im westlichen Denken hinterließen, es alles andere als eine zufällige Parallele ist, dass in nationalsozialistischen Broschüren, Reden Hitlers wie Goebbels und Rosenbergs, die den europaweiten Völkermord an den Juden vorbereitend oder begleitend legitimierten, von einem Endkampf zwischen der „semitischen" und der „arischen Rasse" die Rede ist, vom verschworenen „Weltjudentum", das alles nur erdenklich Diabolische aushecke, um die Macht in Deutschland und Europa an sich zu reißen. Der eschatologisch geprägte „Rassenkampf" des dt. Nationalsozialismus knüpfte an antisemitische Muster des Christentums an, die längst vor Hitler zum Mainstream westlichen Denkens zählten. Der konstruierte Dualismus zwischen „Antijudaismus" und „Antisemitismus" übersieht den Sachverhalt, dass ganze Nummern des nationalsozialistischen Hetzblattes *Der Stürmer* die mittelalterliche Ritualmordlegende wieder aufleben ließen, und diverse Publikationen des *Stürmer-Verlags* die Schuld der Juden an rituellen Morden akribisch nachzuweisen gedachten. Im Mai 1943 griff *Der Stürmer* ebenso das bei Luther verbreitete Motiv der Juden als „Christenmörder" auf. Die Sondernummer trug den Titel *Jüdischer Mordplan gegen die nichtjüdische Menschheit aufgedeckt* und bezeichnete die Juden als »Mördervolk«.

Der im Folgenden benutzte Antisemitismusbegriff intendiert nicht nur die Dekonstruktion von Legitimationsvarianten wie sie in der Luther-Dekade zutage traten, sondern ebenso eine Sichtbarmachung der im kulturellen Bewusstsein des westlichen Denkens tief verankerten Techniken der Judenfeindschaft als „lange Welle". Diverse Diskurse wie Narrative entpuppen sich bei näherer Betrachtung als überkommenes historisches Muster, das zwar qualitative Transformationen sowie einen Austausch der

Akteure, Motive wie Funktionen erfuhr, jedoch gleichwohl eine additive Wirkung zu entfalten vermochte und ein über Jahrhunderte wirkendes Verstärkungspotential erzeugte, welches in relevantem Maß mit dazu beitrug, dass in Deutschland das Undenkbare geschehen konnte. Den Antisemitismus als lange historische Welle verstehen heißt indes nicht, wie Kritiker unterstellen, der Vorstellung eines teleologischen Geschichtsverständnisses das Wort zu reden, insofern es weder einen geradlinigen noch einen zwangsläufigen Weg von Luthers Hasspredigten zu den Krematorien in Auschwitz gab. Die Betonung einer langen Welle stellt auch noch nicht die Beantwortung der Frage „Warum die Deutschen, warum die Juden?" dar. Der Wittenberger Reformator trug jedoch zu einem additiven Wirkungspotential bei, welches sich im kollektiven Bewusstsein in einer Weise verankerte, dass dies vom dt. Nationalsozialismus für seine Zwecke reaktiviert und instrumentalisiert werden konnte. Der Nationalsozialismus begriff durchaus die Wirkmächtigkeit des jahrhundertealten antisemitischen Syndroms. Zwar stand im Mittelpunkt der nationalsozialistischen Ideologie wie Gewaltherrschaft ein rassenbiologisch konstruierter Antisemitismus, der die „jüdische Rasse" als zersetzendes und als ein das dt. Volk und die dt. Nation in ihrem Überlebenskampf bedrohendes Potential konstruierte, gleichwohl benutzten die Nazis alle nur erdenklichen Quellen, Richtungen wie judenfeindlichen Denker, da sie die Wirkung des additiven Amalgams und dessen Potential erkannten.

Den Vertretern des binären Konzepts („Antijudaismus versus Antisemitismus") ist vorzuwerfen, dass sie die Existenz dieser langen Welle des Judenhasses sowie seiner kulminierenden Wirkmächtigkeit unterschätzen und epochenübergreifenden Ideologemen wie Narrativen, die sich tief im kollektiven Bewusstsein verankerten, zu wenig Aufmerksamkeit widmen. Die Befürworter des dualen Konzeptes übersehen darüber hinaus, dass die von ihnen konstruierte Phase des Antijudaismus, die sich ja von der Antike bis zur Mitte des 19. Jh.s erstrecken soll, ihrerseits vielfältigen Wandlungsprozessen unterworfen war. Die jeweiligen Modifikationen gilt es im Sinne der Phaseneinteilung, wie sie von uns vorgenommen wurde, exakter zu erfassen. Auf diese Weise erschließt sich auch der „Fall Beuth" (vgl. Kap. 4) in seiner ganzen Tragweite, sodass die ideologische wie politische Scharnierfunktion des „Völkischen" der deutschen Romantik in seiner Relevanz für das Rassenkonstrukt wie den Antisemitismus des Nationalsozialismus erst offenbar wird.

Im Folgenden gilt es, den Antisemitismus sowohl methodisch zu beschreiben, d. h. die Techniken der Fremdheitsproduktion wie der Gewaltförmigkeit präzise zu erfassen, sowie den Antisemitismus zugleich funktional zu analysieren, d. h. nach den Interessen, Ursachen wie Motiven der Täter zu fragen, ohne dabei die Opfer eines mörderischen Systems aus dem Auge zu verlieren oder ihnen gar unsere Empathie zu versagen.

1 Der Antisemitismus in der Antike

Die antike Judenfeindschaft umfasst den Zeitraum seit Beginn der Geschichte Israels etwa 1300 v. Chr. bis ca. Ende des 5. Jh.s n. Chr. Herausragende Ereignisse stellen der Aufstand in Elephantine im Jahr 411 v. Chr., die Verfolgungen unter Antiochos IV. um 170 v. Chr., der Pogrom von Alexandrien im Jahr 38 n. Chr., die Zerstörung des Jerusalemer Tempels durch die römische Besatzungsmacht im Jahr 70 n. Chr. sowie die endgültige Niederschlagung des Simon-Bar-Kochba Aufstands und die damit einhergehende Vertreibung der Juden aus Jerusalem im Jahr 135 n. Chr. dar. Für die Genese und Entwicklung des Antisemitismus spielt die christliche Judenfeindschaft, die sich bereits in neutestamentarischen Schriften, bei Paulus von Tarsus sowie vor allem bei den frühchristlichen Kirchenvätern im 4. Jh. n. Chr. nachweisen lässt, eine fundamentale Rolle. Frühchristliche Dogmen haben nicht nur in entscheidendem Maß den mittelalterlichen Antisemitismus, sondern auch dessen moderne Variante geprägt. Eine Beschäftigung mit dem antiken Antisemitismus lässt die Wurzeln des sozialen Phänomens erkennen.

1.1 Assyrische Deportation und babylonisches Exil

Im 9. Jh. v. Chr. gelang es dem Volk der Assyrer, welches im mittleren und nördlichen Mesopotamien lebte, ein Großreich zu etablieren, dessen Zentren die Städte Aššur, Nimrud und Ninive bildeten und welches zeitweise auch Babylon und Ägypten beherrschte. Im Jahr 733 v. Chr. deportierte das Assyrische Reich Tausende Einwohner aus dem Nordreich Israel, im Jahr 722 v. Chr. ebenso aus dem durch die innerjüdische Spaltung hervorgegangenen Staat Samaria. Im Jahr 614 v. Chr. eroberten die Vasallenstaaten Babylon und Medien die assyrische Hochburg Nimrud, im Jahr 612 v. Chr. nach dreimonatiger Belagerung Ninive und drei Jahre später die westlich gelegene Stadt Harran. Mit der Thronübernahme Nebukadnezars II. (640 v. Chr.–562 v. Chr.) im Jahr 605 war die Unterwerfung der einstigen Großmacht besiegelt. Das neubabylonische Reich schickte sich sogleich an, Syrien und die Levante tributpflichtig zu machen. Aufstände in denjenigen Staaten, die sich gegen ihre Unterwerfung zur Wehr setzten, wurden mit Gewalt niedergeschlagen. Im Jahr 597 v. Chr. eroberte Nebukadnezar II. Jerusalem und verbannte den König Jojachin (616 v. Chr.–560 v. Chr.) sowie Tausende Juden ins ferne Babylon. Einen Aufstand des nachfolgenden Königs Zedekia (618 v. Chr.–586 v. Chr.) ließ der babylonische Herrscher ebenso niederschlagen und im Jahr 586 v. Chr. den Ersten Tempel in Jerusalem zerstören. Zedekia sowie das ihn umgebende Establishment wurde gleichfalls nach Babylon deportiert.

Sowohl die assyrische als auch die babylonische Politik gegenüber den Juden ist insofern nicht als antisemitisch zu werten, als es sich bei den Deportationen nicht um gewaltförmige Praxen auf rassistischer Grundlage handelte. Die Exilierung der Führungseliten wurde auch bei anderen Völkern praktiziert, die sich tributpflichtigen Unterwerfungen widersetzten, um die verbliebene Bevölkerung gefügig zu machen. Rassifizierende Diskurse, welche die Juden in kollektivierender wie antagonisierender Weise mittels eines oder mehrerer Differenzkriterien zur Fremdgruppe konstruierten bzw. die rassistisches Wissen zwecks Legitimierung etwa der Tempelzerstörung produzierten, sind nicht auszumachen, gleichwohl bedacht werden muss, dass die Quellenlage weniger fundiert ist als zu späteren Zeiten. Obgleich Antisemitismus keinesfalls auf Einstellungen oder auf Ideologeme verkürzt werden darf, stellt die antisemitische Ideologie einen notwenigen Bestandteil des sozialen Sachverhalts dar; dieser ist in der assyrischen wie babylonischen Zeit noch nicht auszumachen.

Einwenden ließe sich, dass im *Buch Daniel* der hebräischen Bibel von Antisemitismus unter Nebukadnezar berichtet wird. Es heißt hier:

»König Nebukadnezar ließ ein goldenes Standbild anfertigen, dreißig Meter hoch und drei Meter breit, und ließ es in der Ebene Dura in der Provinz Babylon aufstellen. Dann berief er sämtliche hohen Beamten seines Reiches zu einer Versammlung ein, die Provinzstatthalter, Militärbefehlshaber und Unterstatthalter, die Ratgeber, Schatzmeister, Richter, Polizeigewaltigen und alle hohen Beamten der Provinzen. Sie sollten an der Einweihung des Standbildes teilnehmen, das er errichtet hatte. Sie alle kamen zu der Einweihung und stellten sich vor dem Standbild auf. [...] Einige Babylonier aber ergriffen die Gelegenheit, die Juden anzuzeigen. [...] Da sind aber einige Juden, denen du die

Verwaltung der Provinz Babylon anvertraut hast. Diese Männer haben deinen Befehl missachtet. Sie erweisen deinem Gott keine Ehre und beten das goldene Standbild, das du errichten ließest, nicht an.« (Daniel 3:1)

Der Nebukadnezar der Sage aus dem *Buch Daniel* gerät daraufhin außer sich und lässt die beschuldigten Juden in einen siebenmal so stark wie sonst geheizten Ofen werfen. Doch es ist eine Sage, welche die Rückprojektion eines aktuellen Konflikts in die assyrische Zeit darstellt. Das *Buch Daniel* entstand zwischen 167–164 v. Chr., als das Judentum schwersten Repressalien unter dem seleukidischen Herrscher Antiochos IV. Epiphanes (215–164 v. Chr.) ausgesetzt war, der einen Vernichtungskampf gegen ihren Kultus führte und im Jahr 169 v. Chr. den Jerusalemer Tempel entweihte. In dieser Auseinandersetzung soll das *Buch Daniel* den Juden durch eine Legende aus vergangener Zeit Mut machen, insofern die Juden aus dem glühenden Ofen unbeschadet herauskommen.

1.2 Das Perserreich und die Juden

Im Jahr 539 v. Chr. eroberte der Perserkönig Kyros II., der Persien fast dreißig Jahre lang regierte, Babylon. Kyros II. gelang es in seiner Amtszeit, das persische Einflussgebiet deutlich zu erweitern. Im Jahr 538 v. Chr. gestattete ein Edikt des Herrschers den Juden ihre Rückkehr nach Palästina. Ein relevanter Teil der Juden nahm das Angebot an und begann mit dem Bau eines Zweiten Tempels, den der persische König gestattete und finanzierte. Unter persischer Oberherrschaft war es den Juden erlaubt, ihren Kult in Palästina zu praktizieren sowie nach ihren religiösen Gesetzen autonom zu leben. Die Juden erhielten den vom babylonischen Reich geraubten Tempelschatz zurück. Für die Juden Palästinas begann eine vergleichsweise friedliche Zeit. Die unter der Perserherrschaft in Ägypten erfolgte Zerstörung des Tempels von Elephantine bildete eine Ausnahme, wenngleich die Täter von der lokalen persischen Administration unterstützt wurden, die für ihr opportunistisches Agieren indes streng bestraft wurde.

Das historisch gesehen positive Verhältnis des Perserreichs zu den Juden ist negativ verzerrt wie überlagert durch das *Buch Esther* der hebräischen Bibel, welches beim jüdischen Purimfest gelesen wird und an die vermeintliche Rettung der Juden im persischen Großreich erinnern soll. Das *Buch Esther* schildert den Versuch des persischen Regierungsbeamten Haman, die Juden kollektiv zu vernichten. An den Perserkönig Ahasveros wendet sich Haman mit den Worten:

> »Es gibt ein Volk, zerstreut und abgesondert unter allen Völkern in allen Ländern deines Königreichs, und ihr Gesetz ist anders als das aller Völker, und sie handeln nicht nach des Königs Gesetzen. Es ziemt dem König nicht, sie gewähren zu lassen. Gefällt es ihm, so lasse er verfügen, dass man sie umbringe. Dann werde ich 10.000 Zentner Silber abwiegen [...] und in die Schatzkammer des Königs bringen lassen.« (Esther 3:8)

Ahasveros stellt die Transliteration des persischen Wortes Xerxes dar, sodass der eliminatorische Komplott gegen die Juden in die Amtszeit des persischen Großkönigs Xerxes I. (519–465 v. Chr.) fallen würde, der Persien von 486 v. Chr. bis zu seinem Tode regierte. Die heutige Forschung geht indes davon aus, dass auch diese biblische Legende die antisemitischen Übergriffe des Seleukidenherrschers Antiochos IV. Epiphanes in die Perserzeit zurückprojizierte. Der Zweck der Legende, die von der wundersamen Errettung der Juden durch die Adoptivtochter Esther des als Torhüter des königlichen Palastes dienenden Juden Mordechai berichtet, bestand darin, den Juden mit der Geschichte eines für sie glücklich verlaufenden existentiellen Konflikts zum Zeitpunkt des Makkabäer-Aufstands (167–141 v. Chr.) Mut zu machen. Sowohl das *Buch Daniel* wie das *Buch Esther* sind nicht als Geschichtswerke zu interpretieren, sondern müssen als biblische Erzählungen verstanden werden, die zeitgenössische Auseinandersetzungen legendenhaft verarbeiten.

1.3 Der erste Tatort: Elephantine in Ägypten

Fährt man als Tourist mit einem Nildampfer, um die klassischen Ziele wie Luxor zu besichtigen, so kommt man vorbei an der Insel Jeb, die wegen ihrer Gestalt auch Elephantine genannt wird und sich in der Nähe von Syene befindet, dem heutigen Assuan, das sich am gegenüberliegenden Ostufer des Nils befindet. In Elephantine existierte in der Antike eine jüdische Militärkolonie, deren Größe auf ca. 1.500 Mann geschätzt wird. Aufgrund umfangreicher Papyrus-Funde in aramäischer Sprache ist das jüdische

Leben in Elephantine recht gut dokumentiert. Jüdisches Söldner-wesen existierte wohl schon im 7. Jh. v. Chr., als die ägyptischen Könige Soldaten anwarben, um die Südgrenze Ägyptens gegen das Reich der Nubier zu schützen. Die Entstehungszeit der Mili-tärkolonie von Elephantine lässt sich nur schätzen, sie wurde ver-mutlich bereits im 6. Jh. v. Chr. gegründet. Nachdem sich Ägyp-ten von der assyrischen Herrschaft befreit hatte und seinerseits Palästina kontrollierte, verstärkten sich die Anwerbungen jüdi-scher Söldner für die ägyptische Armee. Besonders nach Zerstö-rung des Ersten Tempels im Jahr 586 v. Chr. handelte es sich um eine größere Anzahl Juden, die den Siedlungsangeboten der ägyptischen Herrscher folgten. Das Privileg zum Bau eines Tem-pels hatte die jüdische Kolonie von Elephantine bereits nach ih-rer Ankunft von den ägyptischen Herrschern erhalten, sodass dieser bereits kurz nach Etablierung der Ansiedlung errichtet wurde. Der Tempel stand im Mittelpunkt des jüdischen Lebens und war dem „Gott Israels" geweiht. Die Juden der Militärkolo-nie fühlten sich zugleich eng mit dem Jerusalemer Tempel ver-bunden und baten bspw. in Briefen um Unterstützung beim Pessachfest. Bedingt durch die umfangreichen Papyrusfunde des Althistorikers und Ägyptologen Eduard Meyer (1855–1930) An-fang des 20. Jh.s lässt sich der Ablauf der Zerstörung des Tem-pels von Elephantine im Jahr 411 v. Chr. aufschlussreich rekon-struieren.

Zu den Konstellationen, die zum Aufstand von Elephantine führten, gehört der historische Sachverhalt, dass die Selbststän-digkeit Ägyptens mit der Eroberung des Landes durch den per-sischen Herrscher Kambyses endete, der seinerseits durchaus In-teresse an den jüdischen Söldnern zeigte, um mit ihrer Hilfe die Ordnung in Oberägypten aufrechtzuerhalten. Bei den Akteuren des antijüdischen Aufstands handelte es sich um ägyptische Priester des benachbarten Tempels des Widdergottes Chnum, de-ren Motive aus einer religiösen Konkurrenzsituation heraus re-sultierten sowie aus dem an die elephantinischen Juden gerichte-ten Vorwurf, diese paktierten als Söldner mit den persischen Herrschern über Ägypten. Das Schüren des Judenhasses stützte sich so auf die klassische Konstellation der Diaspora-Situation, welche durch die militärische Funktionstätigkeit der Juden ver-stärkt wurde. Während sich die Protagonisten des Konflikts zu „genuinen Einheimischen" konstruierten, warfen sie den „jüdi-

schen Fremdlingen" mangelnde Solidarität bzw. fehlende „Vater-
landstreue" vor. Die Konstruktion der Juden als Fremdlinge erfolgte, obwohl diese seit mehreren Jahrhunderten im Land waren,
öffentliche Ämter bekleideten, in vielfältige Weise in das soziale
wie wirtschaftliche Leben eingebunden waren und es nicht selten zu „gemischt-ethnischen Ehen" kam. Die elephantinischen
Juden befanden sich so in einer politischen Konstellation aus der
sie nur als Verlierer hervorgehen konnten. Mangelnde Treue zu
den persischen Oberherren hätte unweigerlich diese auf den Plan
gebracht, während umgekehrt ägyptische Priester vor Ort gegen
sie patriotisch hetzten. Der Konflikt eskalierte zur offenen Gewalt,
als es den ägyptischen Priestern gelang, den persischen Gouver-
neur zu ihren Gunsten in die Auseinandersetzung einzubinden.
Der aufgebrachte Pöbel zerstörte den über 300 Jahre alten Tempel
von Grund auf.

Der Pogrom von Elephantine ist ein Beispiel dafür, dass ein relevanter Sachverhalt bezüglich des Antisemitismus bereits seit
der Antike in der Diasporasituation der Juden zu finden ist. Dies
darf jedoch nicht als kausaler Automatismus verstanden werden,
insofern es stets soziale Kräfte und benennbare Personen waren,
die Menschen wie die elephantiner Juden, die sich bereits seit
Jahrhunderten im Land befanden, zu hasswürdigen Fremden
konstruierten. In politischen wie sozioökonomischen Krisenepo-
chen ließ sich der Sachverhalt der Diaspora für die wahren kausalen Motive wie Interessenlagen judenfeindlicher Akteure indes
erfolgreich instrumentalisieren. Die Diasporasituation des Judentums stellte in der Antike wie in den nachfolgenden Zeiten einen
nutzbringenden Vorwand und nicht den Grund antisemitischer
Ressentiments dar. Insbesondere bei politischen Konflikten wurden die Juden wie in Elephantine vor die Wahl gestellt, ihre Option zugunsten der einen oder der anderen Kraft zu treffen. Entschieden sie sich für eine der beiden Seiten, so war ihnen der Hass
der jeweils anderen gewiss, deren Angehörige nunmehr gestützt
auf ihre „vaterlandsverräterische Wahl" bereits schwelende sozio-
ökonomische wie religiös-motivierte Konflikte zwecks eigener
Vorteilsaneignung entfachten.

Bezüglich des religiösen Konflikts in Elephantine geht der Al-
tertumswissenschaftler Zvi Yavetz davon aus, dass die Juden spätestens nach Zerstörung des Ersten Tempels in Jerusalem im Jahr
586 v. Chr. im elephantinischen Tempel einen Widder opferten,

vermutlich sogar bereits seit Errichtung des Tempels. Der Pogrom im Jahr 411 v. Chr. lässt sich folglich nicht monokausal mit der rituellen Schlachtung des Tieres begründen, insofern es in der langen Phase dieser Praxis zuvor nicht zu tätlichen Auseinandersetzungen kam. Zwar hielten die ägyptischen Priester des benachbarten Chnum-Tempels die Schlachtung des Tieres bereits seit Längerem für einen Frevel, bezüglich der religiösen Faktoren darf jedoch nicht übersehen werden, dass in der Antike das Judentum eine erfolgreich missionierende Religion darstellte, sodass verschiedene Faktoren zu einer an Schärfe gewinnenden Konkurrenzsituation beitrugen, in der ein Teil der Priesterschaft des unmittelbar benachbarten Kultes den Pöbel gegen die Juden hetzte. Die Situation der elephantiner Juden verschlechterte sich indes erst, als Ägypten seit dem Jahr 525 v. Chr. zum Perserreich gehörte, sodass die Juden zwangsläufig in die Auseinandersetzung Ägyptens mit den persischen Eroberern gerieten. Die Juden wurden nunmehr als Günstlinge sowie Verbündete der Perser betrachtet, zumal sie diesen die Treue hielten, als es zu zahlreichen Aufständen in Ägypten gegen die persische Herrschaft kam. Religiöse Motive, politische Motive sowie die unmittelbare Konkurrenzsituation zweier benachbarter Kulte mischten sich in Verbindung mit der Diasporasituation zu einem gefährlichen Gemisch, welches Priester des Chnum-Tempels im Kontext der antipersischen Stimmungslage nutzten, um den Pöbel zur Zerstörung des jüdischen Tempels aufzuhetzen. Möglich wurde dies jedoch, so Yavetz, nur durch die korrupten persischen Behörden vor Ort, die den Tempel der Juden als „Blitzableiter" opferten, um die eigentlich gegen sie gerichtete Situation zu „befrieden". Im Jahr 411 v. Chr. schrieben die Täter Geschichte, insofern mit der Zerstörung des Tempels in Elephantine der Antisemitismus seinen Anfang nahm.

1.4 Von Alexander d. Gr. zu Antiochos IV.

Die Perserzeit wurde durch die militärischen Erfolge Alexanders d. Gr. (356–323 v. Chr.) vom Zeitalter des Hellenismus abgelöst, in dem sich der Machteinfluss des makedonischen Herrschers sowie der Kultureinfluss des Griechentums über den gesamten Mittelmeerraum und darüber hinaus erstreckten. Nach der Schlacht bei

Issos (333 v. Chr.), der Belagerung und Eroberung von Tyros (332 v. Chr.) sowie der Eroberung von Gaza im selben Jahr wandte sich Alexander d. Gr. im Rahmen seines Feldzugs Ägypten zu, das sich unter persischer Herrschaft befand. Im Jahr 331 v. Chr. gründete der Makedonier an der Mittelmeerküste Alexandria, die heutzutage zweitgrößte Stadt Ägyptens nach Kairo. Im Jahr 331 v. Chr. wurde die persische Armee in der Schlacht von Gaugamela im nördlichen Irak vernichtend geschlagen. Noch im selben Jahr wurde Babylon übergeben; ein Jahr darauf eroberten die makedonischen Truppen die persische Hauptstadt Persepolis. Das auf diese Weise entstehende Großreich Makedonien förderte die Ansiedelung von Juden in den Mittelmeerstädten, die sowohl über Religions- wie Handelsprivilegien verfügten. Die Juden durften ihren religiösen Kult pflegen, die Sabbatruhe einhalten und wurden nicht zu Praxen gezwungen, die mit ihrer Religion inkompatibel waren. Insofern die neuen Herrscher die Juden zur Ansiedelung aufforderten, um dadurch Handel und Wirtschaft zu beleben, wurden sie von der „autochthonen Bevölkerung" zumeist als Günstlinge der fremden Herrscher betrachtet, wobei vor allem ihre Handelsprivilegien für sozialen Neid wie Konfliktstoff sorgten. Mit der Eroberung Palästinas im Jahr 332 v. Chr. gelangten auch die palästinensischen Juden in den unmittelbaren Einflussbereich des makedonischen Herrschers. Das Interesse am Judentum, über das zuvor wenig fundierte Kenntnisse vorhanden waren, stieg nicht zuletzt aus Herrschaftsbelangen an; ebenso gewann der Hellenismus als geistige Strömung Einfluss auf das Judentum.

Der plötzliche Tod Alexanders d. Gr. im Jahr 323 v. Chr. führte im Kontext der Diadochenkriege zum Zerfall des einstmals so mächtigen Imperiums. Ab dem Jahr 272 v. Chr. konkurrierten drei Nachfolgereiche miteinander, und zwar das Reich der Ptolemäer, die Ägypten beherrschten, das Reich der Seleukiden, zu dem Babylonien, Syrien und Kleinasien gehörten, sowie das Reich der Antigoniden, die Makedonien sowie relevante Teile Griechenlands unter ihrer Gewalt hatten. Palästina unterstand in den Jahren von 301 bis 198 v. Chr. den Ptolemäern, welche die Toleranzpolitik Alexanders d. Gr. fortsetzten. Zwar garantierten die Ptolemäer die volle Religionsfreiheit, doch die hohe Steuerlast führte vor allem bei den sozial schwächer gestellten Schichten zu wachsender Unzufriedenheit. Teile der Bevölkerung versprachen sich von einer Übernahme der Herrschaft durch die Seleukiden eine Verbesserung ihrer sozialen Lage, sodass Palästina zunehmend zum Zankapfel zwischen den Ptolemäern und den Seleukiden wurde. Während Teile der Oberschicht hellenisierten und einer Assimilation durchaus nicht abgeneigt waren, wuchs der Widerstand traditioneller Kräfte, welche die Fremdherrschaft des Landes generell ablehnten. Im Jahr 198 v. Chr. wurde der Machtkampf zwischen den Ptolemäern und Seleukiden um Palästina entschieden als Juda und Jerusalem an den Seleukidenherrscher Antiochos III. (242–187 v. Chr.) fielen, der als Anerkennung für die ihm gewährte Unterstützung seitens der Bevölkerung finanzielle Mittel für den Kultus bewilligte, den Ausbau des Tempelbezirks gestattete sowie Steuererleichterungen gewährte. Gleichwohl wuchsen im Laufe der Zeit vor allem die innerjüdischen Spannungen, die zu einer bürgerkriegsähnlichen Situation führten, als sich die hellenisierenden Kräfte beim König mit einer Umbenennung von Jerusalem in Antiochia durchsetzten. Den entscheidenden Einschnitt im jüdisch-griechischen Verhältnis der damaligen Zeit markierte der Tod des Herrschers Seleukos IV., dem sein Bruder Antiochos IV. Epiphanes (215–164 v. Chr.) folgte, der sich im Jahr 169 und 168 v. Chr. auf einen Feldzug nach Ägypten begab, was Rom auf den Plan rief. Im seleukidisch-römischen Konflikt gab Antiochos IV. schließlich nach und zog sich aus Ägypten zurück.

Der seit Langem schwelende Konflikt zwischen hellenisierenden und traditionellen jüdischen Kräften eskalierte, als der seleukidische Herrscher auf dem Rückweg von Ägypten aufgekommenen Unruhen in Jerusalem Herr zu werden versuchte und bei dieser Gelegenheit in den Tempel einbrach, um sich des Tempelschatzes zwecks Auffüllung leerer Kriegskassen zu bemächtigen. Die dergestalt von ihm provozierte Rebellion unterdrückte Antiochos IV. mit äußerster Gewalt und nahm Rache, indem er den Jerusalemer Tempel in eine Kultstätte des semitischen Gottes Baalshamin verwandelte. Per Dekret verfügte er ein Verbot der Brand- sowie der Speiseopfer im Tempel. Die Beschneidung, die Einhaltung des Sabbats, das Feiern jüdischer Feste sowie der Besitz der Tora wurden bei Todesstrafe verboten. Das Religionsgesetz des Antiochos IV. lief auf den Versuch einer Vernichtung der jüdischen Religion hinaus, auf eine Zwangshellenisierung. Praktizierende Juden sahen sich unter seiner Herrschaft schweren Verfolgungen ausgesetzt. Während unter Alexander d. Gr. Toleranz gegenüber der jüdischen Religion waltete und die Judenfeinde weitgehend defensiv verharrten, ihren Groll indes bereits in literarischen Schriften artikulierten, gewannen sie mit den Maßnahmen des Seleukidenherrschers die Oberhand. Die religiösen Bestimmungen, welche die offene Abkehr vom Judentum erzwingen wollten, führten zum bewaffneten Widerstand, dem Makkabäer-Aufstand. Die Anführer des Aufstands, die den ägyptischen Rückzug registriert hatten, waren sich der Tatsache durchaus bewusst, dass sie gegen das Seleukidenreich langfristig chancenlos waren. Der naheliegende Gedanke war ein Bündnis mit Rom, das im Jahr 161 v. Chr. zwischen Rom und Judäa formell geschlossen wurde. Der politische Abfall Judäas führte bei der hellenistischen Oberschicht zu einem ausgeprägten Antisemitismus, der sich hinsichtlich seiner ideologischen Muster der Narrative bediente, die in Ägypten bereits seit Längerem zirkulierten. Die Funktion der griechischen Propaganda bestand laut Yavetz darin, Zwietracht zwischen Juden und Römern zu stiften, es sollte ein Keil zwischen die beiden Partner getrieben werden, indem man mit allen nur erdenklichen Narrativen den Juden einen schlechten Leumund bescheinigte. Die Römer sollten ihren neuen Verbündeten misstrauisch beäugen, durch das Säen von Zwietracht sollte ihr politisches Bündnis untergraben werden. Die Juden dienten zugleich als Sündenbock für die Verarbeitung der Schmach des missglückten Ägypten-Feldzugs des Seleukiden-Herrschers. Bei der hellenistischen Kampagne handelte es sich gewissermaßen um eine antike Variante der „Dolchstoß-Legende". Die militärische Niederlage war zustande gekommen, so der Tenor, weil die Juden den Seleukiden in den Rücken gefallen seien und sich insgeheim mit den Römern verbündet hätten. Psychologisch erfüllten die antijüdischen Diffamierungen die Funktion, Wut abzureagieren, ein Ablassventil zu finden für die bittere Erkenntnis des seleukidischen Establishments, dass der Stern ihrer Großmacht am Sinken war und die Zeit Roms anbrach. Den Makkabäern gelang es, mit ihren militärischen Aktivitäten die religiöse Unabhängigkeit wiederherzustellen, sodass im Jahr 164 v. Chr. der Jerusalemer Tempel erneut dem jüdischen Kultus diente. Das „Religionsedikt" des Seleukidenherrschers, welches einen existentiellen Angriff auf das Judentum darstellte und in der Antike ein einmaliger Vorgang blieb, war damit gescheitert. Im Jahr 140 v. Chr. erreichten die Makkabäer nach der religiösen schließlich auch die politische Unabhängigkeit des Landes.

1.5 Der judenfeindliche Diskurs des Hellenismus

In hellenistischer Zeit nahmen die antijüdischen Stimmungen ihren Ausgang erneut in Ägypten. Im Kontext der Übersetzung der hebräischen Bibel ins Griechische („Septuaginta") tauchten seit dem 3. Jh. in Ägypten erstmals Versionen auf, welche die Anwesenheit der Hebräer sowie den in der Bibel geschilderten Auszug der Juden aus Ägypten antisemitisch interpretierten, sich hierfür der Methode der Pathologisierung bedienten und den zum „Fremden" Konstruierten mit ansteckenden Krankheiten in Verbindung brachten. Die Juden erschienen in diesen antisemitischen Exodus-Deutungen als „Unreine", denen man sich habe entledigen müssen, da sie die „eigene Bevölkerung" mit einer Krankheit infiziert hätten. Diverse Narrative, die mit der Behauptung aufwarteten, die Juden seien aus Ägypten vertrieben worden, weil sie eine gefährliche Seuche verbreitet hätten, wurden in hellenistischer Zeit populär. Die Legende findet sich bei Hekataios von Abdera, der um 300 v. Chr. wirkte, in Gestalt der Behauptung, die Juden seien als Lepröse aus Ägypten verjagt worden, um die Bevölkerung vor ihrer Unreinheit zu schützen. In den Schriften des Josephus, der die Darstellung des hellenistischen Geschichtsschreibers Lysimachos referiert, heißt es:

> »[Lysimachos sagt], unter dem aegyptischen König Bokchoris [gemeint ist Bakenrenef, dessen Regierungszeit auf ca. 720 bis 716 v. Chr. datiert wird, d. Verf.] sei das mit Aussatz, Krätze und anderen Krankheiten behaftete Volk der Juden in die Tempel geflohen und habe hier um Speise gebettelt. Immer weiter habe die Krankheit sich ausgebreitet, und dazu sei auch noch das Land unfruchtbar geworden. Der König Bokchoris habe nun zu Ammon [gemeint ist das Orakel von Siwa, eine antike Orakelstädte in der westlichsten Oasengruppe Ägyptens, d. Verf.] geschickt, um einen Orakelspruch inbetreff der Unfruchtbarkeit zu erhalten, und es sei ihm von dem Gotte der Bescheid erteilt worden, er solle die Heiligtümer von den unreinen und gottlosen Menschen säubern, diese aus den Tempeln in die Wüste jagen, die Krätzigen und Aussätzigen aber, über deren Dasein die Sonne zürne, ertränken und die Tempel durch Sühneopfer heiligen; dann werde die Fruchtbarkeit des Landes sich wieder einstellen.« (Josephus 1993: 140/141)

Die rassifizierende Pathologisierung existierte folglich bereits in der Antike und stellte ein ideologisches Muster dar, das auch der dt. Nationalsozialismus als Legitimation für die Separierung der Juden in Ghettos als Vorstufe ihrer Ermordung benutzte.

Die antisemitische Grundhaltung war besonders stark ausgeprägt beim hellenistischen Historiographen Manetho, der seine Werke vermutlich in der Regierungszeit von Ptolemaios II. (285–246 v. Chr.) verfasste und laut Josephus die Blasphemisierung benutzte, die den zum Fremden Konstruierten als Gotteslästerer erscheinen lässt. Manetho ließ in seiner Darstellung die Juden nicht nach Ägypten einwandern, sondern vielmehr »zu Zehntausenden in Ägypten einfallen«. Die Juden hätten die Herrschaft über die Einheimischen erlangt und ihre Göttertempel dem Erdboden gleichgemacht. Die Juden konstruierte Manetho als eine Personengruppe, die fremde Religionen missachtet und fremden Göttern Schmach antut. Die Juden stellten für Manetho „Feinde der Götter" dar, er bezeichnete sie gar als Gottlose („Atheoi"). Mose habe den Juden einen Eid abgenommen, der diese dazu verpflichtet habe, die Gottheiten der Ägypter abzulehnen und heilige Tiere als Opfer zu schlachten. Zwecks Diffamierung der Juden griff Manetho auf diese Weise den schon vom „Tatort Elephantine" her bekannten Konfliktstoff auf. Das Narrativ der Blasphemisierung benutzten ebenso etliche weitere hellenistische Geschichtsschreiber. Lysimachos behauptete, den Juden sei es auferlegt worden, fremde Tempel und Altäre zu zerstören, auch er bezeichnete die Juden als „Atheoi". Die Funktion des Narrativs der Blasphemisierung verdeutlicht Apion, der Verfasser einer mehrbändigen Geschichte Ägyptens, insofern er den Erhalt voller Bürgerrechte für die alexandrinischen Juden mit der Begründung negierte, diese lehnten die ägyptischen Gottheiten ab. Auch bei Plinius dem Jüngeren zeichnen sich die Juden durch ihre Götterverachtung aus. Um den Kult der Juden zu verhöhnen, stellten diverse hellenistische Schriftsteller die Behauptung auf, diese beteten einen Esel bzw. einen goldenen Eselskopf an. Während es sich bei den früheren Varianten der Erzählung vermutlich um ein interkulturelles Missverständnis handelte, diente die Unterstellung seitens der seleukidischen Elite der Diffamierung der Juden.

Als dritte Rassifizierungstechnik war in hellenistischer Zeit die Misoxenisierung bzw. die Misanthropisierung weit verbreitet, die den Juden unterstellte, diese hassten ihre Mitmenschen, würden sich von ihnen absondern und seien gegenüber allen Fremden feindlich eingestellt. Diese Absonderung sei ihnen, so diverse Autoren, von Moses auferlegt worden. Hekataios begründete den vermeintlichen Menschenhass mit der Austreibung aus Ägypten, welche die Juden tief verbittert und zu Menschenfeinden gemacht habe. Immer wieder wurden die Juden ebenso für die Einhaltung der Sabbatruhe verunglimpft. Der Sabbat sei eingeführt worden, so hieß es, da die Juden während ihrer Wanderung in der Wüste unter Leistengeschwüren gelitten und sich so eine Ruhepause verordnet hätten. In anderen Versionen wurde der Sabbat auf die vermeintliche Faulheit der Juden zurückgeführt, die keinerlei Interesse an körperlicher Arbeit zeigten. Das Stereotyp vom körperlich ungeeigneten wie an Arbeit desinteressierten Juden kursierte von da an in vielfältigen Varianten durch die Jahrhunderte. Neben der Sabbatruhe war vor allem die Zirkumzision Gegenstand vielfältiger Angriffe sowie das Verbot des Verzehrs von Schweinefleisch.

Die vierte Rassifizierungstechnik in hellenistischer Zeit ist die Kannibalisierung, die ebenso wie die Pathologisierung, Blasphemisierung und Misanthropisierung von nachhaltiger Wirkung war, zumal diese bereits Elemente einer antisemitischen Verschwörungstheorie enthielt. Die diesbezügliche Legende handelte von der Behauptung, die Juden huldigten einem Opferritual, welches von ihnen in zyklischen Abständen die Entführung und Mästung eines Griechen verlange. Das böswillige Gerücht bildete eine der Vorformen der seit Mitte des 12. Jh.s aufkommenden Ritualmordlegende. Bei Flavius Apion findet sich die Erzählung, dass Antiochos IV. Epiphanes, als er in den Jerusalemer Tempel eindrang, dort eine Person antraf, die um seine Hilfe flehte. Es sei ein griechischer Händler gewesen, den Juden ergriffen und eingesperrt hätten, um ihn zu mästen und anschließend aus rituellen Gründen zu schlachten. Die Erzählung Apions stützte sich ihrerseits bereits auf eine Legende, die der Vorsokratiker Demokrit von Abdera (460/459–370 v. Chr.) referierte, der indes nicht von einem jährlichen, sondern von einem siebenjährigen Turnus der Opferung eines Griechen berichtete. In seiner Schrift *Gegen Apion* gibt Flavius Josephus den hellenistischen Geschichtsschreiber mit folgenden Worten wieder:

»[Der Grieche im Tempel habe erfahren], dass es ein geheimes Gesetz der Juden gebe, dem zulieb er genährt werde, und sie thäten das jedes Jahr zu einer bestimmten Zeit. Sie fingen nämlich einen fremden Griechen auf, mästeten ihn ein Jahr lang, führten ihn dann in einen gewissen Wald, schlachteten ihn, opferten seinen Leib unter herkömmlichen feierlichen Ceremonien, genössen etwas von seinen Eingeweiden und schwüren bei der Opferung des Griechen einen Eid, dessen Landsleute zu hassen.« (Josephus 1993: 160)

In hellenistischer Zeit war der alexandrinische Antisemitismus mit seinen Behauptungen, die Juden brächten ihrem Gott Menschenopfer dar und zettelten stets neue, blutige Verschwörungen gegen die Griechen an, die aggressivste judenfeindliche Variante. Insbesondere ihr verschwörungstheoretischer Kern sollte Schule machen.

1.6 Das vorchristliche Rom

Eine jüdische Gemeinde existierte in Rom seit Mitte des 2. Jh.s v. Chr. Die Juden waren dem „Fremdenrecht" unterstellt, die Ausübung ihrer Religion war ihnen gestattet, durfte indes nicht „die öffentliche Ordnung" stören. Im vorchristlichen Rom gelang es der jüdischen Religion Anziehungskraft zu entwickeln, sodass Spannungen zwischen heterogenen Kulten aus Konversionen in größerer Zahl resultierten. Dieser Tatbestand führte zu einer Konfliktlage, in der die noch junge jüdische Gemeinde Roms unterlag. Im Jahr 139 v. Chr. kam es zur ersten Vertreibung der Juden aus Rom, um gemäß offizieller Sichtweise die „öffentliche Ordnung" wiederherzustellen. Mit der Etablierung des „Imperium Romanum" und der Ausweitung des römischen Herrschaftsgebiets auf den gesamten Mittelmeerraum gelangten Diaspora-Juden gegen Ende des 2. Jh.s v. Chr. sowie im Jahr 63 v. Chr. ebenso die Juden Palästinas unter römische Herrschaft. Die Juden durften ihre Religion praktizieren und waren vom römischen Militärdienst oder zumindest vom Dienst in nicht-jüdischen Kompanien befreit. Die jüdischen Gemeinden erhielten ein begrenztes Jurisdiktionsrecht, um innere Konflikte zu regeln, Sabbatheiligung sowie Versammlungsrecht wurden gewährt, ebenso wurden weitere Ausnahmeregelungen erlassen, sodass die Juden nicht allen Staatsbürgerpflichten nachkommen mussten.

Die relativ umfassende Rechtegarantie ermöglichte erstmals eine Integration im Sinne sozialer Gleichstellung. Während eine gewisse Sympathie für die Juden im vorchristlichen Rom anfangs dem Sachverhalt geschuldet war, dass diese gegen Antiochos IV. gekämpft hatten und der gegen den Seleukiden-Herrscher gerichtete Makkabäer-Aufstand in das politische Kalkül Roms passte, welches sich anschickte, das hellenistische Athen politisch zu beerben, resultierte der in literarischen wie in politischen Schriften offen zutage tretende spätere Antisemitismus aus dem Tatbestand jüdischer Aufstände gegen Rom, die das römische Imperium militärisch wie prestigemäßig empfindlich trafen.

Der siegreiche Aufstand der Makkabäer führte zur Etablierung des Herrschergeschlechts der Hasmonäer, dem es gelang, vom zweiten bis zum ersten Jh. v. Chr. die Selbstständigkeit des jüdischen Staates zu wahren. Der römische Politiker und Feldherr Gnaeus Pompeius Magnus (106–48 v. Chr.) benutzte im Jahr 64 v. Chr. politische Unruhen als Vorwand, um Judäa dem Imperium Romanum einzuverleiben. Zwar gestatteten die Römer anfangs den Tempelkult, doch das Verhältnis war von Beginn an dadurch belastet, dass Pompeius in das Allerheiligste des Tempels eingedrungen war. Zu einer relevanten Verschlechterung kam es unter dem ersten römischen Kaiser Augustus (63 v. Chr.–14 n. Chr.) als dieser von der bislang eher toleranten Religionspolitik Roms abwich, um seine eigene Verehrung durchzusetzen. Im Jahr 6 n. Chr. annullierte Augustus die Privilegien der Juden, was den Mob zu antijüdischen Plünderungen verleitete. Unter der Regentschaft des Kaisers Tiberius (42 v. Chr.–37 n. Chr.) kam es im Jahr 19 n. Chr. zur erneuten Vertreibung der Juden aus Rom. Die Problematik des Kaiserkultes sorgte auch in der Folgezeit immer wieder für Spannungen. Zwar war das Judentum als anerkannte Religion prinzipiell von den damit verbundenen Praxen befreit, im Jahr 41 beabsichtigte Kaiser Caligula indes die Aufstellung von Kaiserstatuen im Jerusalemer Tempel. Im Jahr 66 n. Chr. kostete der Pogrom von Caesarea sowie Ausschreitungen in Askalon, Akko und Skythopolis Tausende Juden das Leben. Im Kontext des jüdischen Aufstands gegen die römische Herrschaft kam es im Jahr 70 n. Chr. zur Zerstörung des zweiten Jerusalemer Tempels. Der römische Kaiser Titus (39 n. Chr.–81 n. Chr.) ließ den Tempelschatz, u. a. die Menora (den siebenarmigen Leuchter), rauben und in einem Triumphzug durch Rom führen. Das Siegesszenario stellt der Titusbogen, der älteste erhaltene Triumphbogen des antiken Roms, der den Eingang zum Forum Romanum schmückt, in seiner Innenwand dar. Unzählige Juden wurden nach dem militärischen Sieg Roms versklavt. Nach der Niederschlagung des Bar-Kochba-Aufstands im Jahr 135 n. Chr. erließen die Römer ein Ansiedelungsverbot für Juden in Jerusalem sowie in Judäa und zerschlugen so die territorialstaatliche Identität des Judentums. Mit Ausnahme der Jahre 135–138 n. Chr. unmittelbar nach dem Bar-Kochba-Aufstand wurde das Judentum im Römischen Reich indes von einzelnen Phasen abgesehen weitgehend toleriert. Die Situation änderte sich indes grundlegend, als das Christentum im Römischen Imperium zur Staatsreligion avancierte.

1.7 Der Pogrom von Alexandria

In der Antike war die von Alexander d. Gr. im Jahr 332 v. Chr. gegründete Stadt Alexandria eines der mächtigsten Stadtzentren im Mittelmeerraum. Josephus zufolge war es eine multikulturelle Stadt par excellence. Palästinensische Juden siedelten in Alexandria bereits seit ihrer Entstehungszeit. Die Ptolemäer gewährten den Juden etliche Vergünstigungen, sodass sich die Stadt zu einem Magneten für Juden entwickelte, die in der Diaspora lebten. Das Verhältnis des Judentums zu den ptolemäischen Herrschern scheint weitgehend ungetrübt gewesen zu sein bis auf die Zeit der Thronwirren unter Ptolemäus IX., in der jüdische Opfer zu beklagen waren. Die Nachfolger Alexanders d. Gr. wiesen den Juden ein eigenes größeres Stadtareal in Alexandria zu. Die meisten Juden wohnten an der Meeresküste abseits vom Hafen. Das jüdische Stadtquartier stellte kein Ghetto dar, was der Tatbestand verdeutlicht, dass jüdische Synagogen als auch jüdische Geschäfte sowie Wohnungen im ganzen Stadtgebiet existierten. Die alexandrinischen Juden verfügten nicht über das städtische Bürgerrecht, sie bildeten eine autonome, staatlicherseits anerkannte Gemeinde, die eine eigene Verwaltung besaß, über eine eigene Gerichtsbarkeit verfügte und von einem Ältestenrat geleitet wurde. Die Juden der Stadt besaßen meist griechische Bildung und teilten das hellenistische Gedankengut, sodass die hebräische Bibel („Septuaginta") in Alexandria ins Griechische übersetzt wurde und Gebete wie Toravorlesungen in griechischer Sprache erfolgten. Spannungen mit anderen religiösen Kulten existierten bereits recht früh, zumal sowohl die Religion des Judentums als auch die jüdische Kolonie über große Ausstrahlung verfügte und Konversionen alltäglich waren. Ebenso scheinen Mischehen alles andere als eine Seltenheit gewesen zu sein.

Zu den religiös motivierten Spannungen, die sich aus der Konkurrenzsituation einer monotheistischen Religion und ihres polytheistischen Umfeldes ergaben, gesellten sich „ethnische Erregtheiten", die dem Sachverhalt geschuldet waren, dass Teile der Bevölkerung sich als „autochthone Ägypter" betrachteten und in den meist bereits seit Generationen im Land anwesenden Juden noch immer Fremdlinge sahen, die erst mit den „griechischen Besatzern" ins Land geströmt seien. Die antijüdische Stimmung besaß somit sowohl religiöse wie nationale Untertöne. Die spannungsgeladene ethnische Dreieckskonstellation zwischen Juden, Griechen und „autochthonen Ägyptern", die über einen längeren Zeitraum vergleichsweise friedlich miteinander ausgekommen waren, verschärfte sich durch die als harte Unterdrückung wahrgenommene Herrschaft Roms. Die Juden wurden der Komplizenschaft mit den Römern bezichtigt und zogen den Hass der Bevölkerung als Stellvertreter der neuen Herren auf sich. Die Lage spitzte sich unter der Regentschaft Caligulas (12 n. Chr.–41 n Chr.) im Jahr 37 n. Chr. zu. Gegenstand der Auseinandersetzung, welche den heftigen Pogrom des darauf folgenden Jahres auslöste, wurde der Konflikt um die Frage, welche Bevölkerungsgruppen in Alexandria Bürgerrechte besitzen sollten und welche nicht. Die Juden hatten zwar bislang keine Bürgerrechte angestrebt, hofften nunmehr jedoch von Rom eine soziale Gleichstellung zu erhalten, zumal ihr Establishment hellenisierte und integriert war. Die Atmosphäre war durch die kontroverse Bürgerrechts-Debatte hassgetränkt und wurde durch literarische Antisemiten, deren Wortführer Apion und Isidorius waren, weiter angeheizt. Im Sommer 38 n. Chr. stattete Agrippa I. (10 v. Chr.–44 n. Chr.), dessen gutes Verhältnis zum römischen Kaiser Caligula ein offenes Geheimnis war, der Stadt einen Besuch ab und wurde von den Juden Alexandrias, die sich in der Frage der Bürgerrechte seine Unterstützung erhofften, triumphal empfangen. Angeheizt durch intellektuelle Wortführer und gestützt durch den römischen Statthalter Aulus Avillius Flaccus, der seine eigene Position im innerrömischen Machtgerangel stärken wollte, verhöhnte der Pöbel daraufhin Agrippa, legte Brand in einigen Synagogen und entweihte andere durch die Aufstellung von Bildsäulen Caligulas. Da der Kaiser seine göttliche Verehrung von allen zum römischen Imperium gehörenden Völkern gefordert hatte, war es vermutlich Flaccus, der diese Aktion initiierte, um die Gunst des Kaisers zu gewinnen, und der unverzüglich anordnete, die Statuen Caligulas in den Synagogen zu belassen.

Die bürgerrechtliche Gleichstellung der Juden untersagte Flaccus, der im gewalttätig ausgebrochenen Konflikt eine „divide et impera-Strategie" verfolgte, um sich der griechischen wie ägyptischen Teile der Bevölkerung zu versichern. Als der Statthalter Roms öffentlich verkündete, die Juden seien als „Fremde" anzusehen, war der mörderische Pöbel nicht mehr zu halten, der alsbald diejenigen Juden, die in der Stadt verstreut wohnten, aus ihren Häusern in Richtung des jüdischen Stadtquartiers trieb. Wohnungen wie Läden der Juden wurden geplündert und in Brand gesetzt. Juden, die anschließend noch in den „nichtjüdischen Stadtvierteln" angetroffen wurden, ermordete die Menge. Berichtet wird, dass der wütende Mob auch nichtjüdische Ägypter umbrachte, die ihren Nachbarn zu Hilfe geeilt waren und diese in ihren Wohnungen versteckt hielten.

Mittels des Vorwands, das jüdische Stadtviertel nach Waffen zu durchsuchen, gestattete Flaccus seinen Soldaten die Plünderung jüdischen Besitzes, sodass es angetrieben durch räuberische Gier und Hass zu weiteren tödlichen Ausschreitungen kam. Zwar wurde Flaccus bereits im Herbst des Jahres 38 n. Chr. nach Rom abberufen, verfiel wegen früherer Delikte in Ungnade und wurde im kaiserlichen Auftrag getötet, doch die aggressive Judenfeindschaft blieb in Alexandria bestehen. Die Lage für die Juden gestaltete sich weiter als kritisch, zumal der Kaiser darauf bestand, dass die Bildsäulen seiner Person aus den Synagogen nicht entfernt werden dürften. Die eskalierende Situation führte zur Entsendung zweier alexandrinischer Abordnungen nach Rom. Hier eingetroffen obsiegten den Historiographen Philo und Josephus zufolge die von Apion angeführten judenfeindlichen Kräfte. Ihren Sieg konnten diese indes nicht auskosten, da Caligula alsbald eines gewaltsamen Todes starb und Kaiser Claudius (10 v. Chr.– 54 n. Chr.) als dessen Nachfolger Rechte wie Sonderprivilegien der alexandrinischen Juden erneuerte. In den folgenden Jahrzehnten kam es in Alexandria jedoch zu zahlreichen weiteren antijüdischen Ausschreitungen, vor allem unter der Herrschaft Neros und Trajans. Wie bereits die Vorgänge in Elephantine zeigten, lässt sich der hist. Ursprung des antiken Antisemitismus in Ägypten verorten, wo es zu pogromartigen Übergriffen kam, unzählige Juden in den Flammen den Tod fanden, Synagogen verbrannten und ebenso ein recht umfassendes wie systematisiertes Set narrativer Rassifizierungstechniken bereitgestellt wurde, welches sowohl in die antisemitischen Diskurse Roms wie die des frühen Christentums einging.

1.8 Der judenfeindliche Diskurs des vorchristl. Roms

Im Kontext des Widerstands der Juden gegen die römische Besatzungsmacht entwickelte sich eine ausgeprägte Judenfeindschaft. Die feindliche Aversion gegen die Juden besaß im Kontext der Kriegssituation einen zielgerichteten Charakter und ging qualitativ deutlich über die übliche und weitverbreitete Verachtung Roms gegenüber den „Barbaren" hinaus, was die Schriften des römischen Senators und Historikers Publius Cornelius Tacitus (55/58–120 n. Chr.) verdeutlichen. In seinem Geschichtswerk, den *Historien*, findet sich ein Kapitel zum jüdischen Krieg sowie eine Darstellung des antiken Judentums („Judenexkurs") mit zahlreichen antijüdischen Stereotypen, die von nun an das Fremdbild prägten. Auf eklektische Weise bündelte Tacitus diverse Narrative, die bereits der judenfeindliche Diskurs des Hellenismus hervorgebracht hatte. Den Grund seiner antijüdischen Ausfälle offenbart Tacitus, wenn er von der römischen Verbitterung darüber spricht, »dass die Juden als einzige sich nicht gefügt« hätten. Der Hintergrund der judenfeindlichen Ausfälle wird im fünften Buch der *Historien* beschrieben. Tacitus schildert hier die militärischen Vorbereitungen der Römer zur Eroberung Jerusalems. Als Tacitus den „Judenexkurs" verfasste, befand sich Jerusalem folglich noch nicht in der Hand der Römer, die Erstürmung durch den römischen Kaiser Titus (39–81 n. Chr.) im Jahr 70 n. Chr. stand noch bevor. Als Tacitus den Text schrieb, stellten die Juden noch einen ernstzunehmenden Gegner dar, zumal sich die Kämpfe bereits über einen längeren Zeitraum hinweg erstreckten. Der hist. Kontext offenbart die Funktion des römischen Antisemitismus in dieser Zeit, insofern Tacitus' Judenfeindschaft der Tatsache geschuldet war, dass der „jüdische Krieg" nennenswerte Kapazitäten Roms band, sich als äußerst kostenintensiv erwies und einen Prestigeverlust der Großmacht bewirkte, die befürchtete, die „Nichtfügung" der Juden könne im Imperium Romanum Schule machen. Der Antisemitismus zielte auf die Diffamierung des militärischen Gegners, den es aufgrund seiner „Verschiedenartigkeit" vor allen anderen Völkern der Lächerlichkeit preiszugeben galt, wodurch mögliche Solidaritätsbekundungen mit den Aufständischen in Palästina unterbunden werden sollten.

Vom Exodus der Juden weiß Tacitus in seinen *Historien* zu berichten, dass in Ägypten eine Seuche ausgebrochen sei und der ägyptische König die göttliche Anweisung erhalten habe, die Juden als Heilmittel in andere Länder abzuschieben, da sie den Göttern verhasst seien. Tacitus übernahm somit die hellenistische Variante des „Anti-Exodus", die zu seiner Zeit in Rom kursierte. Bzgl. der jüdischen Riten verbreitete Tacitus die Ansicht, diese seien nicht nur den Römern, sondern allen Sterblichen entgegengesetzt.

>Moses aber führte neue Riten ein, die denen der übrigen Sterblichen entgegengesetzt sind, um auch in Zukunft das Volk fest im Griff zu haben. Dort ist alles unheilig, was bei uns heilig ist, andererseits ist bei ihnen erlaubt, was bei uns ein Frevel ist. Dem Bild des Tieres, das sie vor dem Verdursten bewahrt und ihnen geholfen hatte, den richtigen Weg zu finden, ließen sie im Innersten des Heiligtums göttliche Verehrung zukommen.« (Tacitus: Historien 5,4)

Der Jude wird auf diese Weise bei Tacitus nicht nur zu einem Antipoden des Römers, sondern gar zum Gegner der Menschheit konstruiert. Die Riten der Juden charakterisierte der römische Historiograph insgesamt als »unheilvoll«, »schrecklich« und »verderbt«. Am verwerflichsten wie abscheulichsten hielt Tacitus die Beschneidung, die er sowohl als Abgrenzungs- wie als Konversionsritus interpretierte. In der antiken Literatur erstreckte sich die Resonanz auf die Zirkumzision von Bespöttelung über Hohn bis hin zur offenen feindlichen Aversion. Die feindselige Haltung gegenüber der Beschneidung war mit der Sexualisierung des Juden verkoppelt, die von der Vorstellung, der Beschnittene könne es einer Frau „nicht richtig besorgen" bis hin zum Bild des lüsternen, überpotenten, allseits bereiten Juden reichte. Die Konstruktion der sexuellen Potenz des Juden verfolgte den

Zweck, ihn aus der zivilisierten Welt auszuschließen, ihn den „Barbaren" zuzurechnen. Die Unterdrückung der Juden gibt Tacitus als eine gerechtfertigte, moralische Notwendigkeit aus, insofern die Hebräer aufgrund ihrer fehlenden Triebunterdrückung den Tieren vergleichbar seien. Die untrennbare Verbindung zwischen sexueller Impotenz bzw. Potenz und Beschneidung diente bereits in der Antike dem Schüren der Kastrations- wie der Konkurrenzangst.

In der spätrömischen Biografie-Sammlung *Historia Augusta* wird die Beschneidung im Kontext des Verbots durch den römischen Kaiser Hadrian als »mutilare genitalia« bezeichnet. Der Verfasser führte damit ein bis heute gängiges antisemitisches Stereotyp ein, die polemische Falschbezeichnung der Zirkumzision als »Verstümmelung«, als »Kastration«. Die Zirkumzisions-Aversion war nicht nur mit der Variante der Sexualisierung verbunden, sondern ebenso mit der Physiognomisierung bzw. Ästhetisierung, insofern der unbeschnittene Penis als Ideal des „römischen Körpers" galt. Im Kontext der Beschneidung wurde dem Juden so ein „anderer, abweichender Körper" bescheinigt, der nicht mit dem gängigen römischen Schönheitsideal kompatibel sei. Der beschnittene jüdische Mann mutierte auf diese Weise zur hässlichen Person. Die Hässlichkeit bezog sich dabei nicht nur auf den Penis, sondern auf den Körper in Gänze, dessen Gestalt bzw. Aussehen die Zirkumzision determiniert habe. Der beschnittene, unästhetische Penis zog gewissermaßen den „Judenbuckel" und die sog. „Judennase" nach sich.

Tacitus konnotierte die Juden ebenfalls mit der Gier nach Macht und Geld, wofür ihm die Tempelsteuer als Beleg diente. Das Groteske des Vorwurfs wird daran sichtbar, dass Tacitus ein Vertreter des Imperium Romanum war, das zu diesem Zeitpunkt bereits den ganzen Mittelmeerraum unterworfen hatte und seine imperialen Machtansprüche in Gestalt der Provinz Britannia bis nach England ausdehnte. Die von Tacitus verwandten antijüdischen Pejorativa wurden seitdem immer wieder aufgegriffen, wobei sich die vermeintliche Misanthropie, der Menschenhass der Juden, einer besonderen Beliebtheit erfreute. Im „Judenexkurs" nimmt die diffamierende Anklage, die Juden hassten die gesamte Menschheit, einen zentralen Stellenwert ein: »Weil sie in Treue fest zueinander stehen, üben sie bei sich selbst Mitleid, aber feindseligen Hass gegenüber allen anderen.«

Ein weiteres gängiges hellenistisches Stereotyp aufgreifend notierte Tacitus, dass der Sabbat ein Ausdruck der Faulheit der Juden sei, da es sich in Wahrheit bei ihnen um »Nichtstuer« handele. Eine relevante Rolle spielte im judenfeindlichen Diskurs des vorchristlichen Roms ebenso der Vorwurf der Blasphemie. Bei Tacitus erscheinen die Juden als wahre Gotteslästerer, insofern der röm. Historiograph ihre Riten nicht im Kontext der jüdischen Religion erklärt, sondern als Affront gegen andere Religionen interpretiert. So würden die Juden den Widder schlachten, um dem Gott Amun, dem Fruchtbarkeitsgott der altägyptischen Religion, »Schmach anzutun«. Der Stier wiederum werde geopfert, weil die Ägypter Apis verehrten. Nicht die Judenfeindlichkeit ist für Tacitus die Ursache der Konstruktion bzw. der Wahrnehmung der „Andersartigkeit" der Juden, vielmehr dient die jüdische Lebensweise als kausale Erklärung für Spannungen, Feindlichkeit und Vertreibung. Nicht zuletzt die Behauptung, die Juden trügen die Schuld am Antisemitismus selbst, machte den „Judenexkurs" des Tacitus in der Folgezeit so populär. Antisemitismus existiert laut Tacitus, weil die Juden die »schlechtesten Elemente« der Menschheit darstellen.

Tacitus war indes keineswegs der einzige judenfeindliche Literat des vorchristlichen Roms. Die Liste umfasst vielmehr nahezu das gesamte „Who's Who" der antiken römischen Literatur wie Historiographie. Neben Tacitus waren es vor allem Cicero, Seneca, Quintilian, Juvenal und Martialis, die den Judenhass verbreiteten und sich wie Tacitus hellenistischer Pejorativa bedienten. Viele der von ihnen verwendeten Narrative gelangten in den antijüdischen Diskurs des frühen Christentums. Höchst auffallend ist der Parallelismus der politischen Konstellationen. Galt der Antisemitismus der hellenisierten Oberschicht der Diffamierung Judäas im Kontext des jüdischen Abfalls vom Seleukidenreich, war es im Römischen Imperium der jüdische Versuch der Etablierung eines eigenen Nationalstaates, d. h. die Loslösung von Rom, die den antijüdischen Hass generierte.

1.9 Das christliche Rom

Mit der Etablierung des Christentums als Staatsreligion des Imperium Romanum verschärfte sich die antike Judenfeindschaft und führte unter Kaiser Konstantin (270/288–337 n. Chr.) und seinen Nachfolgern zu einer fortschreitenden Entrechtlichung der Juden. Auch in der gegen die Juden gerichteten konstantinischen Gesetzgebung spielte die Zirkumzision eine zentrale Rolle. Konstantin erschwerte den Übertritt zum Judentum und verbot es den Juden, ihre nichtjüdischen Sklaven zu beschneiden. Zwar zählte Konstantin nicht zu den Scharfmachern unter den römischen Kaisern, teilte indes das antijüdische Denken. So schrieb der Kaiser im Kontext der Debatte um die Festlegung des Ostertermins, dass Christen nicht den Termin des Passahfestes mit den »ruchlosen und meineidigen, vater- und gottesmörderischen« Juden teilen sollten.

Unter der Herrschaft von Kaiser Theodosius I. (347–395 n. Chr.) war die antijüdische Haltung des Christentums bereits derart stark ausgeprägt, dass es häufiger zu lokalen Pogromen kam. Der Schutz der Juden durch den Kaiser erwies sich dabei als äußerst halbherzig. Zwar verurteilte Theodosius das Plündern und Niederbrennen von Synagogen und befahl gestohlene Gegenstände zurückzugeben, doch als der Kirchenlehrer Ambrosius (339–397 n. Chr.) eingriff und die am Brandschatzen beteiligten Bischöfe gar in Schutz nahm sowie ex cathedra verlauten ließ, er würde selbst die Mailänder Synagoge anzünden, wenn diese noch nicht abgebrannt wäre, knickte der Kaiser ein und nahm elementare Schutzmaßnahmen für die Juden zurück, sodass es zu weiteren Synagogenzerstörungen kam. Unter Theodosius zeigte sich bereits, dass lokale und zentrale Akteure des Staates durchaus unterschiedliche Rollen beim Antisemitismus einnehmen können, so gelang es etwa lokalen Machthabern, in ihren Bezirken Versammlungsverbote für Juden durchzusetzen. Im Jahr 388 wurde unter Theodosius die Eheschließung zwischen Juden und Christen verboten, eine Zuwiderhandlung fiel unter die Kapitalstrafe.

Bereits im Jahr 412 waren von pogromartigen Gewaltausbrüchen sowohl Synagogen als auch jüdische Privathäuser betroffen. Im Jahr 414 kam es in Alexandria erneut zu Auseinandersetzungen, die mit der Vertreibung der seit Alexander d. Gr. ansässigen Juden endeten. Neben dem Abriss von Synagogen wurde ebenso ihre „Umwandlung" in christliche Kirchen gängige Praxis. Im Jahr 404 wurde den Juden der Staatsdienst verboten, im Jahr 418 wurde das Verbot auf den Militärdienst ausgeweitet. Unter Theodosius II. (401–450 n. Chr.) verschlechterte sich die Lage für die

Juden weiter. Der Kaiser verbot den Bau neuer Synagogen, legalisierte die Umwandlung von Synagogen in christliche Gotteshäuser und verbot Juden bei Prozessen, an denen Christen beteiligt waren, vor Gericht zu agieren. Unter Theodosius II. wurden Rechtsordnung wie Rechtsprechung in Gestalt des *Codex Theodosianus* systematisiert, der zugleich umfangreiche Bestimmungen bzgl. des Verhältnisses zwischen Juden und Christen enthielt. Unter Verbot gestellt waren nunmehr Proselytismus, die Konversion sowie die Apostasie. Zwar wurde der Besitz von Sklaven den Juden nicht generell verboten, sodass die Existenz jüdischer Grundbesitzer noch nicht gefährdet war, das Verbot über christliche Sklaven zu verfügen stellte jedoch bereits einen ersten gravierenden Einschnitt dar, zumal dieser mit einer deutlichen ökonomischen Benachteiligung einherging. Die Diskriminierung der Juden kam ebenso dadurch zum Ausdruck, dass diese explizit als Personen bezeichnet wurden, »die der höchsten Majestät und den römischen Gesetzen feindlich gesinnt sind.«

1.10 Das Neue Testament *als Quelle*

Paulus von Tarsus (gest. um 65 n. Chr.) ist als maßgeblicher Wegbereiter der christlichen Judenfeindschaft zu bezeichnen. Die Verankerung des Antisemitismus als essenzieller Teil frühchristlicher Identitätskonstruktion durch Paulus bewirkte, dass die weltweite Verbreitung des Christentums mit einer globalen Expansion der Judenfeindschaft einherging. Bereits im ersten Brief des Apostels an die Gemeinde in Thessaloniki wird das antijüdische Pejorativum vom Gottesmord beschworen, wenn es heißt:

> »Denn, Brüder, ihr seid Nachkommen der Gemeinden Gottes geworden, die in Judäa sind in Christus Jesus, weil auch ihr dasselbe von den eigenen Landsleuten erlitten habt, wie auch sie von den Juden, die sowohl den Herrn Jesus als auch die Propheten getötet und uns verfolgt haben und Gott nicht gefallen und allen Menschen feindlich sind, indem sie – um ihr Sündenmaß stets voll zu machen – uns wehren, zu den Nationen zu reden, damit die errettet werden; aber der Zorn ist endgültig über sie gekommen.« (1. Thessalonicher 2,13)

Die Anklage in Form einer Kollektivschuldaussage („die Juden") verknüpft das Narrativ des Jesusmordes mit dem Stereotyp des Menschenhasses, das sich bereits bei Tacitus findet. Neben dem zentralen Vorwurf des Gottesmordes spielte im Zusammenhang des sich verschärfenden Gegensatzes zwischen dem Frühchristentum und dem Judentum der Diskurs über die Beschneidung eine zentrale Rolle. Nach dem Tod des Jesus von Nazareth waren die Verbindungen des Urchristentums zum Judentum noch eng, de facto stellten die Urchristen eine Art Sondergruppe innerhalb des Judentums dar. Die enge Verbindung der Jerusalemer Urgemeinde zum Judentum kam nicht nur darin zum Ausdruck, dass die Kaschrut, die jüdischen Speisegesetze, eingehalten wurden, sondern ebenso darin, dass Neugetaufte beschnitten wurden. Die sich ausdehnende Missionierung führte indes recht rasch zur Unterscheidung zwischen sog. „Judenchristen" und „Heidenchristen". Erst Paulus, der sich auf die Mission von Nichtjuden konzentrierte, erlaubte den „Heidenchristen" nach vollzogener Taufe die Freistellung von der Beschneidung sowie von weiteren Geboten des Judentums. Paulus bewirkte auf diese Weise bewusst die Separation der Christen von den Juden und leitete so die Spaltung in Christentum und Judentum ein. Da zunächst jedoch die Verbindungen zum Judentum eng blieben, imitierten viele Heidenchristen weiterhin jüdische Bräuche, wie u. a. die Zirkumzision, die Paulus schließlich als unvereinbar mit der christlichen Botschaft geißelte. Anstelle der Beschneidung als „Bundeszeichen" trat die christliche Taufe als Bund mit Gott und als einziger Weg zum ewigen Heil.

Der Antisemitismus des *Neuen Testaments* findet sich nicht nur in den Briefen des Apostels Paulus an die noch jungen christlichen Gemeinden außerhalb Palästinas, sondern ebenso in den Evangelien. Fünf zentrale antisemitische Motive lassen sich hier ermitteln. *Erstens* die Kollektivierung, welche den Terminus „die Juden" verwendet. Die Kollektivierung ist im Johannesevangelium besonders stark ausgeprägt und dem historischen Sachverhalt der Trennung der kleinasiatischen Gemeinden vom Judentum geschuldet. Der Ablösungsprozess vollzog sich als Prozess der Eigendefinition, die das „nicht mehr jüdisch Sein" mit der Pejorisierung des abgetrennten Selbst in den Mittelpunkt der Selbstfindung stellte. *Zweitens* die Antagonisierung, welche die Narrative der Verwerfung sowie der Substitution einschließt. Die Antagonisierung stellt das aus dem Ablösungsprozess hervorgegangene Konstrukt von „christlicher Wir-Gruppe" und „jüdischem Fremdkollektiv" als unversöhnlich gegenüber. So interpretierten bspw. christliche Kirchenväter des 4. Jh.s das „Gleichnis von den Weingärtnern", das sich im Evangelium nach Markus wie nach Lukas findet, als Verwerfung des Volkes Israel. Während die Kirchenlehrer die Christenheit als „wahres Israel" darstellten, kam dem Judentum die Rolle des „verworfenen Volkes" zu, wodurch ein scharfer, unüberbrückbarer Gegensatz konstruiert wurde. *Drittens* die Blasphemisierung, die in etlichen Textstellen des *Neuen Testaments* in der Variante der Kollektivschuldthese auftaucht, die das Volk Israel in seiner Gesamtheit verantwortlich macht für die Ermordung Jesu. Auffallend ist diesbezüglich das Interesse der Evangelisten, den Beitrag der römischen Besatzungsmacht, die einzig und allein über Kapitalstrafen zu befinden hatte, als möglichst gering erscheinen zu lassen, während das Volk Jerusalems als Kollektivtäter wie eigentlicher Promoter des Kreuzigungsgeschehens dargestellt wird. Die Kriminalisierung verbindet den Schuldvorwurf am Tode Jesu häufig mit dem bislang nur innerjüdisch benutzten Motiv des Prophetenmordes. *Viertens* die Essentialisierung, wodurch das „Mörderische" bzw. Kriminelle als Charakterzug des „Jüdischseins" erscheint. Wie stark eine solche Sichtweise gläubige Christen prägte, wird daran ersichtlich, wie häufig Martin Luther in seinen Tischgesprächen den Juden unterstellte, Mordabsichten gegen Christen zu hegen und behauptete, das Wesen der Juden bestehe darin, Christen alles nur erdenklich Schlechte angedeihen lassen zu wollen. Die *fünfte* Methode schließlich lässt sich als Genetifizierung bezeichnen, sie trägt dazu bei, den im Kontext des Ablösungsprozesses konstruierten Gegensatz zwischen Juden und Christen als generationenübergreifend zu charakterisieren. Die Kollektivschuldthese wird auf diese Weise verewiglicht, wenn es im Evangelium nach Matthäus (21,41) heißt: »Und das ganze Volk antwortete und sprach: ›Sein Blut komme über uns und unsere Kinder!‹« Dieser sog. „Blutfluch" als Kulminationspunkt des christlichen Antisemitismus wurde von Mel Gibson im Spielfilm *The Passion of Christ* an herausragender Stelle als quasi biologistisches Konstrukt in Szene gesetzt.

1.11 Das frühe Christentum

Die bei Paulus sowie in den Evangelien angelegten judenfeindlichen Attacken wurden von den Kirchenvätern nicht nur aufgegriffen, sondern weiter verschärft. Als älteste antijüdische Apologie gilt die vom Kirchenvater Justinus (100 n. Chr.–165 n. Chr.) verfasste und in Gestalt eines platonischen Dialogs gehaltene Schrift *Dialog mit dem Juden Tryphon*. Justinus gilt als der erste Autor, welcher die Juden ausdrücklich als »Feinde Christi« sowie als »Gegner der Christen« bezeichnete. Die Juden hätten ihren Anspruch das Volk Israel zu sein verwirkt, das »wahre Israel« repräsentiere nunmehr ausschließlich die Christenheit. Die Schrift des christlichen Kirchenlehrers und Philosophen belegt, dass der Topos vom Gottesmord von Beginn an konstitutiv wie prägend für die christliche Judenfeindschaft war. Die Juden seien diejenigen, welche Jesus gekreuzigt hätten, seinen Namen lästerten und ihre Freveltaten nicht bereuten, so der zentrale Vorwurf der Schrift. Die Juden seien ferner unbußfertig, streitsüchtig, gehässig, hartherzig und ein seelenkrankes, sündiges Volk, das sich durch Verblendung und Anmaßung auszeichne. Mit dem Apostel Paulus übereinstimmend schreibt Justinus, dass die Beschneidung allein für die Juden eine Pflicht gewesen sei, für Christen hingegen als entbehrlich gelten könne.

Im 2. Jh. n. Chr. entwickelten sich die „Streitschriften gegen die Juden" zu einer literarischen Gattung. Erhalten geblieben ist auch das Werk des frühchristlichen Schriftstellers Tertullian (150–220 n. Chr.) mit dem Titel *Adversus Iudaeus*, das dieser um 200 n. Chr. verfasste. Tertullian griff die Gedanken des Apostels Paulus betreffs der jüdischen Gesetze auf und differenzierte zwischen ewigem und zeitlichem Gesetz. Während die ewigen Gesetze bereits im Paradies gegolten hätten, sei die Beschneidung mit der Errichtung des „Neuen Bundes" überflüssig geworden. Im Unterschied zum Judentum sei die Beschneidung im Christentum keine fleischliche mehr, sondern eine »geistige Veredlung der Menschheit«. Die Propheten Noah und Abraham seien auch ohne Beschneidung »Gerechte« gewesen. Das zeitliche Gesetz, dem sich die Juden noch immer unterwürfen, sei durch Jesus Christus als Erlöser überholt. Sabbat-, Beschneidungs- wie Opferregeln seien obsolet, die Zeit der von Gott abgefallenen Juden sei abgelaufen, was ihre Vertreibung durch die Römer belege. Die Gegenüberstellung von „ewig" und „zeitlich", „alt" und „neu" stellt einen kompromisslosen Bruch mit dem Judentum dar sowie eine radikale Enteignung der genuinen jüdischen Identität. Die hebräische Bibel mutiert bei Tertullian zum „Alten Testament" des Christentums, das als „Neuer Bund" zugleich seinen Anspruch auf Propheten wie Noah und Abraham postuliert, während das Judentum als Anachronismus zeitlich befristeter Mosaischer Gesetze präsentiert wird.

Mit der Etablierung des Christentums zur römischen Staatsreligion verschärften sich die antijüdischen Töne weiter und gehörten zum Standardrepertoire christlicher Kirchenväter. Athanasius von Alexandria (295–373 n. Chr.) erweiterte den Topos des Christusmordes, insofern diejenigen, die Christus schmähten, auch gegen Gottvater kämpften. Die »Leugnung Christi« stelle eine Form von Gottlosigkeit der Juden dar. Für Athanasius waren die Juden die »schlimmsten Kirchenschänder« gleich hinter den die Trinitätslehre ablehnenden Arianern. Der Erzbischof von Caesarea, Basilius der Große (330–379 n. Chr.), bezeichnete die Juden als »Fürsten Sodoms«, deren Hände durch die Ermordung des Gottmenschen befleckt seien. Ihre Schuld sei untilgbar und werde auf die kommenden Generationen vererbt. Das Judentum sei ein Feind des Christentums, ihre Synagogen seien »Orte der Verlassenheit«. In den Schriften von Johannes Chrysostomos (349/344–407 n. Chr.) finden sich noch aggressivere Passagen, welche für das vierte Jahrhundert indes als durchaus typisch gelten können. So heißt es bspw.:

> »Weil ihr Christus getötet habt, weil ihr gegen den Herrn die Hand erhoben habt, weil ihr sein kostbares Blut vergossen habt, deshalb gibt es für euch keine Besserung mehr, keine Verzeihung und auch keine Entschuldigung. Denn damals ging der Angriff auf Knechte, auf Mose, Jesaja und Jeremia. Wenn auch damals gottlos gehandelt wurde, so war das, was verübt wurde, noch kein todeswürdiges. Nun aber habt ihr alle alten Untaten in den Schatten gestellt durch die Raserei gegen Christus. Deshalb werdet ihr auch jetzt mehr gestraft. Denn, wenn dies nicht die Ursache eurer gegenwärtigen Ehrlosigkeit ist, weshalb hat euch Gott damals ertragen, als ihr Kindesmord begangen habt, wohingegen er sich jetzt, da ihr nichts derartiges verübt, von euch abwendet? Also ist klar, dass ihr mit dem Mord an Christus ein viel schlimmeres und größeres Verbrechen begangen habt als Kindesmord und jegliche Gesetzesübertretung.« (www.amertin.de/aufsatz/1988/eccehomo2.htm)

Das Motiv des Kindesmords bei Chrysostomos, welches sich auf die Exodus-Erzählung bezieht, stellt bereits ein Vorläuferstereotyp der Ritualmordlegende dar. Die Relevanz der Schriften von Chrysostomos ergibt sich aus dem vergleichsweise hohen Grad ihrer Verbreitung wie Rezeption.

Für den Kirchenvater Sophronius Eusebius Hieronymus (347–420 n. Chr.) haben sich die Juden als Gottesmörder versündigt und müssen dafür in der ganzen Welt umherirren. Die Synagoge ist für den spätantiken Kirchenlehrer ein »Ort des Satans«. Nicht nur Judas, sondern die Juden insgesamt seien Verräter, Feinde und Verfolger der Christen. Die Bedeutung von Hieronymus im Kontext der Judenfeindschaft folgt aus dem Sachverhalt, dass er den Kirchenvater Augustinus von Hippo (354–430 n. Chr.) stark beeinflusste. An der Schnittstelle von Antike und Mittelalter stehend bilanzierte Augustinus die frühchristliche Judenfeindschaft in scharfen Worten und legte so das antijüdische Fundament der mittelalterlich-christlichen Kirche. Neben dem bekannten Stereotyp des Gottesmords ist die negative Charakterisierung der Juden auffallend. Juden seien krank, bösartig, grausam, gefährlich, schmutzig, feindselig und wild. Die Juden waren für Augustinus nicht nur ein verbrecherisches Volk sowie die Feinde der Christen, sondern zugleich deren Sklaven. Als Strafe für ihre Sünde, so Augustinus, sollten die Juden den Fürsten als tributpflichtige Sklaven dienen und hätten von Ämtern und Herrschaft ausgeschlossen zu sein und im Elend zu leben.

Die antijüdische Praxis bestand im Kontext des Frühchristentums nicht nur aus den literarischen Schriften der Kirchenlehrer, sondern ebenso aus zahllosen Erlassen der frühen christlichen Synoden. Bereits die Synode von Elvira (zwischen 295–314 n. Chr.) verbot die Eheschließung von Christen und Juden und untersagte die Speisegemeinschaft mit Juden. Die synodalen Beschlüsse zielten auf die alltägliche Trennung zwischen Juden und Christen wie auf die umfassende Verdrängung des Judentums aus der Öffentlichkeit.

1.12 *Mel Gibson und* Die Passion Christi

Von Oktober 1962 bis Dezember 1965 tagte das Zweite Vatikanische Konzil, welches im Auftrag des Papstes Johannes XIII. darum bemüht war, die römisch-katholische Kirche zu modernisieren sowie ihr Verhältnis zu den anderen Weltreligionen wie insbesondere zum Judentum neu zu regeln. Das Abstandnehmen des Konzils vom traditionellen Gottesmordvorwurf im verabschiedeten Dokument *Nostra Aetate* markierte einen fundamentalen Wandel, zumal diese Haltung nicht nur mit der Distanzierung vom Antisemitismus sowie der Judenmission einherging, sondern ebenso mit einer textlichen Veränderung der traditionellen Karfreitagsliturgie. Während es bislang hieß:»Oremus et pro perfidis Judaeis« (»lasset uns auch für die perfiden [ungläubigen, treulosen, wortbrüchigen, d. Verf.] Juden beten«) lautet die liturgische Fassung nunmehr:»Lasst uns auch beten für die Juden, zu denen Gott, unser Herr, zuerst gesprochen hat. Er bewahre sie in der Treue zu seinem Bund und in der Liebe zu seinem Namen.«

Die veränderte Textfassung verdeutlicht den grundlegenden Charakter der Zäsur, insofern die Erwählung des Judentums hier nicht nur von bleibendem Charakter ist, sondern gleichfalls der Anspruch des römischen Katholizismus ad acta gelegt wird, es könne außerhalb der Kirche kein Heil geben. Der durch das Konzil initiierte Wandel ging seiner Zeit etlichen Kirchenvertretern wie Gläubigen entschieden zu weit, gegen den Geist und die Beschlüsse des Konzils wird bis auf den heutigen Tag innerhalb wie außerhalb der Kirche Roms opponiert. Diverse Strömungen und Richtungen erkennen die eingeleiteten Reformen nicht an und beharren auf der traditionellen Liturgie. Als Angehöriger der fundamentalistischen „Catholic Church" ist der US-amerikanische Schauspieler, Regisseur und Produzent Mel Gibson ein Gegner des Zweiten Vatikanischen Konzils und lässt in seiner Privatkapelle die Heilige Messe in der „alten Form" zelebrieren.

Ein Film ist als antisemitisch zu werten, so sei an dieser Stelle kurz erläutert, wenn er diskursive Rassifizierungstechniken (Kollektivierung, Generalisierung, Physiognomisierung, Kriminalisierung etc.) reproduziert, wenn judenfeindliche Narrative („Gottesmord", „jüdischer Wucher") sowie Stereotype („die verschworenen Juden", „die geldgierigen Juden") nicht mit der Intention in Szene gesetzt werden, diese zu dekonstruieren bzw. antisemitische Tendenzen historischer Zeitabschnitte in kritischer Absicht offenzulegen, sondern um vielmehr Abwertungen vorzunehmen, welche die Opfergruppe erneut diskriminieren und die soziale Ausschließung ein weiteres Mal in Gang setzen. Antisemitisch ist ein

Film, wenn er die dargestellten Juden in kollektivierender Weise („die Juden") adressiert, Personen in essentialisierender Weise auf ihr „Jüdischsein" reduziert und somit entpersonalisiert oder diese in generalisierender Weise adjektiviert („alle Juden sind geldgeil") und dabei althergebrachte Stereotype zum Einsatz gelangen. Antisemitisch ist ein Film, der das fremdheitsproduzierende Gerede vom „Wir" und „Ihr" im Sinne einer Exklusionspraxis reproduziert, wenn in der filmischen Handlung jüdische Personen nicht aufgrund konkreter individueller, politischer, psychologischer oder sozialer Interessenlagen handeln, sondern auf Basis eines „ewig jüdischen Kollektivcharakters".

Im innerkirchlichen Kräfteverhältnis sowohl des Protestantismus wie des Katholizismus ist ein Wiedererstarken fundamentalistischer wie klerikalistischer Kräfte zu attestieren, deren wachsender Einfluss sich nicht zuletzt im Jahr 2007 zeigte, als Papst Benedikt XVI. die alte Form des katholischen Gottesdienstes wieder zuließ („Summorum pontificum") und so verdeutlichte, wie hochgradig die Resultate des Zweiten Vatikanischen Konzils auch fünfzig Jahre danach noch immer umkämpft sind. Für die wieder zugelassene lateinische Messe formulierte der Papst im Jahr 2008 eine Neufassung der „Juden-Fürbitte" des Karfreitagsgebets. Zwar entschärfte diese Fassung den traditionellen Text insofern das lateinische Wort „perfid", vermieden wurde, indes darf nunmehr wieder auf Lateinisch gebetet werden, die Juden mögen Jesus Christus als ihren Heiland anerkennen, was der „Judenmission" erneut Tür und Tor öffnet.

Die Aktualität christlicher Passionsfestspiele in vielen europäischen Ländern, die Verbrennung von Puppen zu den Osterfeierlichkeiten in Spanien, die Judas als eine Art Prototyp „des Juden" symbolisieren, die Kontinuitätslinie antisemitischer Jesusfilme von Norman Jewisons *Jesus Christ Superstar* (1973), der die Mitglieder des Hohen Rates auf physiognomische Weise rassifiziert, Martin Scorseses *Die Letzte Versuchung* (1988), der u. a. antisemitische Stereotype wie das des „geldgierigen Juden" bemüht, bis hin zu Mel Gibsons *The Passion of Christ* belegen, dass der christlich-motivierte Antisemitismus bis auf die heutigen Tage Bestand hat und sich auf eine jahrhundertealte Ikonographie wie althergebrachte Narrative stützt. Das dichotome Konstrukt vom „Antijudaismus" und „Antisemitismus" verkennt, dass der christlich gespeiste Antisemitismus bis auf die heutigen Tage eine höchst lebendige Kraft geblieben ist. Die Mär von einem Pilatus, der keine Schuld fand, sich die Hände wusch und beteuerte: »Ich bin unschuldig am Blute dieses Gerechten, sehet ihr zu« sowie des Satzes: »Und alles Volk antwortete und sprach: Sein Blut komme über uns und unsere Kinder« ist die christliche Legende einer antisemitischen Kollektivschuldthese, die von den Evangelien bis hin zu Mel Gibson bemüht wird, der in *The Passion of Christ* die Juden bedingt durch exzessive Gewaltszenen als eine nach Blut dürstende Gemeinschaft charakterisiert. Eine verbale Verurteilung Gibsons blieb aus, da der Antisemitismus der Evangelien bis heute vom christlichen Establishment verschwiegen, verharmlost oder gar verleugnet wird, um die eigenen Reihen geschlossen zu halten, um den Schulterschluss zu „Altgläubigen" zu praktizieren. Die christlichen Wurzeln der „jüdischen Passion" sind auf diese Weise immer noch höchst lebendig und wurden keineswegs durch einen „modernen Antisemitismus" abgelöst, wie dies die binäre Logik des dichotomen Konstrukts von „Antijudaismus" und „Antisemitismus" suggeriert.

1.13 Das Judas-Klischee als Stereotyp der langen Welle

In den Romanen des israelischen Schriftstellers Amos Oz besitzt die Figur des Judas einen zentralen Stellenwert. Auch in diversen Interviews lässt Oz das Stereotyp des „Verräters" nicht los. Der christlich inspirierte Antisemitismus habe Judas Iskariot nicht nur zum „Archetyp des Verräters", sondern auch zum „Archetyp des Juden" gemacht, während in vielen europäischen Sprachen die Wörter „Judas" und „Jude" nahezu identisch seien. Oz verweist darauf, dass von den Jüngern Jesu nur Judas Iskariot in Gemälden des letzten Abendmahls als Jude konstruiert ist. Überprüft man diesen Sachverhalt anhand der von Lucas Cranach d. Ä. (1472–1553) für den Reformationsaltar in der Stadt- und Pfarrkirche St. Marien zu Wittenberg gemalten Szenerie, so erblickt man Jesus und seine zwölf Jünger, die das Abendmahl einnehmend um einen kreisrunden Tisch sitzen. Die Figur des Judas Iskariot ist auf den ersten Blick identifizierbar, insofern diese in physiognomisierender Weise mit bösen Gesichtszügen und rötlichen Haaren gemalt ist. Auffallend ist der gelbe Überrock, den Judas über einem grellroten Unterkleid trägt. Die Rassifizierungstechnik kollektivierender Generalisierung („Alle Juden sind Verräter") gelangt bei Cranach dadurch zum Einsatz, dass der zeitgenössische Betrachter die Farbe Gelb mit dem „gelben Ring" bzw. dem „gelben Fleck" in Verbindung brachte, den die Juden seit dem Mittelalter zu ihrer Kennzeichnung in diskriminierender Weise auf ihrer Kleidung zu tragen hatten. Während Jesus und alle Jünger außer Judas „Christen" darstellen, sitzt gewissermaßen „nur ein Jude" am Tisch, der sich für seinen Verrat bezahlen lässt, was das Geldsäckchen in seiner linken Hand auf subtil zweideutige Weise illustriert, insofern Judas auch die Kasse der Apostel verwaltete.

Während alle Jünger miteinander in Gesprächen vertieft sind, ist nur Judas Iskariot isoliert, dessen „Nichtzugehörigkeit" noch dadurch unterstrichen wird, dass die Sicht des Betrachters auf seinen linken nach außen gewendeten Fuß fällt. Judas Iskariot ist zum Sprung bereit, um der „christlichen Gemeinschaft" den Rücken zu kehren, um zum Christusverräter wie „Christenfeind" zu werden. Die Isoliertheit von Judas wird nur scheinbar durch den Sachverhalt gebrochen, dass Jesus ihm Brot reicht. Cranachs Szenerie stützt sich dabei auf Johannes:

»Nach diesen Worten wurde Jesus im Geiste erschüttert und bezeugte: Amen, amen, ich sage euch: Einer von euch wird mich ausliefern. Die Jünger blickten sich ratlos an, weil sie nicht wussten, wen er meinte. Einer von den Jüngern lag an der Seite Jesu; es war der, den Jesus liebte. Simon Petrus nickte ihm zu, er solle fragen, von wem Jesus spreche. Da lehnte sich dieser zurück an die Brust Jesu und fragte ihn: Herr, wer ist es? Jesus antwortete: Der ist es, dem ich den Bissen Brot, den ich eintauche, geben werde. Dann tauchte er das Brot ein, nahm es und gab es Judas, dem Sohn des Simon Iskariot. Als Judas den Bissen Brot genommen hatte, fuhr der Satan in ihn. Jesus sagte zu ihm: Was du tun willst, das tue bald! Aber keiner der Anwesenden verstand, warum er ihm das sagte. Weil Judas die Kasse hatte, meinten einige, Jesus wolle ihm sagen: Kaufe, was wir zum Fest brauchen! oder Jesus trage ihm auf, den Armen etwas zu geben. Als Judas den Bissen Brot genommen hatte, ging er sofort hinaus. Es war aber Nacht.« (Johannes 13, 21–30)

Die im Johannes-Evangelium angesprochene Funktion des Judas als Kassenwart ist auch insofern interessant als dieser zugleich als Dieb, als ein von Habgier getriebener Betrüger konstruiert wird, der die Einkünfte der Jünger veruntreut. Im Kontext der christlichen Deutungsgeschichte setzte sich dieses von Cranach vergegenständlichte negative Judasbild durch, das Judas als, wie Oz sagt, „Archetypen des Juden" konstruierte. Bereits bei Johannes Chrysostomos zeigt sich die Gleichsetzung der Figur des Judas mit „den Juden". In seinen Predigten benutzte der Kirchenvater Judas als „jüdischen Prototyp", um die soziale Trennung zwischen Christen und Juden zu forcieren, wenn es bspw. heißt: »Siehst du nun, wie unrein die ungesäuerten Brodte der Juden sind, wie unheilig ihr Fest ist? Es war einmal ein Passah der Juden, aber nunmehr ist es aufgehoben.« Der im Kontext des Judasbildes produzierte Antisemitismus diente bei Chrysostomos wie bei Luther der Aufgabe, die identitäre Geschlossenheit des eigenen religiösen Kollektivs mittels sozialer Abgrenzung zu festigen. Eine Vielzahl mittelalterlicher wie frühneuzeitlicher Judaslegenden perpetuierten das Judas-Klischee und verfestigten es so. Verrat wie „negative Charaktereigenschaften des Judas" werden sukzessive in generalisierender Weise auf „die Juden" als Kollektiv übertragen. Habgier, Geldsucht, Untreue, Bosheit, Denunziation, Heuchelei und Verrat werden so zu essentialisierten Eigenschaften des Judentums, deren rassifizierende Adjektivierung („falsch", „heimtückisch", „verschworen", „böse", „geldgierig") bis auf die heutigen Tage fortwirkt. Die Gestalt des Judas ist so untrennbar verbunden mit dem „Judaskuss", was seine untrügliche Verbindung mit dem Negativen anzeigt. Insofern es bereits im Johannes-Evangelium heißt: »Als Judas den Bissen Brot genommen hatte, fuhr der Satan in ihn«, zeichnet sich hier bereits eine Diabolisierung der Juden ab bzw. ihre dehumanisierende Dämonisierung. Bei Hilarius von Poitiers ist die Figur des Teufels bereits weitgehend identisch mit dem als Synonym für die Judenheit verstandenen Judas.

In den Passionsspielen des Mittelalters ist der Jude in Gestalt von Judas der Verfluchte, der Verworfene, der mit bösen Taten in Verbindung gebracht wird. Insofern er das von Satan beeinflusste Böse verkörpert, der christliche Zuschauer hingegen das Gute, wird zugleich eine Konstellation des Kampfes generiert, in der sich das Judentum und Christentum feindlich wie unversöhnlich gegenüberstehen. Der Geldbeutel im Gemälde von Lukas Cranach illustriert dabei ein Stereotyp, welches sich mühelos in Zeiten des aufkommenden Frühkapitalismus in säkularisierter Variante wie bei Shakespeares Shylock oder bei Dickens in Gestalt des jüdischen Hehlers Fagin in *Oliver Twist* verwenden ließ. Vom Judas-Klischee zieht sich ein roter Faden zum Stereotyp des „Wucherjuden", das sich bei Martin Luther in ausgeprägter Form findet. Insofern die Gestalt des Judas nicht nur für den singulären Verräter steht, sondern zugleich für den mit den Pharisäern Verschworenen, stellt seine Figur zugleich die Ursprungsgestalt aller Verschwörungslegenden dar, welche die Juden als Kollektiv betrachten, das mit fremden Mächten verbunden ist, um sich zur Herrschaft über die Wir-Gruppe aufzuschwingen. Die Gleichsetzung von Judas mit „den Juden" ab dem 4. Jh. in den judenfeindlichen Schriften der Kirchenväter verdeutlicht den Sachverhalt, dass die Juden als Antithese herhalten mussten, um den homogenisierenden Formierungsprozess des Christentums zu forcieren. Die Relevanz des abendländischen Judasbildes, welches sich im kollektiven Bewusstsein tief verankerte, erkannte auch der dt. Nationalsozialismus und instrumentalisierte es für seinen Antisemitismus. Im April 1933 erschien zu Ostern eine Ausgabe der Propagandazeitung *Der Stürmer* mit der Überschrift *Judas Greueltaten*. Auf der Titelzeichnung zu sehen ist ein SA-Mann in Uniform, der eine Frau in seinem Arm hält. Beide stehen vor einem übergroßen Christuskreuz, während im Hintergrund vor dörflicher Landschaft die Sonne aufgeht, die ein großes Hakenkreuz schmückt. Die Bildunterschrift lautet:

> »Die Juden haben Christus ans Kreuz geschlagen und ihn tot geglaubt. Er ist auferstanden. Sie haben Deutschland ans Kreuz geschlagen und tot gesagt und es ist auferstanden herrlicher denn je zuvor.« (*Der Stürmer* Nr. 15, April 1933)

Die nationalsozialistische Propaganda nutzte dabei die phonetische Ähnlichkeit zwischen dem Namen des Jünger Jesu und der Bezeichnung „Jude" und instrumentalisierte den Sachverhalt, dass der hebräische Name Jehuda in seiner gräzisierten Form Juda lautet, womit einer der zwölf Stämme Israels sowie das in den judäischen Bergen um Jerusalem gelegene historische Südreich bezeichnet wird. Im Dezember 1939 lautete die Überschrift des *Stürmer*: „Das Ende Judas".

1.14 Zusammenfassung

In historischen wie soziologischen Werken zur Judenfeindschaft wird die Bedeutung der Antike für die Entstehung und Genese des Antisemitismus weitgehend unterschätzt, was der Sachverhalt offenbart, dass diese zumeist gänzlich ausgeklammert bleibt oder ihr nur wenige Zeilen gewidmet werden. Deutlich wird dies am verfehlten dichotomen Konstrukt eines „Antijudaismus" versus eines „Antisemitismus", insofern diese Dualität verkennt, dass bereits in der Antike ein Ensemble an Wirkungsfaktoren höchst dynamisch ineinandergriff und die Beweggründe der Judenfeinde keineswegs stets religiöser Natur waren. Diesen Sachverhalt verdeutlicht der Pogrom von Alexandria, der bereits „moderne Züge" vorwegnahm, insofern es primär darum ging, die soziale Gleichstellung der Juden als vollberechtigte alexandrinische Bürger zu verhindern. Die Promotoren des antijüdischen Pogroms von Alexandria erinnern bereits an den Kreis der Gegner der jüdischen Emanzipation in der „Franzosenzeit", die sich zu Beginn des 19. Jh.s in Preußen in der Deutschen Tischgesellschaft zusammenfanden, insofern es in beiden Fällen darum ging, den Juden ihre staatsbürgerliche Gleichberechtigung streitig zu machen.

In der Antike spielten sowohl religiöse wie kulturelle, soziale und politische Faktoren eine relevante Rolle beim Zustandekommen der Judenfeindschaft. Zu unterscheiden ist zwischen dem vorchristlich-antiken sowie dem christlichen Antisemitismus. Die Relevanz des „heidnischen Antisemitismus" für die Entstehung christlich-antijüdischer Stereotype wird häufig unterbewertet, zeigt sich indes bereits anhand des Judenexkurses des Historiographen Tacitus, dessen antijüdische Diffamierungen seitens der christlichen Kirchenväter weitgehend übernommen wurden. Der christliche Antisemitismus etablierte sich in dem Maße, wie sich das Christentum nicht mehr als Teil des Judentums verstand, sondern eine eigene sich abgrenzende Identität entwickelte. Dieser Prozess setzte mit Paulus von Tarsus ein, der sich als äußerst erfolgreicher Missionar auf die sog. „Heidenmission" konzentrierte. Als einer der ersten christlichen Theologen forcierte er die Trennung des Christentums vom Judentum, indem er die jüdischen Speisegesetze sowie die Beschneidung für „Heidenchristen" als obsolet betrachtete. Paulus von Tarsus verbreitete das kriminalisierende Pejorativum vom Gottesmord in der Variante einer Kollektivschuldaussage, welche „die Juden" für die Kreuzigung Christi verantwortlich machte. Der Judenhass erhielt so sukzessiven Eingang u. a. in den noch jungen Gemeinden Kleinasiens. Der sich zwischen 70 und 100 n. Chr. verstetigende Prozess der Trennung, der bereits mit deutlichen antijüdischen Ressentiments versehen war, verstärkte sich noch im Kontext der Etablierung des Christentums als Staatsreligion des Römischen Reiches im 4. Jh. Das 4. Jh. n. Chr. stellt einen ersten Höhepunkt des christlichen Antisemitismus dar, was diverse Schriften der Kirchenväter des 4. Jh.s offenbaren wie bspw. Ambrosius von Mailand, Augustinus von Hippo, Eusebius von Cesarea und Johannes Chrysostomos.

2 Der Antisemitismus im Mittelalter

Das Mittelalter umfasst die Zeit vom ausgehenden 5. Jh. bis zum Ende des 15. Jh.s. Während die Position der Juden trotz des „Gottesmordvorwurfs" anfangs weitgehend von Duldung geprägt war, verschlechterte sich ihre Lage im weiteren Verlauf zusehends. Hierfür waren fünf Gründe ausschlaggebend. *Erstens:* Mit der Herausbildung des feudalen Lehnswesens durften Juden keinen Grundbesitz mehr erwerben, da sie keinen christlichen Treueid auf einen Lehnsherrn ablegen konnten. Der Ausschluss vom feudalen Lehnswesen bedeutete zugleich die weitgehende Exklusion der Juden von der politischen Teilhabe an der mittelalterlichen Gesellschaft. *Zweitens:* Mit der Etablierung des christlichen Zunftwesens sowie der christlichen Gilden blieb den Juden, denen die Aufnahme verwehrt war, nur noch die Möglichkeit der Führung einer städtischen Randexistenz oder die Übernahme von geächteten Berufen, die christliche Konkurrenten verschmähten. *Drittens:* Im Kontext der Kreuzzugsbewegung wurden die Juden zur Verkörperung des innen- wie außenpolitischen Feindes und sahen sich vielfältigen pogromartigen Übergriffen ausgesetzt, die vielerorts ganze Gemeinden vernichteten. *Viertens:* Das 14. Jh. und die in Europa wütende Pest führte zu einer tiefen Verunsicherung der Bevölkerung, deren christlicher Teil die Juden als „Sündenbock" für die Krisenzeit verantwortlich machte, wodurch es zu schweren Verfolgungswellen kam. *Fünftens:* Die religiöse Umstrukturierung des Christentums, in dem sich im Kontext der Eucharistie bzw. der Transsubstantiationslehre immer mehr mystische Elemente verankerten, veränderte die Haltung der christlichen Gesellschaft zu den Juden, die sich in einer zunehmend von Reliquienverehrung und apokalyptischer Erwartung geprägten Zeit mit der „Blutbeschuldigung" in Gestalt der Ritualmordlegende, Vorwürfen der Hostienschändung sowie Verschwörungstheorien konfrontiert sahen, die ihnen die Absicht unterstellten, Christen ermorden bzw. vergiften zu wollen, um die Herrschaft über christliche Länder an sich zu reißen.

2.1 Die christlich-feudale Ständegesellschaft

Die Position der Juden in der frühmittelalterlichen Gesellschaft resultierte aus der vom Kirchenlehrer Augustinus (354–430 n. Chr.) entwickelten „Judentheologie". Die Existenzberechtigung der Juden sowie die Anerkennung des Judentums als zugelassener Religion folgte aus der Sichtweise, dass deren Anwesenheit erforderlich sei, um die Christusprophezeiungen des *Alten Testaments* zu beglaubigen. Bei Augustinus stellen die Juden »unfreiwillige Zeugen« von der Wahrhaftigkeit der christlichen Botschaft dar. Die Existenz der Juden galt es zu bewahren, da erst das apokalyptische Gericht darüber zu entscheiden habe, was mit ihnen geschehen solle. Diese Sichtweise ging mit der Vorstellung einher, ein Großteil der Juden werde sich in der Endzeit zu Christus bekennen, während der andere Teil sich mit dem Antichristen verbünden und gegen die Christenheit kämpfen werde, die in den Schlachten der Apokalypse obsiegt. Die Aufgabe der mit Blindheit geschlagenen Juden bestehe im Diesseits darin, den Christen zu Diensten zu sein, ihnen die heiligen Bücher zu tragen, deren Botschaft sie sträflich missachteten. Die „christliche Toleranz" gründete so aus dem Zusammenspiel von Dienstbarkeit, Zeugenschaft zugunsten der Kirche sowie der funktionalen Rolle der Juden im chiliastischen Endzeit-Szenario. Insofern Gott die Juden für ihre Bekehrung am Jüngsten Tag vorgesehen habe, sei es folglich eine Sünde sie zu töten. Die Duldung der Juden war gekoppelt an die christliche Heilsgeschichte bzw. an die göttliche Vorherbestimmung. Die dergestalt lediglich tolerierten Juden verfügten als religiöse Minderheit über gewisse Sonderrechte seitens der politischen wie der religiösen Obrigkeit.

Die strukturellen Elemente des Antisemitismus waren im Status der Juden als sozialer wie religiöser Randgruppe angelegt, die im Spannungsverhältnis zwischen weltlicher und geistlicher Obrigkeit lebte und deren Position von der Stärke der politischen Zentralgewalt abhängig war, die sie ihrerseits jederzeit ausweisen konnte, wenn dies aus pekuniären Interessen dem Herrscher für opportun erschien. Die germanischen Nachfolgestaaten, die sich auf dem Boden des ehemaligen Römischen Reiches bildeten, duldeten die Juden auf Basis des weiterhin gültigen *Codex Theodosianus*. Unter Papst Gregor I. (540–604 n. Chr.) avancierte die augustinische „Judentheologie" zur offiziellen Position der Kirche.

Zwar betrachtete der Papst die Judenmission als eines seiner Hauptanliegen, die Ausübung der jüdischen Religion blieb jedoch nicht nur geschützt, auch Zwangstaufen sowie die Enteignung von Synagogen wurden verboten. Im Unterschied zur Gehässigkeit der Adversus-Judaeus Texte propagierte Gregor I. das bei Augustinus angelegte Konzept der Endzeiterwartung. Für Gregor I. resultierte die Behandlung der Juden aus dem Sachverhalt, dass Gott sie bereits durch die Zerstörung des Jerusalemer Tempels und durch ihre Zerstreuung bestraft habe.

Im karolingischen Frankenreich war die Situation der Juden vergleichsweise erträglich, was aus dem Interesse der Herrscher an rascher Expansion sowie an einem funktionierenden Fernhandel resultierte. Jüdische Händler verfügten über das Orient- sowie Osteuropa-Monopol und sollten helfen, Luxusartikel zu beschaffen. Unter den Karolingern wurden ihnen vielfältige Privilegien gewährt, zumal ihre Aktivitäten angesichts der noch relativ schwach entwickelten Städte maßgeblich zum wirtschaftlichen Wachstum beitrugen. Die karolingischen Herrscher des Frankenreichs untersagten die Taufe heidnischer Sklaven der Juden, um auf diese Weise jüdischen Großgrundbesitz als relevanten Wirtschaftsfaktor zu schützen. Der Sachverhalt, dass es diesbezüglich zu Protesten der Kirche kam, verdeutlicht die strukturelle Problematik jüdischer Existenz, die aus ihrer juristisch kodifizierten Minderheitenrolle sowohl im staatlichen Recht wie im Kirchenrecht resultierte. Auch unter den Ottonen und Saliern, welche die karolingischen Privilegien durch die Gewährung des Schutzes von Leib und Leben sowie die weitgehende Gleichheit vor Gericht erweiterten, blieb die Handelstätigkeit der Juden von herausragender Bedeutung.

Erst die Kreuzzüge stellten eine qualitative, nachhaltige Zäsur der Lage der Juden dar. Die „militärischen Wallfahrten" bedeuteten nicht zuletzt einen tiefen gruppenpsychologischen Einschnitt, insofern die Erfahrung unmittelbarer exzessiver Gewalt tiefe Spuren hinterließ, und der kriegerische Konflikt einen ökonomischen, sozialen, politischen und kirchenrechtlichen Wandel einleitete, der sich negativ auf die Juden auswirkte. Sozioökonomisch nicht zu unterschätzen ist der Tatbestand, dass bedingt durch die Kreuzzüge die Rolle der Juden im Fernhandel im Schwinden war. Christliche Kräfte eroberten sich auf militärischem Weg neue Routen, sodass sich die wirtschaftlichen Parameter zuungunsten

der Juden verschoben. Mit den Kreuzzügen sowie der Vertreibung der Juden aus Spanien brach die Zeit christlicher Handels-
häuser sowie christlicher Kaufleute an, die nunmehr den Levan-
te-Handel dominierten. Für die Lage der Juden relevant war
ebenso der Sachverhalt, dass im Umfeld mystischer Bewegungen,
der kriegerischen Mobilisierung der Volksmassen sowie der Existenz von Bettelorden sich das Christentum tiefgreifend wandelte, wofür nicht zuletzt das Schweigen des Papstes Urban I. angesichts der exzessiven antijüdischen Gewaltwelle im Kontext der
Kreuzzüge symptomatisch war. Die Sichtweise der augustinischen Judentheologie wurde durch ein Papsttum relativiert, das
sich auf Kosten der Juden mit den unteren sozialen Volksschich-
ten verbündete. Bedingt durch die Lehre von der Transsubstanti-
ation entwickelten sich in Gestalt der Ritualmord- sowie der Hostienfrevellegende völlig neue antisemitische Narrative.

Die kirchliche Judenpolitik verschob sich mit den Kreuzzügen
von einer in Gestalt der Judenmission sowie des Ideologems vom
endzeitlichen Übertritt der Juden doppelt strukturierten Assimilation zu einer Segregation, welche auf die systematische Separierung zwischen Juden und Christen hinauslief. Die deutliche Ver-
schiebung in der Gewichtung verdeutlichen die Beschlüsse der
Laterankonzile. Im Jahr 1179 verbot das dritte Laterankonzil die
Beschäftigung von christlichen Dienern in jüdischen Haushalten.
Deutlich eingeschränkt wurde die den Juden unter den Karolingern zugesicherte weitgehende Chancengleichheit vor Gericht, insofern nunmehr christliche Zeugen in Prozessen gegen Juden hin-
zuzuziehen waren. Bereits zuvor verbot das Konzil unter Papst
Alexander II. (1010–1073) den Juden die Enterbung jüdischer Konvertiten. Im Jahr 1215 verabschiedete das 4. Laterankonzil unter
Papst Innozenz III. (1160/1161–1216) weitere Segregationsmaßnah-
men. Juden mussten sich fortan in ihrer Kleidung von Christen
unterscheiden und durften sich zu Ostern nicht mehr in der Öffentlichkeit zeigen. Die Übertragung von Ämtern an Juden wurde unter Androhung der Exkommunikation verboten, die Rückkehr von freiwillig Getauften zum Judentum wurde unterbunden.
Zwar besaß der päpstliche Schutz der Juden vor Zwangstaufe, Beraubung, Verletzung oder Tötung, das Verbot jüdische Friedhöfe
zu schänden oder jüdische Rituale zu stören weiterhin Gültigkeit
(„Sicut-Judaeis-Bullen"), jedoch wurde bereits unter Papst Innozenz III. die Garantie in gravierender Weise durch einen Schluss-

satz abgeschwächt, insofern dieser den Geltungsbereich auf Juden beschränkte, die den christlichen Glauben nicht untergrüben. Zwar wurden die Beschlüsse der Laterankonzile keineswegs unverzüglich umgesetzt, doch kirchliche Autoritäten drängten stets aufs Neue die politische Obrigkeit dazu, Juden aus Amtsstellungen zu entfernen, gegen Proselytenmacherei vorzugehen und die Beschäftigung christlicher Dienstleute zu unterbinden. Sukzessive wurde die von kirchlicher Seite betriebene Segregationspolitik verschärft sowie die Autorität staatlicher Regulierung des Verhältnisses zwischen Juden und Christen untergraben.

Die Kreuzzüge bildeten auch insofern einen qualitativen Einschnitt, als es dem Papsttum gelang, seine Macht auf Kosten der geschwächten politischen Zentralgewalt zu stärken. Die Zentralgewalt reagierte mit dem im Landfrieden von 1179 festgelegten Prinzip der „Kammerknechtschaft", das alle Juden des Reichs als zur Kammer zugehörige Knechte deklarierte. Die Kammerknechtschaft bestätigte einerseits jüdische Privilegien, andererseits postulierten die Herrscher mit ihrer Einführung zugleich die Verfügungsgewalt über jüdisches Vermögen wie Nachlässe und schränkten die freie Mobilität der Juden ein, die in der Karolingerzeit unhinterfragt gegolten hatte. Mit der abschließenden Etablierung der christlichen Zünfte im 13. Jh. sowie dem parallel laufenden Verdrängungsprozess der Juden aus dem Fernhandel mussten sich diese nun weitgehend auf Kreditvergabe, Pfandleihe sowie den ländlichen Warenhandel beschränken, was mit einer weiteren sozialen Verschlechterung ihrer Lage einherging.

Nach den Kreuzzügen bildeten im Mittelalter die Zeit des „Schwarzen Todes" sowie die damit einhergehende Pogromwelle den zweiten großen Einschnitt. Als die Pestwellen abebbten durften sich Juden zwar wieder in den Städten niederlassen, doch da nunmehr auch die Bankgeschäfte weitgehend in christlichen Händen lagen, wurden sie für längere Zeit mit Ausnahme weniger städtischer Gemeinden in Kleinstädte oder in dörfliche Bereiche („Landjudentum") abgedrängt.

2.2 Die Kreuzzüge: Taufe oder Tod

Im Jahr 1010 zerstörte der schiitische Kalif al-Hakim (985–1021 n. Chr.) die Grabeskirche, was weniger seinem Fanatismus als seinem Geisteszustand geschuldet war. Im Kontext des Ereignisses begegnen wir erstmals einer antisemitischen Verschwörungstheorie in ausgeprägter Form, insofern die frz. Juden bezichtigt wurden, Anstifter und damit die eigentlichen Schuldigen der Zerstörung zu sein. Das Narrativ des politischen Bündnisses von Juden und Muslimen tauchte von da an stets aufs Neue auf und fand vor allem im frz. wie im spanischen Raum weite Verbreitung. Die Bezichtigung der Juden führte zu Judenverfolgungen in Frankreich, die bereits das spätere Muster der Kreuzzüge erkennen lassen. In Ermangelung des eigentlichen Gegners wurden die Juden zu Verbündeten der Sarazenen deklariert, ja sie seien gar schlimmer als die Muslime, insofern sie als die eigentlichen politischen Drahtzieher der Ereignisse zu gelten hätten. Der amtierende Papst Alexander II. schritt begrenzt noch ein, erinnerte an die Prinzipien der augustinischen Judentheologie und stoppte die Ausschreitungen.

Am 27. November 1095 rief Papst Urban II. auf dem Konzil von Clermont-Ferrand zum Kreuzzug auf. Das Datum sollte zu einem schicksalhaften Tag für das Judentum werden. Die Predigt löste in ganz Europa eine Bewegung aus, deren Nährboden in der krisenhaften Situation der Feudalgesellschaft sowie in einer religiösen Stimmung lag, die sich zunehmend dem Mystizismus öffnete. Mit frenetischer Begeisterung malten sich Personen aller sozialen Schichten das Zeichen des Kreuzes auf ihre Kleidung, verkauften ihren Besitz, verließen Frau und Kinder und schlossen sich den sich chaotisch formierenden Zügen an, deren päpstlicher Auftrag in der Befreiung der heiligen Stadt Jerusalem aus den Händen der Ungläubigen lag. Zeitgenössische Chroniken verdeutlichen, wen die Kreuzfahrer für Ungläubige hielten, an denen sie Rache zu nehmen gedachten, so hieß es bspw.: »Alle jene Wanderer sollen Häretiker, Juden und Sarazenen in der gleichen Weise hassen, da sich ja dieselben alle Feinde Gottes nennen.«

In verschwörungstheoretischer Weise kursierten Gerüchte, die Juden trügen Mitschuld an der Tötung christlicher Jerusalem-Pilger, sie hätten die Sarazenen zu ihren Taten angestachelt und seien in Wahrheit deren Verbündete. In Ermangelung des eigentlichen Gegners vor Ort und insofern die desorganisierten Volksmassen noch Tausende Kilometer vor sich hatten, wurden die Juden zum „Feind im Inneren" erkoren, denen man bereits habhaft werden könne bevor der „äußere Feind" zu sichten sei.

So hieß es etwa: »Wir gehen hinaus, um die Feinde Gottes zu bekämpfen, und hier in unserer Mitte leben die Erzfeinde und Mörder unseres Erlösers.«

Der Jahrhunderte währende antisemitische Hass christlicher Kirchenlehrer, der die Juden zu Gegnern der Christen konstruiert und diese als Gottesmörder diffamiert hatte, entfaltete gepaart mit der Intention, durch Plünderungen und Morde die Finanzierung der eigenen Kreuzzugsbeteiligung zu sichern sowie sich persönlich zu bereichern, seine tödliche Wirkung. Bedingt durch den Ort des Konzils zählten die frz. Juden zu den ersten Opfern der antisemitischen Pogromstimmung. Massaker ereigneten sich an vielen Orten Galliens. Mit dem Ruf „Gott will es!" rotteten sich Teile der vorbeiziehenden Kreuzfahrer zusammen, drangen in Judenviertel ein, plünderten diese und ließen nur diejenigen Juden am Leben, die sich taufen ließen. Die Gewalttaten wurden durch die erforderliche Finanzierung des Kreuzzugs sowie durch die als „christliche Barmherzigkeit" deklarierte Option zwischen „Taufe oder Tod" legitimiert.

Im Mai 1096 erreichten Formationen des ersten Kreuzzugs das Rheinland. In Speyer, Worms, Mainz, Köln und sodann in Trier und Regensburg ereigneten sich mörderische Massaker, die zur weitgehenden Vernichtung der jüdischen Gemeinden entlang der Rheinachse führten. Während es in Speyer durch das Eingreifen des dortigen Bischofs noch gelang, dem Morden Einhalt zu gebieten, wählten die Kölner Juden, die sich in umliegenden Orten versteckt hielten, den kollektiven Selbstmord, als die Kreuzfahrer sie entdeckten und vor die Wahl „Taufe oder Tod" stellten. Lediglich ein relevanter Teil der Trierer Juden ließ sich taufen, was zu einer posthumen Kontroverse zwischen Kaiser Heinrich IV. (1050–1106) und Papst Clemens III. führte. Während Ersterer die gewaltsame Taufe für Unrecht hielt und den Juden die Rückkehr zu ihrem jüdischen Glauben gestattete, protestierte der Papst gegen die Haltung des Kaisers. Zwar zählte weder die staatliche noch die kirchliche Obrigkeit zu den Promotoren der Pogrome und leisteten an einigen Orten Bischöfe durchaus Hilfe, doch ihre Halbherzigkeit wurde nicht zuletzt daran ersichtlich, dass nach dem Abzug der Kreuzfahrer beide Seiten keineswegs um effektivere Sicherungsmaßnahmen für die Zukunft rangen, sondern vielmehr darüber in Streit gerieten, wem der immobile Besitz der ermordeten Juden gehören solle.

Im Jahr 1149 waren Leib und Leben der Juden auch beim Zweiten Kreuzzug gefährdet, zu dem Bernhard von Clairvaux (1090–1153) aufrief. Predigermönche, welche die Volksmassen mobilisierten, hetzten gegen die Juden, indem sie diese erneut zu Feinden der Christen im Inneren konstruierten. Der Abt Peter von Cluny agitierte gegen die Juden wie folgt:

> »Was nützt es, in entfernten Gegenden die Feinde des Christentums aufzusuchen, wenn die gotteslästerlichen Juden, weit schlimmer als die Sarazenen, in unserer Mitte ungestraft Christum und die Sakramente schmähen dürfen! Glaubt doch der Sarazene gleich uns, dass Christus von einer Jungfrau geboren, und ist doch fluchwürdig, weil er dessen Fleischwerdung leugnet, um wie viel mehr die Juden, die alles leugnen und verspotten? Doch fordere ich nicht, die Fluchbeladenen dem Tode zu weihen; denn es steht geschrieben: ›Töte sie nicht‹. Gott will nicht, dass sie ausgerottet werden, sondern sie sollen wie der Brudermörder Kain zu großen Qualen, zu größerer Schmach, zu einem Leben ärger als der Tod aufbewahret bleiben.« (Graetz 1890, Bd. 6: 148/149)

Im Unterschied zum Ersten Kreuzzug blieben massenhafte Zusammenrottungen weitgehend aus, sodass zwar angesichts derartig hasserfüllter Predigten durchaus etliche Juden zu beklagen waren, es aber nicht mehr zur Vernichtung ganzer jüdischer Gemeinden wie beim Ersten Kreuzzug kam. Größere Massaker ereigneten sich hingegen erneut im Kontext des Dritten Kreuzzugs im Jahr 1188 in England. In zahllosen Städten wie London, Norwich, Lynn und York wütete der Mob, wobei die Namen der Städte Norwich und York bereits auf Verbindungen zur aufkommenden Ritualmordlegende hinweisen.

2.3 Die Substitutionstheologie: Ecclesia und Synagoge

Die mittelalterliche Vorstellung des Verhältnisses von Christentum und Judentum war durch die Substitutionstheologie bzw. Enterbungstheologie geprägt. Das Verständnis der Kirchenlehrer des 4. Jh.s aufgreifend, betrachtete man das Volk Israel als von Gott verflucht wie dauerhaft verstoßen. Der Gottesmordvorwurf ging mit der Ansicht einher, die Kirche habe bzgl. der Verheißungen Gottes das Volk Israel ersetzt. Die Substitutionstheologie wartete mit der Behauptung auf, Gott habe das Volk Israel wegen des

Christusmordes enterbt, seinen Bund mit Israel gelöst und das Christentum als Nachfolger eingesetzt. Mit der Kündigung des Bundes sei auch die Beschneidung als überholtes Bundeszeichen überflüssig geworden. Das Christentum betrachtete sich so als Ersatzerben der Verheißungen Gottes. Diese Vorstellung kommt auch in den Bezeichnungen „Altes Testament" und „Neues Testament" zum Ausdruck, insofern das „Alte Testament" im Sinne der Substitutionstheologie für den „alten Bund" steht sowie das „Neue Testament" für den „neuen Bund", den Gott mit dem Christentum geschlossen habe.

Für den Antisemitismus bedeutsam war die damit einhergehende Konzeption, welche die Erlangung des Heils einzig und allein durch die Taufe, dem Zeichen des „neuen Bundes", vorsah. Dieses Ausschließlichkeitsprinzip manifestierte die rassistische Assimilation, insofern es einen Ethnozid postulierte, d. h. die Aufforderung an die Juden enthielt, ihr Judentum aufzugeben und sich taufen zu lassen. Die Substitutionstheologie schließt dergestalt nicht nur die Judenmission ein, sondern ebenso die Gefahr der Zwangstaufe, die der Akteur mit dem Hinweis legitimierte, der Jude könne sein Heil nur durch die Taufe erlangen. Die Substitutionstheologie schloss vom Ansatz her ein gleichberechtigtes Verhältnis der beiden Religionen aus, insofern diese dem Judentum seine Identität nahm und für den Juden nur den Plan bereithielt, Christ zu werden oder der ewigen Verdammnis anheimzufallen. Die Substitutionstheologie postulierte einen antagonistischen Gegensatz von Wir-Gruppe und Fremdgruppe, der nur durch die identitäre Selbstaufgabe des einzelnen Juden überwindbar und für das Kollektiv der Juden gleichbedeutend war mit dem Aufruf zum gruppenbezogenen Ethnozid.

Die Enterbungstheologie, welche die Überlegenheit des Christentums postulierte, findet sich in Stein gemeißelt in Gestalt der allegorischen weiblichen Figuren „Ecclesia" und „Synagoge" am Straßburger und Freiburger Münster, an der Kathedrale Notre-Dame in Paris sowie am Bamberger Dom. Die Straßburger Figur der Ecclesia ist eine imposante, aufrechte und stolze Figur, die eine Krone auf ihrem Haupt trägt und deren Blick dem Betrachter zugewandt ist. Sie hält in ihrer rechten Hand das christliche Kreuz und in ihrer linken einen Kelch, der den „neuen Bund" symbolisieren soll. Die Figur der Synagoge ist hingegen eine Figur mit verbundenen Augen, die in ihrer rechten Hand eine zerbrochene Fahne hält und in ihrer linken die Gebotstafeln, was auf die vermeintliche Gesetzesfixierung des Judentums hinweist. Der Kopf der Figur ist leicht gesenkt, sodass ihr Blick vom Betrachter abgewandt ist. Ihre Krone liegt auf dem Boden, was ihre Enterbung verdeutlicht.

2.4 Die Ritualmordlegende

In Hartmann Schedels Weltchronik, gedruckt in Nürnberg im Jahr 1493, findet sich ein Bild, welches drei Personen zeigt, die einen Jüngling mit blond gelocktem Haar an ein Holzkreuz nageln. Es handelt sich um die Darstellung eines vermeintlichen Ritualmords. Opfer ist der 12-jährige William von Norwich (1132–1144), ein Kürschnerlehrling aus der im Osten Englands gelegenen Hauptstadt des heutigen Countys Norfolk. Auf den ersten Blick erkennbar ist die Kontinuitätslinie zum antisemitischen Gottesmordvorwurf. Aus der Sicht des judenfeindlich geprägten Betrachters wird das „christliche Kind" gekreuzigt wie es „die Juden einst mit unserm Herrn Jesu getan". Die um den Tod des Jungen kreisende Erzählung bildete den Auftakt einer ganzen Serie von Ritualmordlegenden des mittelalterlichen Europas. Sechs Jahre später verschriftlichte der Benediktinermönch Thomas von Monmouth im Jahr 1150 die bis dato mündlich tradierten Versionen. Die Replikation des Gottesmordvorwurfs ist im Werk *Leben und Passion des Märtyrers Wilhelm von Norwich* daran ersichtlich, dass Monmouth die Ereignisse bewusst in der Osterzeit geschehen lässt und William in seiner Erzählung am zweiten Tag des jüdischen Pessachfestes von den Juden aus »rituellen Gründen« töten lässt.

Obwohl die Anklage gegen die Juden von Norwich einst fallengelassen und die Anschuldigung von offizieller Seite zurückgewiesen wurde, gelang es Monmouth mit seiner Behauptung, die Muttergottes habe ihm in einer Vision höchstpersönlich die Verehrung des Jünglings befohlen, einen öffentlichkeitswirksamen Märtyrerkult zu etablieren. Bereits die historische Ursprungslegende aller folgenden Ritualmordvorwürfe offenbart die vielfältigen Funktionen des Narrativs vom Juden als „rituellem Schlächter" christlicher Kinder zur Osterzeit. Ritualmordlegenden führten zur Etablierung eines Kultes, der den örtlichen Kirchen einen Heiligen verschaffte und diese so auf höchst lukrative Weise vom Pilgergeschäft profitieren ließ. An der Etablierung neuer Wallfahrtsorte besaß insbesondere der niedere Klerus ein eigennütziges Interesse. Neben der rein pekuniären Funktionalität von Ritualmordlegenden verfolgten diese den ideologischen Zweck, den Vorwurf des Gottesmordes wachzuhalten und diesen im Kontext eines sich zunehmend mystisch transformierenden Katholizismus in Gestalt ekstatischer Märtyrerverehrung zu tradieren. Ritualmordlegenden dienten wahrscheinlich auch der Vertuschung höchst realer Sexualstraftaten, d. h. der Lenkung des Täterverdachts auf „die Juden", die sich als stigmatisierte Außenseiter gegen einen „aufgebrachten Mob" kaum zu wehren vermochten. Insofern überhaupt eine reale Leiche existierte, die Opfer eines Tötungsdeliktes wurde, was häufig gar nicht der Fall war, lässt sich vermuten, dass der oder die Täter den Verdacht in Richtung der Juden lenkten. Vielfach dokumentiert ist, dass Personen, die eine kindliche Leiche entdeckten, diese aus Hass in der Nähe jüdischer Häuser niederlegten oder weil sie wegen bereits kursierender Ritualmordlegenden die Ansicht vertraten, die Täter seien schon unter „den Juden" zu finden.

In der Schedel'schen Weltchronik existiert eine weitere Abbildung einer Ritualmordlegende. Es handelt sich um die Darstellung des vermeintlichen Ritualmords an „Simon von Trient" im Jahr 1475. Vergleicht man beide Abbildungen miteinander, so werden Gemeinsamkeiten wie Unterschiede offensichtlich. In beiden Fällen werden die getöteten Personen mit Christus identifiziert, was durch den kreuzigungsähnlichen Tod geschieht. Während William von Norwich in der ersten Abbildung bekleidet ist, ist Simon von Trient, dessen Blut in einer Schale aufgefangen wird, in der zweiten Abbildung nackt. In der konzentrischen Mitte des Bildes befindet sich der Penis des Jungen, der mit einem Messer „beschnitten" wird. Während es sich bei den Tätern in der ersten Abbildung um drei jüngere Personen handelt, werden auf dem zweiten Bild neun ältere Personen dargestellt, darunter zwei Frauen. Alle abgebildeten Personen werden auf dem zweiten Bild mit ihren Namen ausgewiesen, was den „authentischen Charakter" betonen soll. Der zweite Fall fokussiert auf die Beschuldigung, die Juden verwendeten „christliches Blut" für rituelle Zeremonien ihres Passahfestes, sowie auf die Technik der Sexualisierung. Mittels der Nacktheit des Jungen und der scheinbaren Lust der Beteiligten an den Qualen des Kindes werden dem „Tätervolk" erotische Motive unterstellt. Die als alt und hässlich dargestellte Personengruppe befriedigt ihre sexuellen Gelüste auf sadistische Weise mittels der Qualen des kleinen „Christuskindes", welches zwangsweise beschnitten wird.

Der Vergleich der beiden Darstellungen illustriert, dass ab dem 13. Jh. die Replikation des Gottesmordvorwurfs in Gestalt des Ritualmords um die „Blutbeschuldigung" erweitert wurde, deren Begründungen vielfältiger Natur waren. So hieß es bspw., die Juden benötigten „christliches Blut" zum Backen ihrer Mazen, jüdische Männer seien durch die Beschneidung blutleer und benötigten stets frisches Blut, Juden stänken und verwendeten „christliches Blut", um ihren üblen Geruch zu übertünchen, sowie als Medizin für diverse Zwecke. Bei den antisemitischen Ritualmordlegenden des Mittelalters, denen bereits die Blutmetapher zugrunde liegt, wird das Blut des getöteten Kindes in Mazen verbacken oder getrunken. Die Erzählungen stellen zugleich eine Variante der Kannibalisierung der Fremdgruppe dar, da das kultische Menschenopfer von den Versammelten verspeist wird.

Insofern Menschen jüdischen Glaubens der Verzehr von Blut in allen Formen aus religiösen Gründen strikt verboten ist (»Nur Fleisch, in dem noch Blut ist, dürft ihr nicht essen«, Genesis 9,4) zeigt sich an dieser Stelle, dass der Antisemitismus nicht einfach nur ein Vorurteil ist. Das strikte Verbot des Blutverzehrs war angesichts der jüdischen Praxis des Schächtens bekannt sowie jederzeit in der Bibel überprüfbar. Als es im Jahr 1540 im oberbayerischen Titting zu einer Ritualmordanklage kam, erschien ein anonymes Traktat, welches die Juden vor der Beschuldigung in Schutz nahm und auf den biblisch verankerten Sachverhalt verwies. Die Flugschrift stammte vermutlich von Andreas Osiander (1498–1552), der es indes vorzog, angesichts der hysterischen Stimmung anonym zu bleiben. In der *Schrift über die Blutbeschuldigung* heißt es:

> »[Die Juden] habe auch jre besondere Gesetz un Ceremonien / wie sie mit dem unschedlichen Blut sollen handeln / nemlich / das sie kein Blut uberal dorffen essen / wie geschriben ist / im ersten Buch Mose [...]. Allein esset das Fleysch mit dem Blut nicht etc. Sonder mussen das mit allem fleyss heraufs lassen [...]. Dieweyl dan die offentlich that zeuget / das die Juden / die selbe gesetz vom Blut noch heutigs tags

fleyssig halten / und darumb mit den Christen kein Fleisch essen / sonder alles Blut der Thier un Vogel scheuhen [...]. So ist auch nicht glaublich / das sie sich mit unschuldigem Blut der Kinder / sollten beflecken / und gegen Got versündigen.« (Osiander 1993: 9)

Gegen den anonymen Autor polemisierte sogleich der päpstliche Vertreter Johannes Eck (1486–1543), der Osiander als »Judenvater« diffamierte.

Weite Verbreitung erlangten ebenso die Legenden um Hugh of Lincoln, Werner von Oberwesel und Simon von Trient. Die Leiche des aus Lincoln stammenden Kindes Hugh (1246–1255) wurde in einer Wassergrube des Juden Jopin gefunden, den man sogleich arretierte. Bedingt durch den Bekanntheitsgrad der Ritualmordlegende des William von Norwich unterstellte man auch den Juden aus Lincoln ein Tötungsdelikt aus rituellen Gründen. Der vom Ritualmord überzeugte Richter stellte Jopin in Aussicht, nicht gefoltert und getötet zu werden, wenn dieser unverzüglich gestehe. Der vermutlich bereits über die Androhung der Folter entsetzte Jopin gestand alles, was man ihm suggerierte. Das Geständnis Jopins verdeutlicht, welche Souffleure am Werke waren. So sollen Juden aus ganz England nach Lincoln gekommen sein, die den Jungen gegeißelt, eine Dornenkrone aufgesetzt und sodann gekreuzigt hätten. Den Leichnam hätten sie sodann ausgeschlachtet, um dessen Organe für ihre geheime Magie zu gebrauchen. In ganz England ereigneten sich daraufhin pogromartige Übergriffe auf Juden. Jopin und achtzehn weitere Juden fanden ihren Tod am Galgen. Wie bei anderen Ritualmordlegenden auch, sagte man dem Leichnam Hughs, der noch im Jahr 1255 in der Kathedrale von Lincoln bestattet und in einem Schrein verehrt wurde, wundersame Wirkungen nach. In den *Canterbury Tales*, die Geoffrey Chaucer (ca. 1342/1343–1400) im Jahr 1387 schrieb, griff der englische Dichter in einer Erzählung in Versform die Ritualmordlegende des Little Hugh auf, verschob diese indes verfremdend nach Asien, in der einst eine christliche Stadt mit einem offenen Juden-Ghetto existiert habe. Die dortigen Juden beschreibt Chaucer als abgrundtief böse, sie hassten Christus und alle Christen. Chaucers *Canterbury Tales* illustrieren den Sachverhalt, dass bei der Wirkungsgeschichte der Ritualmordlegende der literarische Antisemitismus eine wichtige Rolle spielte.

Der Tod des Werner von Oberwesel (1271–1287), der in einer jüdischen Familie als Tagelöhner arbeitete, führte zu antijüdischen

Pogromen am Mittelrhein. Die Ritualmordlegende wurde bereits recht rasch verbreitet nachdem dessen Leiche am Gründonnerstag 1287 aufgefunden wurde und die Todesursache ungeklärt blieb. Die Juden, so hieß es, hätten ihn gemeinschaftlich ermordet, um sein Blut für ihr Pessach-Fest zu verwenden. Die Motive der Legende lagen auch hier in der Erwartung, aus der Etablierung einer Wallfahrt lukrative Einnahmen zu erzielen, sodass recht rasch von Wundern berichtet wurde, die sich am Grab Werners ereignet hätten. Im Jahr 1289 baute man eine kleinere bereits bestehende Kapelle aus zur heute noch existenten Wernerkapelle in Womrath, einer Ortsgemeinde im heutigen Rhein-Hunsrück-Kreis in Rheinland-Pfalz. Typisch für derlei Fälle ist, dass der Kult vom katholischen Bistum Trier noch bis zum Jahr 1963 in Gestalt eines offiziellen Werner-Festes gepflegt wurde. Als verehrter Heiliger, den man indes nie offiziell heiligsprach, galt Werner zugleich als Patron der Winzer. Erst das Zweite Vatikanische Konzil sorgte dafür, dass von offizieller Seite der Kult ein Ende fand und der Name Werner von Oberwesel aus dem Heiligenverzeichnis verschwand. Heinrich Heine griff die Ritualmordlegende des Werner von Oberwesel in seiner fragmentarischen Erzählung *Der Rabbi von Bacharach* auf, in der es heißt:

> »[An ihrem Paschafeste waren die Juden] ganz in den Händen ihrer Feinde, die ihr Verderben nur gar zu leicht bewirken konnten, wenn sie das Gerücht eines Kindermords verbreiteten, vielleicht gar einen blutigen Kinderleichnam in das verfemte Haus eines Juden heimlich hineinschwärzten und dort nächtlich die betende Judenfamilie überfielen, wo alsdann gemordet, geplündert und getauft wurde und große Wunder geschahen durch das vorgefundene tote Kind, welches die Kirche am Ende gar kanonisierte. Sankt Werner ist ein solcher Heiliger, und ihm zu Ehren ward zu Oberwesel jene prächtige Abtei gestiftet, die jetzt am Rhein eine der schönsten Ruinen bildet und mit der gotischen Herrlichkeit [...] uns so sehr entzückt, wenn wir an einem herrlichen Sommertage vorbeifahren und ihren Ursprung nicht kennen. Zu Ehren dieses Heiligen wurden am Rhein noch drei andre große Kirchen errichtet und unzählige Juden getötet oder misshandelt.« (Heine 1976, Bd. 2: 164/165)

Große Bekanntheit erlangte im deutschsprachigen Raum ebenso die Ritualmordlegende des Simon von Trient (1472–1475). In Trient hetzte der Prior des Franziskanerklosters Bernhardin von Feltre (1439–1494) gegen die Juden. Feltre prophezeite am Gründonnerstag das Verschwinden eines Kindes und machte die Juden für die geweissagte Tat verantwortlich. Am Karsamstag fand der Jude Samuel die Leiche Simons vor seinem Haus und meldete dies den örtlichen Behörden, welche daraufhin Samuel sowie weitere Gemeindemitglieder festnahmen. Nach monatelanger Folter gestanden die Angeklagten; zu diesem Zeitpunkt waren bereits 14 Juden an den marternden Prozeduren gestorben. Das Protokoll der Vernehmung des Juden Joaff vermerkt am 26. Oktober 1475:

> »*Der Podestà ließ fragen, ob er das tote Kind irgendwo gesehen habe.*
> Joaff: Er habe es in dem Rinnstein gesehen und herausgehoben, wie er gesagt habe.
> Podestà: Ob er es nicht auch anderswo gesehen habe?
> Joaff: Nicht daß er wüßte.
> Podestà: Er solle sich dessen wohl bedenken, ob er es nicht anderswo gesehen habe.
> Joaff: Er erinnere sich nun, daß er es auch in der Kammer vor der Synagoge gesehen habe an jenem Abend, als der Hauptmann und der Potestat in Samuels Haus kamen.
> Podestà: Ob er es nicht an einem anderen Ort noch gesehen habe?
> Joaff: Nein.
> *Man ließ ihn entblößen, binden und aufziehen. [...] Man schlug an das Seil und ließ ihn fallen.*
> Joaff: Laßt mich hinab, ich will die Wahrheit sagen.
> Podestà: Er soll sie am Seil sagen.
> *Man zog ihn auf und ließ ihn fallen.*
> Joaff: Bei dem Tod, den er erleiden werde, er sei unschuldig. Er habe das Kind nirgendwo sonst gesehen als wo er gesagt habe.
> *Man schüttelte ihn eine Weile am Seil. [...] Dann ließ man ihn nieder.*
> Joaff: Wo wollt ihr, daß ich es gesehen habe?
> Podestà: Er solle die Wahrheit sagen. Er wisse wohl, wo er es gesehen habe.
>
> Joaff: Er habe es nirgendwo sonst gesehen. Er wolle auch jedem unter die Augen treten, der da sage, er hätte es anderswo gesehen.
> *Man ließ ihn wieder aufziehen und fallen. [...]*
> Joaff: Er habe es in der Synagoge gesehen. [...]
> Podestà: An welchen Orten in der Synagoge und an welchem Tag er es gesehen habe?
> Joaff: Samstagnacht in der Synagoge.« (Hsia 1997: 116/117)

Maßgeblicher Betreiber des Prozesses war der Tridentiner Bischof Johannes Hinderbach (1418–1486), der Holzschnitte sowie Druckwerke publizierte, die das Martyrium Simons und dessen vorgeblichen Ritualmord belegen sollten. Im Jahr 1588 wurde der Simon-Kult von Papst Sixtus V. (1521–1590) offiziell bestätigt, der ein Gedenktag für Simon von Trient in das „Martyrologium Romanum" eintragen ließ. Auch in diesem Fall trug die Katholische Kirche durch die offizielle Etablierung eines Märtyrerkultes zum Antisemitismus bei. Erst im Jahr 1965 wurde die Heiligsprechung annulliert.

Die Liste der Ritualmordlegenden ist lang und ihre Fälle erstrecken sich bis ins 20. Jh. Im Jahr 1840 ist es die sog. Damaskusaffäre, im Jahr 1882 die Affäre von Tiszaeszlár, ein Ritualmordprozess im nordöstlichen Ungarn, und im Jahr 1900 die „Konitzer Mordaffäre" im wilhelminischen Deutschland. Noch im Jahr 1946 kostete der Pogrom im polnischen Kielce, der durch das Gerücht einer angeblich von Juden begangenen Kindesentführung ausgelöst wurde, über 40 Juden das Leben. Die historische Wirkmächtigkeit der Ritualmordlegende machte sich auch der dt. Nationalsozialismus zunutze. Zahlreiche Hefte wie ganze Sondernummern des *Stürmer* widmeten sich der Ritualmordlegende, die auch in der NS-Karikatur eine relevante Rolle spielte. Im *Stürmer-Verlag* erschienen darüber hinaus Publikationen, welche die Realität der Legende „wissenschaftlich" belegen sollten.

2.5 Die Hostienfrevellegende

Das im Mittelalter weitverbreitete Konstrukt vom Juden als Sündenbock, der für alles Unbill wie durch Naturgewalten bedingte Schäden verantwortlich gemacht wird, verdeutlicht die *Historia der Franken* des Mönches Ademar von Chabannes aus dem Jahr 1028. Hier heißt es, dass am Karfreitag nach der Messe die Stadt Rom von einem fürchterlichen Sturm und Unwetter heimgesucht wurde. Daraufhin habe ein Jude den Papst darüber unterrichtet, dass zur selben Zeit die Juden in ihrer Synagoge das Bild des gekreuzigten Jesus verhöhnten. Papst Benedikt VIII. habe diese Information sorgfältig überprüft, und als sich der Sachverhalt bestätigte, habe er sogleich das Urteil über die Urheber des Kapitalverbrechens gefällt. Nachdem die Juden durch das Schwert ihren Tod fanden, habe sich der wilde Sturm sofort gelegt. Die Legende aus der *Historia der Franken* stellt eine kausale Verbindung zwischen einer Naturkatastrophe und dem „gotteslästerlichen Treiben" der Juden her. Die Erzählung des Mönches über die Verhöhnung des gekreuzigten Jesus stellt bereits eine Vorstufe der späteren Hostienfrevellegende dar, die erstmals mit dem Pariser Hostienfrevelprozess des Jahres 1290 in Erscheinung trat, der gewissermaßen den Urtyp des nach immer gleichen Mustern ablaufenden Szenarios bildet. Das zugrunde liegende Regiebuch lässt sich wie folgt wiedergeben: Die Juden bestechen eine christliche Magd oder bezahlen einen Dieb, um aus dem Tabernakel eine geweihte Hostie zu entwenden. Die versammelten Juden pieken mit spitzen Gegenständen wie Messern oder Dornen in die Hostie, um die Passion Christi zu replizieren und den christlichen Glauben zu verspotten. Die Hostie zerteilt sich daraufhin wie ein Wunder und beginnt sich blutig rot zu verfärben. Die Juden erschrecken fürchterlich und trachten danach ihre Tat zu vertuschen, indem sie versuchen, die Hostie zu beseitigen. Das Verbrechen wird aufgedeckt, da sich die verborgene Hostie auf wundersame Weise, wie z. B. durch ihr Leuchten, bemerkbar macht. Diejenigen Juden, welche sich der Taufe verweigern, werden auf dem Scheiterhaufen verbrannt.

Zahlreiche Hostienschändungsprozesse liefen nach diesem Schema ab. In einer Flugschrift zum „Hostienfrevel" zu Passau im Jahr 1477 heißt es, dass die Juden von einem boshaften Menschen »acht Partikel des heiligsten Altarssakramentes« käuflich erwarben, die dieser gestohlen hatte, und in ihre Synagoge brachten. Sodann ist zu lesen:

> »Wo Einer von ihnen in grimmiger Begierde, Jesum noch einmal zu kreuzigen, und zugleich um zu erfahren, ob der Glaube der Christen als wahr sich erweise, in eine Partikel des heiligsten Altarssakramentes mit einem scharfen Messer stach, woraus Blut geflossen, und wo dann das Angesicht eines Kindes erschienen ist. Darüber erschraken die Juden und hielten Rath unter sich, was zu thun sei. Hierauf schickten sie zwei Partikel nach Prag, zwei nach Neustadt [gemeint ist vermutlich die Wiener Neustadt, d. Verf.], zwei nach Salzburg und zwei warfen sie in einen glühenden Ofen, woraus sie zwei Engel und zwei Tauben fliegen sahen.« (Rohrbacher 1991: 297)

Die Passage verdeutlicht nicht nur die enge Verbindung der Beschuldigung des Hostienfrevels mit dem seit dem 4. Jh. geläufigen Vorwurf des Gottesmordes („Jesum noch einmal zu kreuzigen"), sondern auch die funktionelle Seite der Hostienfrevelbeschuldigungen. Die Transsubstantiationslehre bzw. das Dogma von der Realinkarnation, d. h. der Verwandlung von Wein und Brot in Leib und Blut Christi, schien nach der Verkündung seitens des „Heiligen Stuhls" auch vielen Christen zweifelhaft, sodass es vielfältiger Versuche seiner Verankerung bedurfte. Hierzu wurden nicht zuletzt die Juden missbraucht, die in den legendenhaften Erzählungen paradoxerweise die Rolle der christlichen Zweifler übernehmen (»ob der Glaube der Christen als wahr sich erweise«). Die religiöse Kriminalisierung der Juden diente so der mystischen Bestätigung der Transsubstantiationslehre (»woraus Blut geflossen«). Die Passage illustriert zugleich die Gefährlichkeit der Hostienfrevelbeschuldigung, da diese nicht singulären Personen jüdischen Glaubens galt, sondern wie die Ritualmordlegende als kollektiv gemeinter Vorwurf die Juden traf; ein Sachverhalt, der hier noch dadurch verstärkt wird, dass die gesamte Passauer Gemeinde und ebenso die von Neustadt, Prag und Salzburg angeklagt werden. Deutlich wird an dieser Stelle, warum eine örtliche Hostienfrevelbeschuldigung eine ganze Welle ähnlich gelagerter Prozesse nach sich ziehen konnte. Die Passage illustriert zugleich ausgeprägte Elemente einer antijüdischen Verschwörungstheorie, insofern hier bereits das Bild eines global miteinander verwobenen, kriminell agierenden, europaweiten Judentums entworfen wird.

In den Jahren 1336–1338 ereigneten sich gewalttätige Ausschreitungen gegen Juden sowohl in Franken, im Mittelrheinischen, im Lahn- und Moselraum sowie im Elsass, welche ritterliche als auch bürgerliche Anstifter („König Armleder") anführten. Die Pogrome wurden von inszenierten Hostienfrevellegenden begleitet wie u. a. im niederösterreichischen Pulkau sowie von einer Verfolgungswelle in Böhmen, Mähren und Kärnten. Die Intention der Akteure bestand in der Entledigung von Schuldscheinen seitens der Juden sowie darüber hinaus in der Etablierung eines Kultes, der zur Errichtung der Heiligblutkirche in Pulkau führte. Im Kontext der Verfolgungswelle wollten sich auch im bayerischen Deggendorf der herzogliche Landpfleger, der Landrichter, der Kämmerer als auch der Rat der Stadt ihrer jüdischen Gläubiger entledigen. Bereits im Vorfeld hatte der Herzog Straffreiheit zugesichert, sodass es am 30. September 1338 zur Ermordung der örtlichen Juden kam, gefolgt von Massakern in zahlreichen weiteren bayerischen Orten. Die Hostienfrevellegende von Deggendorf wurde erst posthum dem „Pariser Modell" folgend konstruiert, um das Morden nachträglich zu legitimieren und führte zum Bau der „Kirche zum Heiligen Grab", die mit der Bauinschrift »Do bart Gotes Laichenam funden« versehen wurde, sowie zur Etablierung einer Wallfahrt („Deggendorfer Gnad"), welche noch bis 1968 Bestand hatte. Die posthume Konstruktion der Hostienfrevellegende findet sich erstmalig in der im Jahr 1388 entstandenen *Gründungsgeschichte der Klöster Bayerns*, d. h. fünfzig Jahre nach dem Morden der Deggendorfer Bürger. Zur „Deggendorfer Gnad" wurden eine Vielzahl populärer Traktate sowie diesbezüglich Gebets- und Andachtsbücher publiziert. Beliebt war ebenso die künstlerische Gestaltung der Legende in Gestalt von Altarbildern sowie Holzschnitten. Im Unterschied zur Ritualmordlegende erscheint Jesus in den Bildern nicht mehr als Knabe, sondern im Kontext der Eucharistie-Mystik als Kindlein.

Wie die Ritualmordlegende so ist auch die Liste der vermeintlichen Hostienfrevel lang, zumal ihr funktioneller Nutzen offensichtlich ist und stets aufs Neue dazu anregte, die Legende zu verbreiten. So ließe sich über die Hostienfrevellegenden von Enns in Oberösterreich (ca. 1420), Breslau (1453), über den „Sternberger Hostienschänderprozess" in Mecklenburg (1492) sowie denjenigen in der Mark Brandenburg im Jahr 1510 berichten.

2.6 Die Pest oder der „jüdische Brunnenvergifter"

Im Kontext des allgegenwärtigen Gottesmordvorwurfs sowie der Legende vom Antichrist war im Mittelalter die Vorstellung von einer Verschwörung der Juden gegen die Christen weitverbreitet. Bereits im Jahr 1161 wurden in Böhmen jüdische Ärzte verdächtigt, Christen zu vergiften. Die Anschuldigung führte zur Verbrennung von 68 Juden. Im Jahr 1321 wurden in Frankreich „die Aussätzigen" beschuldigt Brunnen zu vergiften, um „die Gesunden" zu töten. Die Verdächtigungen führten staatlicherseits zu einem Edikt des frz. Königs Philipp V., welches die Verbrennung der Leprakranken verfügte. Im Kontext der Exzesse gegen die Leprösen gerieten auch die Juden ins Visier der Beschuldigungen, denen man vorwarf, mit ihnen verbündet zu sein. Die Verdächtigungen führten in Tours zur Ermordung von 160 Juden.

Die Exzesse gegen die Juden wurden mittels verschwörungstheoretischer Beschuldigungen legitimiert. So stellte Papst Johannes XXII. die Behauptung auf, die Juden seien mit den Sarazenen verbündet, welche ihnen Jerusalem angeboten hätten, wenn diese ihnen im Gegenzug Frankreich auslieferten. Der Papst verfolgte dabei die Intention, die Gläubigen zu einem neuerlichen Kreuzzug aufzurufen, indem er ihren Hass zu schüren gedachte. Unterschiedliche Kräfte wie Beweggründe waren so am Werk als im Juli 1321 der frz. König, dem es seinerseits um den Besitz der Beschuldigten ging, die Anordnung traf, die Juden gefangen zu nehmen. Diejenigen von ihnen, die nicht auf den Scheiterhaufen verbrannten, wurden im Jahr 1323 aus Frankreich vertrieben.

Bei den frz. Ereignissen handelte es sich um staatlichen Antisemitismus, bei dem der frz. König und der Papst Hand in Hand arbeiteten und hierfür fingierte Belege vorlegten, welche die Juden als konspirative Verschwörer, als Verbündete des außenpolitischen Feindes sowie als Brunnenvergifter diffamierten. Der „Staatsrassismus" wie „Kirchenrassismus" konnte sich dabei nicht zuletzt der Unterstützung derjenigen Bevölkerungsteile sicher sein, welche die antisemitische Kampagne als willkommene Gelegenheit betrachteten, sich der Juden als Konkurrenten oder Schuldner zu entledigen. Um die Vorgänge zu legitimieren, zitierten sowohl der Papst als auch der frz. König aus einem gefälschten Brief, der abgefangen worden sei und den der Jude Bananias angeblich an mehrere Herrscher der Sarazenen habe schicken wollen. Bananias berichtet in diesem fingierten Schreiben, die Juden hätten Brunnen, Quellen, Zisternen sowie Flüsse vergiftet, indem sie ein Pulver hineingeschüttet hätten, welches aus bitteren Kräutern sowie dem Blut giftiger Kriechtiere zubereitet worden sei, um die Christen auszurotten. Dabei seien sie von den Aussätzigen unterstützt worden, die reiche Juden mit »gewaltigen Geldsummen« bestochen hätten. Am Ende des Briefes bittet Bananias seine Glaubensgenossen darum, Gold und Silber zu schicken, da das Gift noch nicht die gewünschte Wirkung gehabt habe. Man hoffe, die Mischung optimieren zu können und bei der nächsten sich bietenden Gelegenheit zur Anwendung zu bringen.

Die Konstruktion des Briefes verweist darauf, dass im Kontext chiliastischer Erwartungen die Vorstellung von einem endzeitlichen Kampf zwischen den miteinander verbündeten Mächten des Bösen und der Christenheit als Entente des Guten weit verbreitet war. Der vorgetäuschte Brief illustriert darüber hinaus, dass die Ausgrenzung der Juden im Kontext der Kreuzzüge eine neue

Qualität erreichte, insofern diese nunmehr als Verbündete des außenpolitischen Gegners diffamiert und als Kriegsgegner im Inneren betrachtet wurden. Auffallend ist an dieser Stelle, dass der dt. Nationalsozialismus dieses antisemitische Diskursmuster adaptierte und den Juden im Kontext des „Endkampfes" gleichermaßen die Rolle des Kriegsgegners zuwies, der die Vernichtung der „nordischen Rasse" beabsichtige und die eigentlich treibende kausale Kraft des welthistorischen Konflikts sei.

Die bereits durch die frz. Ereignisse massenwirksam eingeführte kriminalisierende Pathologisierung, welche die „Fremdgruppe" der Juden bezichtigte, durch bewusste Verunreinigung bzw. Vergiftung des Wassers oder der Luft Krankheiten wie Seuchen auszulösen, erwies sich im Kontext der ersten Pestwelle, die Europa im Jahr 1348 heimsuchte, für zahllose jüdische Gemeinden in Europa als dramatischer Einschnitt. Nahezu in allen Städten ereigneten sich grausame Verfolgungen, bezichtigte man die Juden, die Christen durch Giftanschläge auslöschen zu wollen, brannten Scheiterhaufen für die vermeintlichen Verschwörer. Im Kontext der vor allem von städtischer Seite geführten Anklagen wiederholte sich das Muster der Ritualmordprozesse, insofern unter der Folter die Beschuldigten gezwungen wurden, weitere jüdische Gemeinden der Komplizenschaft zu bezichtigen. Die Konstruktion der Juden zu einer überregional verschworenen wie miteinander vernetzten Feindgruppe, welche es auf die Existenz der christlichen Gemeinschaft, auf Leib und Leben der Christen abgesehen habe, erreichte in den Jahren der Pest eine neue Dimension.

Die verschwörungstheoretischen Beschuldigungen wurden zu einem elementaren Bestandteil des kollektiven Unterbewusstseins über Jahrhunderte, wozu nicht zuletzt die Volksfestkultur, der literarische wie bildliche Antisemitismus, Wallfahrten etc. beitrugen. So feierte die Stadt Rothenburg an der Tauber jahrhundertelang den „Schäferei-Bruderschaftstag", der daran erinnerte, dass im Jahr 1393 ein Schäfer dem städtischen Magistrat meldete, er habe Juden bei der Brunnenvergiftung beobachtet und sie bei ihrer Unterredung belauscht. Der Magistrat untersagte daraufhin die Benutzung des entsprechenden Brunnens und verhörte die Juden Rothenburgs und der Umgebung. Die Rothenburger Chronik vermerkt diesbezüglich lapidar:

»Viele wurden massakriert, viele haben die Flucht ergriffen, und viele sind ins Gefängnis geworfen worden, welche ihren wohlverdienten Lohn empfangen haben, wie dann Anno 1393 die letzten vollends alle verbrannt worden und die Stadt von den Juden geräumt.« (Behr 2001: 18)

Fragt man nach den Ursachen und Motiven sowie nach den Akteuren der größten Pogromwelle, welche die Juden in den Jahren zwischen 1348 und 1350 traf, so ist zu konstatieren, dass religiöse Begründungen sowie theologische Narrative zwecks Legitimation der mörderischen Taten nicht bemüht wurden. Während etwa die Massaker in England zu Beginn des dritten Kreuzzugs an die Ritual- sowie die Hostienfrevellegende anknüpften, galt dies für die Pest-Pogromwelle nicht. Als Rechtfertigung für die Morde diente die Legende von einer planvollen Tat der Juden, welche die Pest durch gezielte Vergiftung der Brunnen verursacht hätten. Die bereits im Jahr 1321 in Südfrankreich kursierende Beschuldigung musste ein weiteres Mal herhalten, um blutige Exzesse zu legitimieren. Das rein profane Konstrukt einer Verschwörung der gesamten Judenheit ist ein Beleg für die Unterkomplexität des dualen Gebildes „Antijudaismus versus Antisemitismus", insofern das Verschwörungsnarrativ bereits als früher Vorläufer der *Protokolle der Weisen von Zion* zu deuten ist. Im Unterschied zu den Legenden vom Ritualmord und Hostienfrevel spielte der untere wie mittlere Klerus kaum eine Rolle bei den Akteuren der Pestpogrome, die überwiegend aus städtischen Schichten, örtlichen Zünften, dem städtischen Rat sowie aus adligen Kreisen stammten, welche bei Juden verschuldet waren. Das Maß der tödlichen Gewalt, welche nahezu sämtliche Gemeinden im Reichsgebiet traf und viele vernichtete, ist indes nur durch den aufgestauten religiösen Hass erklärbar. Jahrhundertelang waren die Juden als eine gegen die Christen verschworene Gemeinschaft von „Gottesmördern" diffamiert und in allen nur erdenklichen Varianten dämonisiert wie diabolisiert worden, sodass man ihnen alles zutraute. Im krisenhaften 14. Jh. stellten die Juden ein prädestiniertes Opfer einer tief verunsicherten Bevölkerung dar, welche sich existenziell durch die angsteinflößende wie unverstandene Seuche, die nahezu ein Drittel der Bevölkerung dahinraffte, bedroht fühlte. Die Pogromwelle der Jahre zwischen 1348 und 1350 lässt sich dabei als geplante Gewalttätigkeit bezeichnen. So ordnete und verwaltete bspw. Karl IV. (1316–1378) bereits im Vorfeld der

Pogrome den Nachlass der Nürnberger Juden, die man erst acht Monate später ermordete. Durch derlei Aktivitäten, die von relevanten Teilen der Bevölkerung als Freibrief verstanden wurden, förderte der römisch-deutsche König die Pogromwelle. So kam es, dass in nahezu allen Orten die Juden umgebracht wurden, noch bevor die Pest ausbrach. Jüdische Opfer zu beklagen waren ebenso in Städten wie Breslau, die gar nicht von der Pestwelle betroffen waren. Ein maßgeblicher Grund des Mordens lag in der ökonomischen Bereicherung der Täter, die aus den Schuldentilgungen oder durch unmittelbaren Raub Nutzen zogen. Das Narrativ vom Juden als „Brunnenvergifter" erzeugte ein starkes Eigenleben, verselbstständigte sich tendenziell als ideologisches Muster und verbreitete sich äußerst rasch. Verschwörungstheorien besaßen leichtes Spiel und wurden leichtgläubig als auch höchst intentional aufgegriffen, obwohl Papst Clemens IV. in einer Bulle Stellung gegen die diesbezügliche Beschuldigung der Juden bezog.

Die Pestwelle und die mit ihr einhergehenden Pogrome stellten einen tiefen Einschnitt in der sozialen wie ökonomischen Situation des Judentums dar. Nach der Vertreibung der Juden aus zahllosen Städten erreichten diese für einen langen Zeitraum nie wieder die Bedeutung, die sie zuvor besessen hatten. Mit der Zerstörung der städtischen Kultur des Judentums ging ihr ökonomischer Niedergang einher, sodass sie im wirtschaftlichen Bereich auf den Kleinhandel und die Vergabe von Kleinkrediten abgedrängt wurden.

2.7 Der Judenschwur: Institutioneller Rassismus

Strukturelle Elemente der Judenfeindlichkeit gingen in der mittelalterlichen Gesellschaft mit institutionellem Antisemitismus einher, was exemplarisch die Justiz und die in dieser Institution verankerte Rechtsform des „Judeneids" verdeutlicht. Bereits in den Schriften der Kirchenlehrer des 4. Jh.s war das Narrativ des „lügnerischen Juden" verankert, welches dazu führte, dass die Wertigkeit jüdischer Aussagen vor Gericht von christlichen Konkurrenten mit der Behauptung in Frage gestellt wurde, die jüdische Religion gestatte ihren Gläubigen, im Fall von Nicht-Juden nach Herzenslust zu betrügen, zu stehlen sowie zu lügen. In nahezu allen christlichen Ländern Europas etablierte sich auf diese Weise der sog. „Judeneid". Das Diskriminierende des „Judeneids" bestand im Sachverhalt, dass Gleichwertigkeit und Integrität der Juden durch die spezielle Prozedur sowie durch entehrende Formen ihres Vollzugs demontiert wurden.

Der „Judeneid" existierte bereits unter den byzantinischen Kaisern und gelangte von hier aus in die europäischen Länder. Im Jahr 531 stellte Kaiser Justinian die Zeugnisfähigkeit der Juden gegen Christen öffentlich in Abrede. Vor Gericht hatte ein zum Christentum konvertierter Jude verlangt, dass sein jüdischer Prozessgegner sich mit Dornen umgürten und ins Wasser hinabsteigen sowie dreimal auf sein Glied spucken müsse. Die christliche Anschuldigung, Juden betrachteten ihren gegenüber Christen geleisteten Eid als nicht verbindlich, führte zur Entwicklung einer Vielfalt demütigender Prozeduren. Der strukturelle Ausschluss der Juden aus dem sich christlich definierenden Byzantinischen Reich replizierte sich in der Institution der Justiz. Unter dem byzantinischen Kaiser Konstantinos VIII. (960–1028) mussten Juden sich mit Dornen umgürten und die Gesetzesrolle beim Eid in der Hand halten. Die Umgürtung mit Dornen als Symbol der Passion Christi wiederholte auf diese Weise öffentlich den Vorwurf des Gottesmords, verfestigte die Position der Juden als lediglich geduldete Außenseiter in der christlichen Gesellschaft und stellte ihre Rechtsfähigkeit in Frage. Der byzantinische „Judeneid" wurde im weiteren Verlauf des historischen Prozesses in diversen Varianten adaptiert.

Ende des 12. Jh. verfasste der Erzbischof Konrad von Mainz den „Erfurter Judeneid". In der Formel bezieht sich der Schwörende auf Gott, der Blumen und Gras wachsen lasse. Im Fall eines Meineids soll der Schwörende von der Erde verschlungen, von der Muselsucht („Aussatz") heimgesucht und vom Gesetz, das Gott Moses am Berge Sinai gab, vertilgt werden. Im Unterschied zu dieser schlichten Formel und vergleichsweise noch humanen Prozedur setzte man Juden in Frankreich in grausamer Weise gar eine Dornenkrone auf. Es existierten unzählige Formeln des Eides, deren Text die Juden beleidigte wie diffamierte. Derlei Varianten verbreiteten sich nach dem 13. Jh. vor allem in Deutschland. Im Kontext dieser Entwicklung wurden zahllose entwürdigende Verfahren ersonnen. So legte etwa der *Schwabenspiegel* fest, dass der schwörende Jude auf einer Sauhaut zu stehen und seine rechte

Hand in den Pentateuch zu stecken habe. Die für Juden aufgrund ihrer religiösen Tabuvorschriften tief verletzende Prozedur wurde von da an in zahlreichen Gegenden praktiziert und bestand in Schlesien gar bis zum Jahr 1744.

Das Pejorativum vom Juden als Lügner, als Meineid-Schwörer, als Mitglied einer Religion, die ihm die Täuschung von Nicht-Juden als religiöse Pflicht auferlege, war nicht nur im Mittelalter weitverbreitet, sondern ebenso in der Neuzeit. Die Judeneide existierten noch bis zur Mitte des 19. Jh.s. Im Jahr 1828 war Kurhessen das erste Land, welches im Zuge der Judenemanzipation den sog. Judeneid abschaffte, in Sachsen geschah dies 1840, in Österreich 1846 und in Preußen gar erst 1869.

2.8 Judenzeichen als „Schandfleck"

Im Jahr 1215 forderte das 4. Laterankonzil die Kennzeichnung der Juden beiderlei Geschlechts, ohne jedoch die Art und Weise der Markierung festzulegen. Juden sollten bereits von Weitem durch ihre Kleidung erkennbar sein. Papst Innozenz III. begründete die Forderung damit, »dass irrtümlicherweise Juden und Christen sich miteinander fleischlich vermischen.« Weltliche Herrscher zeigten sich meist nicht sonderlich interessiert an der Durchsetzung der geforderten Maßnahme, sodass von kirchlicher Seite immer wieder die mangelnde Durchsetzung beklagt und neuerliche Beschlüsse gefasst wurden. Im Laufe der Zeit etablierten sich jedoch unterschiedliche Kennzeichen in den europäischen Ländern. Bereits im Jahr 1217 führte England die Kennzeichnungspflicht ein und bemühte hierfür markierende Streifen. Im Jahr 1219 wurde in Frankreich unter Philipp August die Kennzeichnung zur allgemeinen Pflicht, wobei es sich um einen Kreis handelte. In Deutschland bestand das Kennzeichen ab dem 13. Jh. aus einem spitzen Hut. Der langgezogene Spitzhut findet sich in zahlreichen Abbildungen jüdischer Personen auch vor dieser Zeit, da es sich um ein genuines jüdisches Kleidungsstück handelte. Der Spitzhut war nunmehr jedoch zwangsweise zu tragen, um den Träger zu markieren wie zugleich zu separieren. Nikolaus von Kues, lat. Cusanus, (1401–1464), der als Kardinal im päpstlichen Auftrag in den Jahren 1450/51 durch Deutschland reiste, kritisierte wie Johannes Capistranus (1386–1456) die mangelnde Einhaltung der Kleiderordnung. Cusanus' Interventionen führten in Deutschland dazu, dass sich der gelbe Ring bei Männern durchsetzte, während jüdische Frauen ihre Kopfbedeckung mittels blauer Fäden kenntlich zu machen hatten. Im Jahr 1530 sah die Reichspolizeiordnung Kaiser Karls V. das Tragen des gelben Rings vor, was damit zum gültigen Reichsrecht avancierte. In Kastilien bestanden die Kennzeichen im 14. Jh. aus einem Hut gepaart mit einem langen Mantel.

Die „Judenzeichen" stellten in vielen Ländern zugleich ein Element finanzieller Ausbeutung dar, da sich Juden durch ihre spezifische Kleidung als gesonderte Steuerzahler besser überwachen ließen. Die Markierungen bildeten ebenso eine Geldquelle, da politische Instanzen häufig dazu bereit waren, einen Freikauf von der erniedrigenden Maßnahme zu gewähren, wovon vor allem Reisende, Fernhändler und Ärzte Gebrauch machten. Egal ob Judenhut, „gelbe Ringe", „gelbe Flecken" oder spitze Schleier sowie schallende Glöckchen bei den Frauen, die Kennzeichnungen stellten stets eine rassistische Markierung wie Separierung dar und führten zu einem Anwachsen des Alltagsrassismus, da die Träger sich jederzeit Beleidigungen, Drohungen oder Handgreiflichkeiten ausgesetzt sahen und von Kindern gar mit Steinen beworfen wurden. Erst im Zuge des aufgeklärten Absolutismus wurden die Judenkennzeichen 1780 in Österreich sowie 1790 in Preußen abgeschafft.

2.9 Die „Judensau": Hetze in plastischer Form

Die Judenhetze in plastischer Form in Gestalt der sog. „Judensau" existierte ab der zweiten Hälfte des 13. Jh.s. Auffallend ist der Sachverhalt, dass diese Form fast ausschließlich im deutschsprachigen Raum vorkam. In Deutschland ist die „Judensau" bspw. bekannt durch eine Skulptur an der Pfarrkirche zu Wittenberg, auf die sich der Reformator Martin Luther in seinen Schriften bezog. Die Wittenberger „Judensau" löste in jüngster Zeit eine Debatte hinsichtlich der Frage aus, wie mit dem antisemitischen Erbe innerhalb oder außerhalb von Kirchen zu verfahren sei. Bei den Plastiken handelt es sich um Stein- oder Holzskulpturen, die sich sowohl an Sakralbauten wie an öffentlichen Gebäuden befinden. Während sich die „Wittenberger Judensau" von Weitem sichtbar am äußeren Kirchenportal befindet, erblickt man die „Juden-sau" im Brandenburger Dom im Inneren des Kirchenschiffs. In der Regel stellt die „Judensau" eine Figurengruppe dar, die aus einem Schwein besteht, an dessen Zitzen mehrere Personen saugen, die mittels Judenhüte als Juden markiert sind. Sakrale Skulpturen verfolgen den Zweck, die derartig zur Schau gestellten Juden „an den Kirchenpranger zu stellen". Die Wahl des Tieres spielt auf die jüdischen Speisegesetze an, die den Verzehr von Schweinefleisch verbieten, sodass die Juden eine bewusste Demütigung erfahren sollen. Die Plastiken bemühen zugleich die Sodomisierung, insofern den zur Fremdgruppe konnotierten Juden verbotene und widerwertige Sexualpraktiken unterstellt werden. Häufig schaut demzufolge eine Person der Figurengruppe der Sau in den Anus oder umarmt und küsst es. Durch den dargestellten Verkehr mit einer Sau werden die Juden darüber hinaus animalisiert, insofern sie quasi mit Schweinen auf eine Stufe gestellt werden. Figuren sind u. a. in Brandenburg, Colmar, Köln, Magdeburg, Metz, Regensburg, Wittenberg und Xanten erhalten geblieben. Mit dem aufkommenden Buchdruck findet sich das Motiv auch als Illustration von Flugschriften wie Einblattdrucken. In späterer Zeit benutzten auch öffentliche Gebäude das Motiv wie bspw. der „Alte Brückenturm" in Frankfurt am Main („Frankfurter Judensau").

2.10 Der Antichrist und die Legende von den „roten Juden"

Die von vielfältigen Krisen geprägte Zeit des Mittelalters war hochgradig durch Endzeitstimmungen geprägt, von verstörenden Visionen eines drohenden Weltuntergangs. Zwar existierten Endzeitvorstellungen sowohl in der jüdischen als auch in der christlichen Theologie, doch während im Judentum die Endzeit mit dem Erscheinen des Messias verbunden ist, der für Frieden und Gerechtigkeit sorgt und das Volk Israel von allem Unbill erlöst, geht im Christentum die Endzeit der Wiederkunft Jesu Christi voraus, die mit einer letzten großen Glaubensprüfung der Christenheit verbunden ist, einer Art Entscheidungsschlacht („Harmageddon" bzw. „Armageddon") zwischen dem Guten und dem Bösen. Dieser existenzielle Endkampf ist mit der Figur des Antichristen verkoppelt, der als falscher Messias die diabolische Seite anführt und viele Menschen dazu bringen wird, vom wahren Glauben abzufallen. In der jüdischen Eschatologie existiert gleichfalls eine Art Anti-Christ, doch in der christlichen Theologie ist die aus der Apokalypse stammende Figur des Antichristen wie beim mittelalterlichen Theologen Adso von Montier (910/915–992 n. Chr.), der diverse Dokumente und Erzähltraditionen seiner Zeit bündelte, antijüdisch konnotiert. In seinem Kompendium *De ortu et tempore Antichristi* („Ursprung und Zeit des Antichrist") ist der Antichrist ein in Babylon geborener Jude aus dem Stamme Dan, den der Teufel gezeugt hat. Laut Adsos Schrift wird sich der Antichrist beschneiden lassen, den Jerusalemer Tempel wieder aufbauen, eine Weltherrschaft des Terrors errichten und unzählige Christen verfolgen oder gar töten. Die Juden hingegen würden den Antichristen verehren und für ihren Messias halten. Erst nach der globalen Herrschaft des Schreckens werde das endgültige Gottesreich errichtet. Während in der Offenbarung des Johannes das mit der Figur des Antichristen verbundene Feindbild noch offene Züge besitzt und für diverse politische Zwecke instrumentalisiert wurde, assoziierte der mittelalterliche Mensch den Antichristen als den jüdischen Messias, wofür ein Johannes-Zitat bemüht wurde:

> »Wer ist der Lügner – wenn nicht der, der leugnet, dass Jesus der Christus ist? Das ist der Antichrist: wer den Vater und den Sohn leugnet. Wer leugnet, dass Jesus der Sohn ist, hat auch den Vater nicht (…).«
> (1. Johannes, 2:22)

Die von Adso geprägte Antichristtradition prägte die Endzeitvorstellung im christlichen Abendland und wies den Juden eine aktive Helfersrolle des Antichristen zu. Hierzu bemühte man „Gog und Magog", die in der Offenbarung des Johannes zwei Völker darstellen, die am jüngsten Tag von Satan befreit und mit ihm in den Endkampf gegen die Christenheit ziehen werden. Gog und Magog identifizierte man mit den barbarischen Völkern, die der Sage nach von Alexander d. Gr. an einem unzugänglichen Ort in Asien eingeschlossen wurden, um die zivilisierte Welt vor ihnen zu schützen. Im Kontext der Figur des Antichristen wurden Gog und Magog mit den verlorenen zehn Stämmen Israels gleichgesetzt und in deutschsprachigen Legenden, die sich im Spätmittelalter im Kontext apokalyptischer Heilserwartungen verbreiteten, als „rote Juden" bezeichnet, als Volk, das Europa kriegerisch angreifen und das Ende der Erde ankündigen werde. Diverse Erzählungen hielten die „roten Juden" für einen der verlorenen zehn Stämme Israels, das wie Gog und Magog hinter einer großen verschlossenen Mauer im Osten Asiens lebe. Die Verbindung zwischen den „roten Juden", Gog und Magog sowie den zehn verlorenen Stämmen Israels stellten heterogene Quellen, Erzählungen und mittelalterliche Reiseberichte her, die zumeist romanhafte antike sowie mittelalterliche Biografien Alexanders d. Gr. (356–323 v. Chr.) bemühten. Auf der Weltkarte *Mappa Mundi* aus dem Jahr 1448 ist das Land der „roten Juden" von den Kaspischen Bergen eingeschlossen, während ihr bedrohlicher Charakter noch durch den Sachverhalt unterstrichen wird, dass es sich bei den unmittelbaren Nachbarn des zerstörerischen Volkes um „Menschenfresser" handelt. Varianten der Legende von den „roten Juden" existieren sowohl in der jüdischen wie in der christlichen Kultur, doch im Christentum sind die Erzählungen von Judenhass geprägt, insofern die „roten Juden" hier in kollektivierender Weise stellvertretend für „die Juden" stehen und diese mit der Gestalt des diabolisch konstruierten Antichristen konnotiert werden.

Für die des Lesens und Schreibens unkundigen Volksmassen visualisierten Darstellungen wie das aus dem 14. Jh. stammende Antichristfenster der Marienkirche in Frankfurt an der Oder die Legende von den „roten Juden". In der Marienkirche zu sehen ist eine durch ihre spitzen Judenhüte markierte Personengruppe mit roten Bärten und roten Haaren, die auf der rechten Seite eines brodelnden Flusses ausharrt, der sie von einer Überquerung abhält. Es handelt sich um die „roten Juden", die der Legende nach auf die Ankunft des Antichristen warten, der sie aus ihrer Abgeschlossenheit befreien wird, damit sie Rache nehmen und in der christlichen Welt Unheil anrichten sowie die „Gläubigen" ins Verderben stürzen können. Insofern der Christ die Isolation der abgebildeten Gruppe („iudei clausi") gleichfalls als Sinnbild für das „jüdische Ghetto" interpretierte, wird die Unterscheidung zwischen den „roten Juden" und „den Juden" mittels generalisierender Physiognomisierung, die etwa allen Juden rote Haare bescheinigt, aufgehoben.

Die „Rothaarigkeit" des Juden wurde nicht nur bei Judas Iskariot bemüht, um dessen Verrat zu markieren, sondern diente auch Charles Dickens (1812–1870) zur Kennzeichnung des verbrecherischen Wesens des Hehlers Fagin, der im Roman *Oliver Twist* nicht nur unzählige Male als Jude markiert, sondern ebenso als rothaarig charakterisiert und in diversen Abbildungen bzw. Nippes-Figürchen mit roten, filzigen Haaren dargestellt wurde. Zwar machte William Shakespeare (1564–1616) keinerlei Angaben bezüglich der Haarfarbe des jüdischen Kaufmanns Shylock, doch das Konstrukt des „rothaarigen Juden" entwickelte ein derartiges Eigenleben, dass zahllose Inszenierungen seines Stücks Shylock als Juden mit rotem Kopfhaar und Bart bemühten. So erfreute sich Anfang des 17. Jh.s der Schauspieler Burbadge einer großen Beliebtheit, der Shylock mit einer roten Perücke als „the red-haired Jew" spielte. Die Legende vom Antichristen verbreitete sich ebenso durch Antichristspiele, wie etwa durch das um 1160 in lateinischer Sprache verfasste *Ludus de Antichristo* („Das Spiel vom Antichrist"). Wie hochgradig derartige Spiele die mittelalterliche Bevölkerung antijüdisch aufstachelten ist am Sachverhalt ersichtlich, dass Aufführungen von Antichristspielen häufig mit Übergriffen einhergingen und dazu zwangen, parallel laufende Schutzmaßnahmen jüdischer Wohnviertel bzw. Ghettos vorzunehmen.

Zu Luthers Zeiten war die Legende von den „roten Juden" weit verbreitet. Der Reformator griff sie auf, indem er nicht nur die Türken als „rote Juden" bezeichnete, sondern ebenso den Papst als „roten Juden". Da in der antijüdischen Erzählweise die „roten Juden" als Gehilfen des Antichristen galten, um die Christenheit zu vernichten, wird auch der Papst bei Luther mit dem Antichristen in Verbindung gebracht. Luther benutzte das Motiv von den „roten Juden" im Kontext seiner Endzeiterwartung und vermutete hinter den Türken die Juden, die den Antichristen als ihren Messias erwarteten. Das Motiv der „roten Juden" wird schließlich auch bei der US-amerikanischen Animationsserie *South Park* in ironisierender Weise beim jüdischen Charakter Kyle sowie dessen Mutter Sheila Broflovski aufgegriffen, die beide feuerrote Haare besitzen.

2.11 Unmittelbare Gewalt: Pogrom, Vertreibung, Zwangstaufe

Während in der Antike unmittelbare Gewalt gegenüber Juden sich weitgehend auf Einzelfälle beschränkte wie die Pogrome von Elephantine und Alexandria, stellten körperliche Übergriffe im Mittelalter beginnend mit den Kreuzzügen eine nahezu dauerhafte Erscheinung dar, deren Akteure, Motive sowie Formen vielfältiger Natur waren. Neben der Gewalt seitens der staatlichen wie der kirchlichen Obrigkeit sahen sich die Juden ebenso mit kriminellen Banden („Judenschläger") konfrontiert, die sich unter dubiosen Anführern zusammenrotteten. Größere Bekanntheit erlangten die als „König Rindfleisch" sowie als „König Armleder" in die Geschichte eingegangenen Gestalten.

Bei dem Anführer einer größeren Gruppe von „Judenschlägern" aus dem fränkischen Raum namens „Rindfleisch" handelte es sich um einen Fleischermeister aus Röttingen, der mit seiner Bande im Jahr 1298 in Röttingen Schrecken unter den dortigen Juden verbreitete. Im fränkischen Raum mordend und brandschatzend erreichte die Rotte größere Städte wie Rothenburg, Würzburg, Nürnberg und Bamberg und verbündete sich vor Ort mit dem städtischen Pöbel. An der Ermordung der Juden war indes auch der Rat der Stadt Würzburg beteiligt, wo 800 Juden ermordet wurden. In anderen Städten wie etwa in Regensburg und Nürnberg versuchten sowohl der Rat wie Teile der Bürgerschaft, die Juden zu schützen. Die Opferzahlen der von König Armleder initiierten Gewaltwelle lassen sich recht präzise angeben, da diese im Martyrologium des Nürnberger Memorbuchs verzeichnet sind, sodass von ca. 5000 zu beklagenden Opfern auszugehen ist. Die in den Jahren zwischen 1336 und 1338 im fränkischen und elsässischen Raum existierende Bewegung, die „König Armleder" genannt wurde, besaß ihren Namen nach dem Lederarmschutz, der im Unterschied zu Kettenhemden von den eher unvermögenden Rittern getragen wurde. Die Anführer der Bewegung bestanden sowohl aus Rittern wie aus städtischen Bürgern ärmerer Schichten. Im Jahr 1336 wütete die Bande in Mainfranken, wurde sodann aber von einem Aufgebot der Stadt Würzburg geschlagen.

Von pogromartiger Gewalt war die jüdische Gemeinde von Wien im Jahr 1421 betroffen („Wiener Geserah"). Auslöser war der Vorwurf der Spionisierung, insofern man in den unruhigen Zeiten der Hussitenkriege die Juden bezichtigte, mit dem politischen Gegner verbündet zu sein. Darüber hinaus diente ein angeblicher Hostienfrevel als Vorwand der Vertreibung. Akteur war in Wien Herzog Albrecht V., der sich am Vermögen der Juden bereichern wollte und die vermögenden Juden einkerkern ließ. Zweihundert Juden fanden den Tod auf dem Scheiterhaufen, während man die restliche Gemeinde vertrieb und viele Kinder zwangstaufte. Besichtigt man in Wien die Überreste der im Jahr 1421 zerstörten Synagoge am Judenplatz, so fällt das Relief mit der lateinischen Inschrift am dortigen Jordanhaus auf, dessen Text lautet:

> »Die Fluten des Jordan reinigen die Leiber von Schmutz und Übel. Alle verborgene Sünde weicht. Im Jahr 1421 erhob sich die Flamme des Hasses, wütete durch die ganze Stadt und sühnte die furchtbaren Verbrechen der hebräischen Hunde (hebraeum canum). So wie damals die Welt durch die Sintflut gereinigt wurde, so sind alle Strafen durch das Wüten des Feuers verbüßt.« (Lat. Inschrift der Tafel am Haus „Zum großen Jordan", Judenplatz Nr. 2, Wien)

Endlos lang ist die Liste staatlicherseits initiierter Vertreibungen. Auch hier lagen die Ursachen zumeist wie bei der Wiener Geserah im Bereicherungstrieb politischer Herrscher. In Frankreich erfolgte die erste Vertreibung der Juden im Jahr 1181, sodann unter Philipp dem Schönen im Jahr 1306; danach erneut im Jahr 1394. In England wurden die Juden im Jahr 1290 vertrieben, im Jahr 1350 sodann aus vielen dt. Territorien.

2.12 Zusammenfassung

Im Mittelalter war der Antisemitismus tief in den Strukturen wie Institutionen der christlich-feudalen Ständegesellschaft eingeschrieben. Die strukturelle Seite des Antisemitismus bestand im Status der Juden als geduldeter Minderheit, im Selbstverständnis der Staaten des „Abendlandes" als christlicher Staaten. Für das Heilige Römische Reich dt. Nation war der Christ die Norm, war das Christentum Staatsreligion neben dem keine anderen Religionen mit Ausnahme des tolerierten Judentums zugelassen waren und Abweichungen vom wahren Glauben mit aller Brutalität verfolgt wurden. Gewaltinstanzen wie die Inquisition sorgten für die Einhaltung dessen, was „ex cathedra" verkündet wurde und als unumstößliches Dogma galt. Die ideologische Begründung der Duldung des Judentums ist als Variante rassistischer Assimilation zu werten. Existenzberechtigung besaßen die Juden nur, insofern sie als Objekte der christlichen Mission galten und ihre Anwesenheit aus heilsgeschichtlicher Perspektive für erforderlich gehalten wurde. Juden waren nur insofern toleriert, als sie potenzielle Christen im Diesseits darstellten oder aber in der Endzeit sich zum Messias bekennen würden. Ihre Anwesenheit besaß somit keinen Selbstzweck und folgte nicht aus Prinzipien der Religionsfreiheit, sondern resultierte aus ihrem Nutzen als Anschauungsobjekt für die christlichen Massen, als eine Art Visualisierung der „Tätergruppe", welche einst Jesus Christus ermordete. Die augustinische Judentheologie war nicht von den Prinzipien des Respektes sowie von der Gleichberechtigung zweier abrahamitischer Religionen geprägt oder intendierte gar eine Begegnung auf gleicher Augenhöhe, sondern objektivierte vielmehr die Juden als „Wahrheitszeugen des Christentums". Anwesenheits- wie Existenzberechtigung der Juden in der christlich-mittelalterlichen Gesellschaft folgten so einzig und allein aus ihrem religiösen Nutzen für das Christentum sowie aus ihrem ökonomischen Gewinn für die weltliche Herrschaft. Zu den strukturellen Konstellationen der jüdischen Existenz gehörte die Problematik, dass die Juden dem Zugriffsrecht christlicher wie weltlicher Herren gleichermaßen ausgesetzt waren, die sich in einem nicht enden wollenden Streit darüber befanden, wer von ihnen über Leib, Leben und Besitz der Juden zu befinden habe.

Der Kreuzzug des Jahres 1096 stellte die erste große politische Zäsur bezüglich der sozialen Lage der Juden dar. Der Aufruf „Deus lo vult" („Gott will es") markiert den Übergang vom Prinzip rassistischer Assimilation zur rassistischen Segregation. Die Brüchigkeit der augustinischen Judentheologie bewies sich bereits in der Frühphase der sich formierenden Heereszüge. Der Aufruf „Tod oder Taufe" bringt die Ambivalenz der Duldungstheologie auf den Punkt. Die mordenden Kreuzfahrer exekutierten die Vorstellung von einer weitgehend sich nur aus der potenziellen Taufe ergebenden Existenzberechtigung der Juden, indem sie diese bereits hier und heute vor die existenzielle Wahl stellten. In einer historischen Phase, in der nicht zuletzt der Kreuzzugsaufruf des Papstes selbst den Eindruck erweckte, die Endzeit sei gekommen, verstanden sich die Kreuzfahrer als Akteure apokrypher Prophezeiungen, um das Weltenende herbeizuführen, dessen Indikatoren in christlichen Legenden die massenhafte Konversion der Juden sowie das Bündnis der „roten Juden" mit dem Antichristen waren. Die sich an der Ermordung der Juden bereichernden Kreuzfahrer hatten verstanden, dass die päpstliche Kreuzzugsideologie einen fundamentalen Wechsel von der Assimilation zur Segregation der Juden darstellte, die mit den separationistischen Beschlüssen der Laterankonzile vollzogen wurde. Der strukturelle Rassismus der mittelalterlichen Gesellschaft in Gestalt des die Juden exkludierenden christl. Zunftwesens und der christl. Gilden sowie ihr Ausschluss aus dem feudalen Lehnswesen gestatteten den Juden nach der Pestpogromwelle der Jahre 1348 bis 1350 nur noch eine soziale Randexistenz.

Der Übergang von der Assimilation zur Separation wird nicht zuletzt daran ersichtlich, dass die Juden zu innen- wie außenpolitischen Todfeinden der Christenheit konstruiert wurden, die alles nur Erdenkliche ersönnen, um Christen zu schaden und diese zu töten. Die Transsubstantiationslehre bewirkte darüber hinaus eine Mystifizierung des Christentums, sodass Märtyrerkult, Wunderglaube, Reliquienverehrung und Blutmythos einen neuen Stellenwert erlangten. Die neue Qualität des Antisemitismus wird nicht zuletzt an der Ritualmordlegende ersichtlich, gilt doch die Ermordung eines unschuldigen Kindes gemeinhin als das Böseste, was einer konstruierten Fremdgruppe unterstellt werden kann. Die Ritualmordlegende diffamierte das Judentum als eine zutiefst archaische Religion, welche hassgetränkt die „Opferung von Knaben" befehle, und stellte eine gewaltförmige Sexualfantasie dar, die ihre Wirksamkeit über Jahrhunderte zu entfalten vermochte. Die Archaisierung der jüdischen Religion in Gestalt des rituellen Kindermords paarte sich mit unterdrückten sadistischen Trieben, die in Form der Sexualisierung auf die Juden projiziert wurden. Die Ritualmordlegende stellte nicht zuletzt eine Täter-Opfer-Umkehr dar, insofern die Erfahrung, dass ganze jüdische Gemeinden angesichts der kreuzzugsbedingten Pogromwelle Selbstmord begingen, auf diese Weise nicht den christlichen Verfolgern angelastet wurde, sondern jüdischen Eltern, die sich und ihre Kinder umbrachten, um der Zwangstaufe zu entgehen. In Gestalt der Ritualmordlegende erscheint das jüdische Opfer des christlichen Hasses als „ritueller Täter", der dem eigenen Gott die „Gabe des Erstgeborenen" darbringt. Die Ritualmordlegende folgt so dem antagonistischen Muster von einem dämonischen Gott Israels, der Menschenopfer verlange, und dem christlichen Gott als Gott der Liebe und der Barmherzigkeit.

3 Der Antisemitismus in der frühen Neuzeit bis zur Aufklärung

Die Neuzeit umfasst die Zeitspanne von der Vertreibung der Juden aus Spanien im Jahr 1492, d. h. die Zeitenwende um 1500, bis zum ausgehenden 18. Jh., wobei die Französische Revolution bereits den Beginn einer neuen Epoche markiert. Der Einschnitt von 1492 besitzt vordergründig für den deutschsprachigen Raum zwar nicht die Relevanz wie für den spanischen Nationalstaat, jedoch stellt die Politik der „Blutreinheit" („Limpieza de sangre") für die Historie des Antisemitismus insgesamt eine neue Qualität dar, die ihre Schatten weit vorauswirft. Während in Spanien das jahrhundertewährende jüdisch-spanische Erbe im Kontext der Nationalstaatsbildung zerschlagen wurde und diejenigen Juden, die nicht auswanderten, sich als Konvertiten dem Druck der Inquisition ausgesetzt sahen, setzte der dt. Reformator Martin Luther zunächst auf die Variante ethnisierender Assimilation und, als diese sich nicht realisieren ließ, auf aggressive Judenfeindschaft, die den entstehenden Protestantismus tief prägte. Die Verquickung von religiösen mit ökonomischen Motiven beim Antisemitismus Luthers illustriert, dass die Juden als Sündenbock für frühkapitalistische Erscheinungen herhalten mussten und entsprechend stereotypisiert wurden („Wucherjude"). Nach Luthers Tod zeigte sich die Wirkung seiner Agitation am Sachverhalt, dass Juden aus protestantischen Territorien wie Braunschweig und Hessen-Darmstadt vertrieben sowie der Bau von Synagogen vielerorts untersagt wurde.

Die Landesherren der sich etablierenden Territorialstaaten, deren Macht auf Kosten der Stände wuchs, beanspruchten das Verfügungs- und Schutzrecht und somit die Steuerhoheit sowie die Gerichtsbarkeit über die Juden („Judenregal") für sich. Im Zeitalter des Absolutismus gelang es einigen Juden, sich als Hoffaktoren („Hofjuden") zu etablieren. Die Aufgabe der Hoffaktoren bestand in der Waren- wie Kreditbeschaffung sowie der Münz- und Steuerpolitik. Die Hoffaktoren wurden nicht selten als Sündenböcke für die Verfehlungen ihrer Landesherrn zur Rechenschaft gezogen, was der Justizmord an Joseph Süß Oppenheimer verdeutlicht. Die immanente Gewaltförmigkeit des Antisemitismus belegt der Aufstand der Saporoger Kosaken unter der Führung von Bohdan Chmelnyzkyj (1595–1657), welcher knapp der Hälfte der jüdischen Bevölkerung der Ukraine das Leben kostete.

Im Kontext der Erfindung und der Ausbreitung des Buchdrucks gewann der literarische Antisemitismus an Gewicht. Shakespeares *Kaufmann von Venedig* stellt ein Beispiel für den „Antisemitismus ohne Juden" dar, insofern diese zu seiner Zeit bereits seit über zweihundert Jahren aus England verbannt waren und der Dichter vermutlich keinen einzigen Juden je zu Gesicht bekam. Einer der relevantesten Vertreter des neuzeitlichen Antisemitismus war Johann Andreas Eisenmenger (1654–1704), dessen Werk *Entdecktes Judenthum* nicht nur sämtliche antijüdische Narrative des Mittelalters bündelte, sondern ebenso in neuer Weise die Methode interpretativer Religionsverfälschung bediente, insofern er seine Aussagen durch eine Vielzahl suggestiv zusammengestellter Zitate aus jüdischen Texten versah. Eisenmenger reproduzierte die Legende vom Ritualmord sowie von der „jüdischen Brunnenvergiftung" und präsentierte das Judentum als eine Religion, in deren Mittelpunkt ein abgrundtiefer Hass gegen das Christentum stehe. Die anfängliche Hoffnung der Juden, Humanismus und Reformation würden zu einer Abschwächung der antijüdischen Haltung führen, erfüllte sich im Zeitalter christlicher Glaubensspaltung nicht. Die protestantische Richtung stand in der Tradition antijüdischer Lehren der Kirchenväter. Die von Martin Luther im Jahr 1542 veröffentlichte Schrift „Von den Juden und ihren Lügen", in welcher der Wittenberger Reformator gar die Verbrennung jüdischer Synagogen forderte, bereitete jeglicher Hoffnung auf ein besseres Verhältnis zwischen Christen und Juden ein Ende.

Die um 1700 einsetzende Aufklärung veränderte die Muster des Antisemitismus. Antisemitische Motive waren indes auch bei vielen Denkern der Aufklärung stark verbreitet. Die Schriften der Aufklärer säkularisierten den Antisemitismus und konservierten ihn so für nachfolgende Generationen.

3.1 Der jüdische Exodus aus Spanien

Die bis in die Zeit des Römischen Reichs zurückreichende Historie der Juden in Spanien und ihrer großen Gemeinden in Cordoba, Sevilla, Saragossa, Granada und Toledo endete abrupt mit der Vertreibung im Jahr 1492. Bereits im 14. Jh. hatte sich das politisch-soziale Klima grundlegend gewandelt, steigerte sich die antijüdische Stimmung zu mörderischen Pogromen wie demjenigen von Sevilla im Jahr 1391. Hintergrund der Auseinandersetzungen war der wachsende Druck auf die Juden, sich taufen zu lassen, dem etliche nachgaben. Die „Christianos Novos" stiegen aufgrund ihrer durchschnittlich höheren Bildung sowie ihrer Mehrsprachigkeit recht rasch in der kirchlichen sowie staatlichen Administration auf und erregten so den Neid der sog. „Altchristen", der sich immer häufiger gewalttätig entlud. Im Jahr 1449 führten die von Sozialneid geprägten Entwicklungen zum Statut von Toledo, das ein Chronist mit folgenden Worten wiedergab:

>»Es wurde ein Kirchenstatut von unserem Erzbischof von Toledo vorgeschlagen, welches forderte, dass seit jenem Tage alle Kirchenpfründe jener Heiligen Kirche sowie Würdenträger wie etwa Domherren, Kostverteiler, Kapläne und Kleriker Altchristen sein müssen, also ohne Rasse eines Juden, Mauren oder Häretikers (…).« (Torres 2006: 220/221)

Das Statut von Toledo gilt als eines der frühen Beispiele für das rassistische Konzept der „Limpieza de sangre", der „Reinheit des Blutes", das in Gestalt diverser dezentraler Erlasse fixiert wurde und meist Juden bis „ins vierte Glied" ausschloss. Die einzelnen Erlasse unterschieden sich nicht in ihrer Funktion, sondern lediglich bezüglich der Beantwortung der Frage, wie viel Anteil „jüdischen Blutes" ausschlaggebend sein sollte, um die Exklusion eines Bewerbers zu legitimieren. Dem toledanischen Statut folgten die Edikte zahlreicher städtischer Zünfte, Klöster, Universitätskollegien wie Orden, die den „Conversos" ebenfalls den Zutritt verwehrten. Die vielfältigen Dekrete, welche die Funktion besaßen, den „Altchristen" einträgliche Positionen bei Hofe, in der Verwaltung, bei Kirchen, Ritterorden und Universitäten zu sichern, führten zwangsläufig dazu, dass formelle Nachweise („genealogische Gutachten") für die sog. „Blutreinheit" zu erbringen waren. Die Metapher des Blutes verdeutlicht die Verwobenheit der Differenzkriterien „Religion" und „Herkunft" seitens der „Politik der Blutreinheit", was den bereits frühmodernen Charakter der „Limpieza de sangre", ihre biologistisch-rassistische Ausrichtung, unterstreicht.

Das wachsende Maß des Antisemitismus zeigte sich am Fall des „Heiligen Kindes von La Guardia", einem Beispiel für die Verkoppelung von „Ritualmord" und „Hostienfrevel". Obwohl in der Region weder die Leiche eines Kindes gefunden noch ein Kind vermisst wurde, bezichtigte man eine Gruppe Personen eine Art Verschwörungszauber hergestellt zu haben, wofür diese eine gestohlene Hostie sowie das Herz eines christlichen Kindes verwandt hätten. Das Kind sei von ihnen zuvor rituell gemordet worden, um den Kreuzestod Christi zu replizieren und auf diese Weise den Herrn zu verspotten. Zwei Juden und sechs Conversos wurden am 16. November 1491 für den vermeintlichen Ritualmord ohne Corpus Delicti auf dem Scheiterhaufen verbrannt. Das „virtuelle Kind von La Guardia" wurde jahrhundertelang verehrt und fand über das Drama des Schriftstellers Lope de Vega (1562–1635) *El nino inocente de la Guardia* Einlass in die spanische Nationalliteratur. Das Drama trug maßgeblich dazu bei, die antisemitische Legende im Volk zu verankern.

Die Zusammensetzung der Angeklagten verdeutlicht die Stoßrichtung der Anklage, insofern die Gruppe der „Conversos", die den Sozialneid breiter Bevölkerungskreise entfachte, in kollektiver Weise bezichtigt werden sollte zu „judaisieren", mit den Juden zu paktieren und gegen Christen gerichtete kriminelle Verschwörungen zu planen. Die Botschaft des Tribunals lautete, dass trotz erfolgter Taufe der „Neuchrist" ein Jude bleibe, dem alles nur erdenklich Böse wie Gottesfrevel und Kindermord zuzutrauen sei. Das angebliche Martyrium des namenlosen Kindes von La Guardia illustriert die ideologische Verankerung der „Estatutos de limpieza de sangre", insofern auch eine Zugehörigkeit zur christlichen Gemeinschaft per Taufe nicht mehr davor schützte, als „jüdischer Täter" eines Ritualmordes verurteilt zu werden. Über Generationen hinweg bleibt der Jude im Konstrukt der „Limpieza de sangre" ein Jude, ist der „jüdische Blutanteil" ausschlaggebend dafür, dass dem Konvertiten die Tat eines Ritualmordes wie eines Hostienfrevels als „antichristliches Kapitalverbrechen" zuzutrauen ist. In der Anklageschrift heißt es:

»In seiner hasserfüllten und entarteten Seele ist Yucé Franco zusammen mit mehreren anderen daran gegangen, an einem Karfreitag ein christliches Kind zu kreuzigen; dies geschah in dergleichen Weise, mit dem selben Zorn und der gleichen Grausamkeit, womit dies seine Vorfahren mit unserem Erlöser Jesus Christus taten: er zerriss sein

Fleisch, schlug es, spukte ihm ins Gesicht, überhäufte es mit Schmäh-
worten, drückte es mit Schlägen zu Boden und zog unseren heiligen
Glauben ins Lächerliche [...]. Er hat sein Herz mit einer heiligen Hostie vermischt. Yucé Franco und die anderen erwarteten, dass durch
diese Mischung die christliche Religion umgestürzt und zerstört werde, in der Weise, dass die Juden alle Güter besitzen würden, die den
Katholiken gehören, dass ihre Rasse wachsen und sich vermehren
würde, während die der treuen Christen endgültig ausgemerzt würde.« (Poliakov 1981: 55/56)

Die Anklageschrift illustriert die Relevanz des zeitgleich aufkommenden Terminus der „Rasse", d. h. der Biologisierung von Judentum und Christentum zu disparaten „Menschenarten". Unmittelbar vor dem Exodus der Juden aus Spanien benutzte der
Großinquisitor Torquemada den vermeintlichen Fall um Stimmung zu schüren zugunsten eines Vertreibungsedikts. Das „Kind
von La Guardia" diente hierfür als Vorwand, wobei die Zusammensetzung der Angeklagten aus Juden und „Conversos" betonen sollte, das Letztere immer wieder rückfällig würden, solange
sie den verführenden Machenschaften ihrer ehemaligen Glaubensgenossen ausgesetzt seien.

Am 31. März 1492 unterzeichneten die spanischen Könige Isabella von Kastilien und Ferdinand von Aragon das Alhambra-
Edikt („Granada-Edicto"), welches den Juden eine Frist von drei
Monaten einräumte, das Land zu verlassen. Ihr gesamtes Hab und
Gut fiel an die Krone, neben der „ethnisch-religiösen Homogenisierung" des jungen spanischen Nationalstaates war die Aneignung des jüdischen Besitzes zentrales Motiv der katholischen
Könige. Die Staatskassen, welche durch die langjährigen militärischen Kämpfe der Reconquista mit muslimischen Herrschern
leer waren, sollten auf diese Weise aufgefüllt werden. Den spanischen Juden ließen die spanischen Herrscher nur die Wahl zwischen Vertreibung und Taufe. Die das Exil wählenden Juden siedelten sich u. a. in Marseille, Marrakesch, Algier, Smyrna und
Istanbul an sowie in Saloniki, wo eine der größten Gemeinden
des sephardischen Judentums entstand, die der dt. Nationalsozialismus in den Jahren 1942/1943 physisch vernichtete. Angesichts
der kulturellen Verankerung des spanischen Judentums, der ge-
samtgesellschaftlichen Bedeutung seiner Angehörigen wie deren
über 2000-jähriger Präsens auf der iberischen Halbinsel stellte die
Ausweisung für die sephardischen Juden wie für Spanien eine

Katastrophe dar. Zu den Akteuren der Vertreibung zählten keineswegs nur die spanischen Könige, sondern ebenso die spanische Inquisition in Gestalt ihres Großinquisitors. Beide Instanzen betrachteten die religiöse wie ethnische Homogenisierung als zentrale Maßnahme der Festigung des sich etablierenden katholischen Nationalstaates. In der kastilischen Version des Alhambra-Ediktes werden die Juden als »ständige diabolische Versuchung« der Christen bezeichnet, die nicht geduldet werden könne, während die aragonische Version sich ebenso des Stereotyps des „Wucherjuden" bediente.

Die „Estatutos de limpieza de sangre" markieren den Übergang von der Dominanz des christlichen Antisemitismus zur Vorherrschaft einer Judenfeindschaft, die mit der sog. „Blutreinheit" ein Differenzkriterium etablierte, welches den Rassismus als genealogische Größe etablierte, die den Wahn der Ahnenforschung initiierte. Es galt einen über Generationen zurückreichenden „sauberen Stammbaum" zu präsentieren, wollte man etwa an den „Colegios Mayores" ein universitäres Studium aufnehmen, das eine gehobene soziale Stellung garantierte. Die „Estatutos de limpieza de sangre" illustrieren eine Entwicklung, die sich als Vorläufer des „modernen Rassismus" bezeichnen lässt, insofern diese die Taufe als „Entréebillet" in die gehobene spanische Gesellschaft ausschloss. Jüdischsein wurde zu einer religiösen wie zu einer biologischen Größe, wobei beide Ausgrenzungskriterien eng miteinander verwoben wurden, sodass der „Christianos novos" ein „getaufter Jude" blieb, dem die gleichberechtigte Zugehörigkeit zur christlichen Gemeinschaft verwehrt war. Insofern die „Estatutos de limpieza de sangre" einen fundamentalen Bruch mit dem bisherigen katholischen Verständnis vom Sakrament der Taufe darstellten, blieben Proteste aus Rom nicht aus, die indes wirkungslos blieben, zumal sich die Praxis der Blutreinheit in Spanien immer weiter verfestigte und staatlicherseits im 16. Jh. offizielle Anerkennung erhielt. Über Jahrhunderte hinaus vergiftete die Politik vom „sauberen Blut" die spanische Gesellschaft insofern sie der Denunziation, Bestechung, Intrige und Verleumdung Tür und Tor öffnete.

Es ist folglich kein Zufall, dass sich der Terminus der „Rasse" als geläufige Begrifflichkeit parallel zur Politik der Blutreinheit in Spanien etablierte und diese einen „genealogischen Webfehler", einen Herkunftsmakel markierte, dem der vermeintliche Träger nicht entrinnen konnte. So blieb der „Neuchrist" dem Ursprung bzw. der Herkunft nach ein Jude, dem mit äußerstem Misstrauen begegnet wurde und dem man aufgrund seines „jüdischen Blutes" unterstellte, insgeheim zu „judaisieren", was die Inquisition auf den Plan rief, deren Macht nach der Vertreibung der Juden aus Spanien ins Grenzenlose wuchs. Denjenigen sephardischen Juden, die sich nach Portugal flüchteten, blieben nur wenige Jahre, bis sie im Jahr 1497 auch aus dem Nachbarland vertrieben wurden. Von der bereits frühmodernen Politik der Blutreinheit zieht sich eine historische Linie zum völkischen Antisemitismus der dt. Romantik und zu den Statuten der Deutschen Tischgesellschaft, die Juden ebenso wie „getauften Juden" den Zutritt verwehrten.

3.2 Die Juden als Opfer der Inquisition

Die Inquisition wurde im 13. Jh. durch die römische Kirche etabliert und entfaltete ihre Aktivitäten erstmals im Kampf gegen die Katharer in Frankreich. Die Spanische Inquisition wurde 1478 mit dem Ziel gegründet, gegen „Conversos" vorzugehen, die man der Häresie bzw. des „Judaisierens" bezichtigte. Die Macht der Spanischen Inquisition beruhte nicht zuletzt darauf, dass diese einen umfassenden bürokratischen Apparat darstellte, der sich die Verwaltungsmacht über die Genealogien der „Christianos Novos" sicherte. Die Inquisition verwaltete die Stammbäume der „Conversos", die von vornherein als verdächtig galten, vom wahren Glauben abzuweichen, bzw. denen unterstellt wurde, nur pro forma konvertiert zu sein. Die Inquisitionsbehörden arbeiteten mit einem umfangreichen System von Spitzeln. Bereits die Nachricht eines Informanten, die betreffende Person habe in einem Gasthaus nicht vom vorzüglichen Schweinefleisch gegessen, konnte ausreichen, um in die Fänge des kirchlichen Behördenapparats zu geraten. Landete der so Bezichtigte nicht auf dem Scheiterhaufen im Rahmen eines öffentlichen Autodafés, so gesellte er sich zu den Angehörigen einer neu generierten „Rasse", den „Sambeniti", die nicht nur für die Dauer ihres Lebens als ehrlos galten, sondern laut Testat der Inquisitoren gar ihr »häretisches, unreines Blut« generationenübergreifend auf ihre Nachkommen übertrugen. Das Gros der Inquisitionsopfer, die erhängt oder verbrannt wurden, sowie den Hauptanteil der „Sambeniti" stellten in Spanien die Marranen, die „Neuchristen" jüdischer Herkunft. Der Maler Francisco de Goya (1746–1828) hat in eindrucksvollen Zeichnungen die Sambenitos in ihren grobleinenen Büßerhemden, von denen sich ihr Name ableitet, festgehalten. Das Hemd musste öffentlich an bestimmten Tagen oder abhängig von der verhängten Strafe gar ein ganzes Leben lang getragen werden und sollte die katholische Gesellschaft Spaniens zur steten Wachsamkeit aufrufen und dazu auffordern, verdächtige Sachverhalte, die auf eine Glaubensabweichung hindeuteten, sofort der Inquisitionsbehörde zu melden. Das Konstrukt der „Sambenitos" verweist auf den frühmodernen Charakter des Rassismus der Blutreinheitspolitik, insofern nicht nur in kollektivierender Weise die gesamte Familie des Beschuldigten von der Anklage betroffen war, sondern zugleich der vermeintliche Makel quasi vererbt wurde. Die Metapher vom „unreinen Blut" ging folglich mit der Vorstellung eines über Generationen hinweg wirkenden „biologischen Erbes" des Verurteilten einher, das dieser an seine Kinder und Kindeskinder weitergebe. Zwar wurden die Juden auch in anderen Ländern Opfer der Inquisition, doch nirgendwo wüteten die Tribunale mit derartiger Härte, sodass es nahezu zu einer physischen Vernichtung sämtlicher Marranen kam. Die Inquisition stellte in Spanien das zentrale Instrument dar, um die angestrebte bevölkerungspolitische Homogenisierung des Nationalstaates zu erzwingen.

Im Jahr 1478 wird der Dominikanermönch Heinrich Kramer (1430–1505) von Papst Sixtus IV. zum Inquisitor in Deutschland ernannt. Heinrich Kramer war der Autor des sog. *Hexenhammers* („Malleus maleficarum"), das als „wissenschaftliches Traktat" die Existenz von Hexen, deren Wirken und ihre Überführung belegen sollte. Der *Hexenhammer* war außerordentlich erfolgreich, erzielte hohe Auflagen und etablierte sich als Standardwerk inquisitorischer Hexenverfolgung. Kramer war seinerseits verantwortlich für zahlreiche Hexenprozesse und initiierte vermutlich ebenso die Vertreibung von Juden aus dem Elsass im Jahr 1479. Die enge Verbindung der Hexenverfolgung zum Antisemitismus illustriert nicht zuletzt der Terminus des Hexensabbats, der das hebräische Wort Schabbat für den Ruhetag bemüht. Der Begriff Hexensabbat verdeutlicht die Relevanz der Diabolisierung wie der Dämonisierung als zentrale Narrative im Kontext des Hexenwahns. Im Zeitalter der Hexenverfolgung wurden Juden bezichtigt satanische Riten zu pflegen und die jüdische Religionspraxis mit vermeintlichen Hexenkulten gleichgesetzt. Das Judentum mutierte im antisemitischen Konstrukt von einer Religion des „Alten Testaments" zunehmend zu einer häretischen Religion, die mit der mythologischen Phantasmagorie des Teufelspakts („Compendium Maleficarum") in Verbindung gebracht wurde.

3.3 Vertreibung und neuerliche Niederlassung in Brandenburg

Das Jahr 1510 erwies sich für die Berliner Juden wie für die Juden in der gesamten Mark Brandenburg als Katastrophe. In der Kirche des kleinen Dörfchens Knoblauch, eines ehemaligen Ortes im Landkreis Havelland, wurden von einem katholischen Kesselschmied namens Paul Fromm eine goldene Monstranz und eine Hostienbüchse gestohlen, die angeblich zwei geweihte Hostien enthielt. Unter der Folter gestand Fromm, die Gegenstände entwendet zu haben und behauptete, eine der beiden Hostien an einen Spandauer Juden verkauft zu haben. Die Bezichtigung führte zu einer Verhaftungswelle, in deren Verlauf einhundert märkische Juden nach Berlin gebracht wurden. Die betroffenen Juden bezichtigte man im Laufe der Verhöre nicht nur des Hostienfrevels, sondern ebenso des Ritualmords an sieben christlichen Kindern. Unter der Folter gestanden die Beschuldigten all das, was ihnen diktiert wurde. Schließlich stellte man 51 Juden unter Anklage, von denen man 14 Angeklagte des Hostienfrevels beschuldigte, 16 Personen des rituellen Mordes an christlichen Kindern – obwohl gar kein einziges Kind vermisst wurde – sowie 21 Juden beiderlei Verbrechen. Vor der Marienkirche in Berlin wurden auf dem Marienplatz 38 Juden unter Gejohle der Anwesenden, für die man eine große Tribüne aufgebaut hatte, zum Tode durch Verbrennen verurteilt. 60 Juden wies man darüber hinaus aus der Mark Brandenburg aus. Anfang des 16. Jh. fanden derartige Anschuldigungen durch mehrseitige Flugschriften Verbreitung, von denen mehrere erhalten geblieben sind. Die einzelnen Schilderungen des „Berliner Falls" weichen geringfügig voneinander ab, so wird Fromm mal als Kesselschmied, mal als Kesselflicker bezeichnet, auch die Opferzahlen divergieren von Schrift zu Schrift.

Die Berliner Ereignisse weisen zum Hostienschänderprozess von Sternberg im Jahr 1492 vielfältige Parallelen auf. Die Ähnlichkeiten verdeutlichen, dass den diversen Hostienschändungsprozessen ein vergleichbares Prozessmuster zugrunde lag, und lassen darüber hinaus Vermutungen über die Motive der Berliner Akteure zu, die sich bewusst eng am „Sternberger Modell" hielten. Nachdem in Sternberg 27 Mecklenburger Juden wegen der Anschuldigung des Hostienfrevels auf dem Scheiterhaufen verbrannt wurden, baute man eigens eine Kapelle, in der die „wundersamen, blutbefleckten Hostien" in einer Monstranz zur Schau gestellt wurden. Diese entwickelte sich zu einem Magneten für Pilger, die zu Tausenden nach Sternberg strömten und für hohe Geldeinnahmen des Ortes sorgten. Der Parallelismus der Prozessabläufe war so auch der Hoffnung geschuldet, der „wundersame Wohlstand der Bürger von Sternberg" ließe sich im Brandenburgischen wiederholen. Betreiber des Berliner Prozesses waren nicht nur der örtliche Klerus, sondern ebenso die Landstände, welche sich auf diese Weise ihrer Schulden zu entledigen gedachten. Die Ausstellung der entsprechenden Reliquien im Brandenburger Dom erwies sich jedoch wider Erwarten nicht als zugkräftig. Die Zeit der großen Hostienschänderprozesse war in Deutschland bereits abgelaufen, die Legende vom jüdischen Ritualmord lebte indes noch Jahrhunderte fort.

Der Berliner Prozess führte nicht nur zur Vertreibung der Juden aus der Mark Brandenburg, sondern ebenso zur Zerstörung des jüdischen Friedhofs, dessen Steine man beim Bau der Spandauer Zitadelle benutzte. Der Spandauer Judenfriedhof war zuvor bereits schon einmal, und zwar im Jahr 1350, zur Zeit der Großen Pest zerstört worden. Im Jahr 1955 wurden die Grabsteine bei Restaurierungsarbeiten entdeckt. Der älteste Stein stammt aus dem Jahr 1244, in dem Berlin Stadtrechte erhielt, was darauf verweist, dass jüdische Händler bereits von Anfang an in Berlin tätig waren. Die Vertreibung des Jahres 1510 bedeutete für Jahrzehnte das Ende einer jüdischen Gemeinde in Berlin. Unter Kurfürst Joachim II. (1505–1571) erhielten die Juden im Jahr 1543 wieder das Niederlassungsrecht für die Mark Brandenburg. Doch bereits drei Jahrzehnte später mussten die Juden im Jahr 1573 nach der Hinrichtung des jüdischen Hoffaktors und Münzmeisters Lippold erneut Brandenburg verlassen. Erst nach dem Dreißigjährigen Krieg erfolgte eine neuerliche Niederlassung.

Zu Beginn des 16. Jh.s gab es nach zahlreichen Vertreibungen, deren Protagonisten häufig die Landstände waren, die sich so ihrer Schulden entledigen wollten, nur noch in wenigen dt. Städten Juden, die meisten fristeten ihr Dasein auf dem Lande, wo auf diese Weise das „Landjudentum" entstand. Dieser Sachverhalt ist auch insofern bedeutsam, als sich der Judenhass Martin Luthers weitgehend als „Antisemitismus ohne Juden" bezeichnen lässt. Begegnungen Luthers mit „wirklichen Juden" waren derart vereinzelt, dass ein singuläres Gespräch in gleich mehreren Schriften des Reformators als Beleg dafür herhalten musste, wie „die Juden" vermeintlich sind.

3.4 Der Reformator Martin Luther und die Juden

Fünfhundert Jahre nach Veröffentlichung der 95 Thesen galt der 31. Oktober 2017 als gesetzlicher Feiertag, reihte sich Festveranstaltung an Festveranstaltung. Das EKD-Logo des Reformationsjubiläums zeigte Luther, wie ihn Lucas Cranach der Ältere porträtierte, und reduzierte so die Komplexität des Reformationsgeschehens auf die Gestalt des Reformators, was gleichfalls die Bezeichnungen „Luther-Dekade" und „Luther-Jahr" zum Ausdruck brachten sowie die offizielle Internet-Präsenz mit dem Titel „Luther 2017. de". Während die Huldigungen Luthers (Luther-Film, Luther-Oratorium, Luther-Musical usw.) zahllos waren, stellten kritische Veranstaltungen zur Thematik „Luther und die Juden" eine singuläre Ausnahme dar. Symptomatisch hierfür ist der von kirchlicher Seite initiierte Luther-Film, in dem der Antisemitismus des Reformators mit keinem Wort Erwähnung findet. Noch immer vertreten Kirchenhistoriker die Ansicht, der junge Luther sei den Juden gegenüber freundlich gesinnt gewesen, erst der alte Luther habe sich diesbezüglich gewandelt. Kurz vor seinem Tode, so hieß es noch unlängst in wissenschaftlichen Publikationen, habe Luther erneut einen versöhnlichen Standpunkt gegenüber den Juden eingenommen. Die kritische Frage, ob es zwischen der Haltung Luthers und der Positionierung der Protestanten zum dt. Nationalsozialismus sowie zur Diskriminierung und Vernichtung der europäischen Juden eine Verbindung gibt, wurde in der „Luther-Dekade" erst gar nicht thematisiert. Eine diesbezügliche Ausnahme stellte lediglich die Luther-Ausstellung des Berliner

Dokumentationszentrums „Topographie des Terrors" dar. Im evangelisch-kirchlichen Mainstream dient der Terminus „Antijudaist" auch heutzutage noch dazu, die Haltung Luthers und seine Relevanz für den weiteren historischen Prozess zu verharmlosen.

Die Haltung Martin Luthers (1483–1546) zu den Juden lässt sich idealtypisch in vier Phasen einteilen und zwar in den Zeitabschnitt des „vorreformatorischen Luther" (bis ca. 1516), in die Periode des „reformatorischen Luther" (1517 bis ca. 1524), in die Phase des „postreformatorischen Luther" (1525–1536) sowie in die Ära des „späten Luther" (ab 1537). Die Epoche des „vorreformatorischen Luther" illustriert dessen tiefe Prägung durch althergebrachte antijüdische Stereotype der Katholischen Kirche wie den Vorwurf des „Gottesmordes" sowie die Bezichtigung der Verstocktheit der „verblendeten Juden". Zur vorreformatorischen Phase zählt u. a. die erste Psalmenvorlesung Luthers der Jahre 1513 bis 1515, bei der Luther in klassischer Weise die Juden im Sinne einer Kollektivschuldthese für die Kreuzigung Jesu verantwortlich macht. Das überkommene Narrativ wird indes bereits dadurch verstärkt, dass Luther die Nichtakzeptanz von Jesus Christus als Sohn Gottes als fortwährende Geißelung und Steinigung betrachtet und hieraus den Schluss zieht, es handele sich bei den Juden um die »Synagoge des Satans«. Die Ansicht, die Schriften des frühen Luther stellten eine reine Reproduktion überkommener antijüdischer Stereotype dar, ist insofern nicht haltbar, da sich bedingt durch die kreuzestheologisch fixierte Sichtweise auf die Juden in der Psalmenvorlesung bereits die Schärfe des späten Luther ankündigt. Der frühe Luther reproduzierte nicht einfach die katholische Substitutionstheologie, sondern intensivierte die überlieferte antijüdische Polemik, indem er den altkirchlichen Gottesmordvorwurf als einen bis in die Gegenwart andauernden Tatbestand verlängerte, wenn es heißt: »Denn es ist schlimmer, zu leugnen, dass es eine Sünde ist, den Herrn gekreuzigt, als diese selbst, d. h. das Kreuzigen, ausgeführt zu haben.«

Luthers christozentrische Interpretation der Psalmen missachtete den realen Kontext der jüdischen Geschichte, verschob den historischen Background des Psalmisten in die Zeit des Herodes, deutete die Psalmen ausschließlich als prophezeite Leidensgeschichte Jesu und enthistorisierte so das Judentum, welches einzig und allein auf die Rolle der „Gottesmörder" reduziert wurde.

Bereits die Wittenberger Psalmenvorlesung verdeutlicht eine Kontinuitätslinie zum späten Luther, insofern sich aus dieser reduzierten antijudaistischen Sichtweise eine theologische Begründung für die Anwesenheit der Juden unter Christen im Geist der Kirchenväter nicht mehr ableiten lässt und sich bereits eine Verbindung zum späten Luther und dessen radikaler antisemitischer Forderung »Weg mit ihnen!« zeigt.

Zur Phase des „reformatorischen Luther" zählen u. a. die Schriften *Das Magnificat* (1521) sowie *Dass Jesus Christus ein geborener Jude sei* (1523). Beide Publikationen spiegeln die reformatorische Hoffnung Luthers auf eine Konversion der Juden zum sich etablierenden Protestantismus. Zwar wiederholt Luther in der Schrift *Das Magnificat* den Vorwurf der „Verstocktheit", doch die „reformatorische Wende" zeigt sich in der Ermahnung der Christen, die Juden freundlich zu behandeln und selbige nicht zu verachten. Es handelt sich bei Luther indes nicht um Respekt gegenüber einer verwandten abrahamitischen Religion und ihren Gläubigen, sondern um ein intentionales Dulden der Juden, das sich einzig und allein aus der Hoffnung auf potenzielle Konversion speist, wenn es heißt: »Wer wollte Christ werden, wenn er Christen so unchristlich mit Menschen umgehen sieht.« Für den Reformator ist „der Jude" nur insofern Mensch, als er ein Objekt der Mission darstellt. Die zwei Jahre darauf verfasste Schrift *Dass Jesus Christus ein geborener Jude sei* greift die Konversionshoffnung in verstärktem Maß auf und illustriert in exemplarischer Weise den antisemitischen Assimilationismus des Reformators. Die bisherige „Judenmission" der Katholischen Kirche sei deshalb so erfolglos gewesen, so Luther, weil sie den Juden nur gewaltsam begegnet sei und diese „wie Hunde" behandelt habe. »Etliche Juden zum Christenglauben reizen« sei jedoch durchaus möglich, wenn man ihnen gestatte, mit Christen zu arbeiten und zu wohnen, sie durch Verbote nicht zum Wucher treibe und man Jesu Blutsverwandte, die Gott vor allen Völkern durch die Tora ausgezeichnet habe, mit christlicher Liebe begegne. Auch in dieser Schrift verfolgte Luther nicht das Ziel, Juden auf gleicher Augenhöhe zu begegnen, er achtete nicht das jüdische Selbstverständnis als gleichberechtigte Lebensweise, sondern beabsichtigte vielmehr, die Juden in assimilationistischer Weise zu integrieren. Die den Juden von Luther zugedachte Rolle war es, ihre religiöse wie kulturelle Identität aufzugeben und sich dem Protestantismus per Taufe anzuschließen. In dieser mittleren Phase lehnte Luther die mittelalterliche Kriminalisierung der Juden in Gestalt der Ritualmord- sowie der Hostienfrevellegende ab und bezeichnete diese als »Narrenwerk«. Der Reformator betrachtete ebenso die Isolation der Juden als kontraproduktiv, da diese sich dergestalt nicht bessern könnten und Christen so nicht imstande seien, ihnen das Evangelium zu verkünden. Die Ablehnung antijüdischer Kriminalisierung im Umfeld der Blutlegende wie die Befürwortung integrationistischer Maßnahmen sind in Luthers Schrift *Dass Jesus Christus ein geborener Jude sei* jedoch stets an die Absicht gekoppelt, Juden zum Übertritt zu bewegen.

Insofern die judenbezogene Haltung bei Luther rein zweckbestimmt gedacht ist, ergibt sich die Frage nach der Konstanz einer solchen Position bei Wegfall ihrer intendierten Wirkung. Das durchaus neuartige „Judenprogramm" des reformatorischen Luther, das die Aufhebung von Arbeitsverboten, die Öffnung christlicher Zünfte, die Beendigung räumlicher Separierung wie die Zurückweisung der Blutlegende einschließt, blieb in seinem Wesen antisemitisch, weil es auf einen Ethnozid abzielte, auf die kulturell-religiöse Auslöschung jüdischer Identität. Dreh- und Angelpunkt des assimilationistischen Konzeptes war die religiöse Konversion, die Aufgabe des Jüdischseins in Gestalt der Annahme christlicher Identität. Das „Judenprogramm" akzeptierte den Juden einzig und allein als potenziellen Christen, von einem gleichberechtigten Neben- wie Miteinander ging Luther auch in dieser Schrift nicht aus. Die Hoffnung des Reformators auf jüdische Übertritte speiste sich in dieser Zeit aus der Konversion des Rabbiners Jakob Gipher, der sich im Jahr 1519 hatte taufen lassen, und entwickelte sich bei Luther zu einem assimilationistischen Programm, das durch „gesellschaftliche Integration" die Kontakte zwischen Juden und Christen zu vervielfältigen gedachte, um so die Chancen einer „Bekehrung" zu erhöhen.

Die Phase des „postreformatorischen Luther" (1525–1536) ist dadurch gekennzeichnet, dass Luthers Hoffnung auf einen Übertritt der Juden zum noch jungen Protestantismus zunehmend schwindet. Noch ist seine Haltung indes von einer abwartenden, die Juden kritisch beäugenden Position geprägt, welche die Zuversicht eines massenhaften jüdischen Übertritts noch nicht gänzlich aufgegeben hat. Verschiedene Richtungen und Strömungen des Protestantismus begannen sich herauszubilden, denen Luther keineswegs immer wohlgesonnen war, vor allem dann nicht, wenn diese sich seiner postulierten Führerschaft verweigerten. In der „postreformatorischen Phase" diente das Judentum wie auch im Frühchristentum als Mittel, um sich in abgrenzender Weise der eigenen Identität zu vergewissern. In den Vordergrund rückte allmählich die Frage der nationalistischen Homogenisierung der protestantischen Territorien. Diverse politische wie militärische Konflikte Kaiser Karl V. bewirkten, dass dieser außerstande war, gegen den Protestantismus vorzugehen, sodass der Kirchenausbau in aller Ruhe betrieben werden konnte. Im Jahr 1531 nutzten die protestantischen Landesherren die Gunst der Stunde, um sich im thüringischen Schmalkalden zu einem Schutz- und Trutzbündnis zusammenzuschließen.

Die Wende zum späten Luther und dessen Übergang vom rassistischen Assimilationismus zum Segregationismus mit nahezu der gesamten Bandbreite propagierter gewaltförmiger Maßnahmen markiert der Brief an Josel von Rosheim (1478–1554) aus dem Jahr 1537. Der Anlass des Briefwechsels zwischen dem Sprecher der jüdischen Gemeinden im Heiligen Römischen Reich Deutscher Nation und dem Reformator verweist darauf, dass die Juden den eigentlichen antisemitischen Kern des Assimilationismus Luthers verkannten und diesen anfangs für einen Hoffnungsträger hielten, sodass Josel von Rosheim sich an Luther mit der Bitte wandte, sich für eine Aufhebung des Aufenthalts-, Durchreise- sowie des Erwerbstätigkeitsverbots einzusetzen, welches der sächsische Kurfürst Johann Friedrich I. im Jahr 1536 erlassen hatte. Luther lehnte das Ansinnen Rosheims schroff ab und stützte so die Nichtduldung von Juden im protestantischen Kurfürstentum Sachsen. Er habe sich in seiner Schrift *Dass Jesus Christus ein geborener Jude sei* sehr für die Juden eingesetzt, so Luther, gleichwohl lästerten und verfluchten diese weiterhin den Herrn. Die Schärfe der Ablehnung des Gesuchs um Fürsprache wird nicht zuletzt daran ersichtlich, dass Luther in kriminalisierender Weise den Juden unterstellt, diese würden, wenn sie nur könnten, alle Christen um Leben und Besitz bringen. In seinen Memoiren schrieb der zurückgewiesene Josel von Rosheim, der seinen Irrtum in Bezug auf Luther erkannte: »Er hat in Wahrheit unsere Lage sehr gefährlich gemacht!«

Die Enttäuschung des Reformators über die ausgebliebene Gruppenkonversion mutierte ein Jahr darauf in offenen Hass. In der Schrift *Wider die Sabbather* (1538) forderte Luther die Vertreibung der Juden aus Mähren und kreierte hierfür die Rechtfertigungslegende, die Juden hätten in Mähren bereits viele Christen beschnitten. Die eigene Intention, Juden zur Aufgabe ihres Glaubens zu bewegen, wird frustrationsgeleitet auf die „Feinde Christi" projiziert. Die Juden werden als erfolgreiche Proselytenmacher konstruiert, welche das Missionsverbot kaiserlicher wie fürstlicher Judenordnungen schändlich missachteten, sodass ihre Vertreibung nur zu begrüßen sei. Die Spätschriften Luthers *Von den Juden und ihren Lügen* (1543), *Vom Schem Hamephorasch und vom Geschlecht Christi* (1543) sowie *Vermahnung wider die Juden* (1546) markieren den Höhepunkt des offenen antijüdischen Hasses des Reformators, der die Obrigkeit dazu aufruft, ein ganzes Bündel gegen die Juden gerichteter gewaltförmiger Praxen zu exekutieren. Bereits in der Einleitung der Schrift *Von den Juden und ihren Lügen* muss die vermeintliche jüdische Proselytenmacherei erneut herhalten, um den eigenen Sinneswandel zu legitimieren. Wie weit der Positionswechsel geht, verdeutlicht der Sachverhalt, dass Luther antijüdische Diffamierungen aufgriff, die er in seiner Frühphase noch als »Narrenwerk« zurückwies, so heißt es:

> »Ich habe viele Geschichten von den Juden gelesen und gehört, die mit diesem Urteil Christi übereinstimmen. Wie sie nämlich die Brunnen vergiftet, heimlich gemordet [und] Kinder gestohlen haben, wie oben dargelegt. […] Und das Kinderstehlen hat sie oft [wie oben gesagt] zur Verbrennung und Vertreibung geführt. Ich weiß wohl, dass sie dies und alles ableugnen. Es stimmt aber alles mit dem Urteil Christi überein, dass sie giftige, bittere, rachgierige, hämische Schlangen, Meuchelmörder und Teufelskinder sind, die heimlich stechen und Schaden tun, wie sie es öffentlich nicht vermögen.« (Luther 2016: 209/210)

In der Abhandlung *Von den Juden und ihren Lügen* konstruiert Luther in extremer Weise den Antagonismus zwischen der „christlichen Wir-Gruppe" und der „jüdischen Fremdgruppe", indem er auf Sozialneid setzt:

> »[Die Juden] rauben und saugen uns aus, liegen uns auf dem Halse, die faulen Schelme und müßigen Wänste, saufen, fressen, haben gute Tage in unserm Hause, verfluchen zum Lohn unsern Herrn Christus, Kirchen, Fürsten und uns alle, bedrohen uns und wünschen uns ohne Unterlass den Tod und alles Unglück. Denke doch, wie kommen wir armen Christen dazu, dass wir ein solches faules, müßiges Volk, ein solches unnützes, böses, schädliches Volk, solche lästerlichen Fein-

de Gottes umsonst ernähren und reich machen sollen, dafür nichts als ihr Fluchen, Lästern, und alles Unglück kriegen, das sie uns tun und wünschen können?« (Luther 2016: 207)

Die Schrift Luthers schließt mit einem antisemitischen Maßnahmenkatalog, der sich an die Landesherren richtet und zahlreiche Aktivitäten umfasst. Jüdische Synagogen oder Schulen sollen angezündet und verbrannt werden, jüdische Häuser seien zu zerstören, die Juden solle man in einem Stall unterbringen, jüdische Gebetsbücher und Talmudschriften seien zu verbrennen, den Rabbinern solle man das Lehren unter Androhung der Strafe des Verlusts von Leib und Leben untersagen, den Juden sei das freie Geleit sowie das Recht zur Benutzung der Straße zu entziehen, Barschaft sowie Edelsteine, Silber und Gold seien den Juden zu nehmen, der Geldverleih solle Juden untersagt werden, jüngere und kräftigere Juden beiderlei Geschlechts seien zur körperlichen Arbeit zu verpflichten und schließlich heißt es, Juden solle man bei Verdacht, diese könnten den Christen oder ihren Besitztümern schaden, aus dem Land hinausjagen. Die Maßnahmen stellen einen umfassenden Gewaltkatalog dar, der auf die elementare Existenz der Juden in christlichen Ländern zielte. Die hassgetränkte Vernichtungsfantasie Luthers wird überdeutlich, wenn es heißt, man solle das, was von den jüdischen Synagogen oder Schulen nicht verbrenne, mit Erde überhäufen und zuschütten, »damit kein Mensch mehr davon in Ewigkeit einen Stein oder Schlacke sehen kann«. Luthers an die Obrigkeit gerichteter Maßnahmenkatalog stellte ein bis dato einmaliges existenzielles Vernichtungsprogramm jüdischen Lebens dar, das den Juden einzig und allein noch ihre nackte Existenz zu lassen gedachte. Das programmatisch fixierte Ausmerzungskonzept jüdischer Existenz in Deutschland ist bzgl. des Umgangs mit den Juden für die damalige Zeit beispiellos, insofern es ein Hasskompendium darstellt, das konkrete umzusetzende Forderungen aufstellte, nahezu sämtliche Gewaltpraxen umfasste, die sich je gegen Juden richteten, und es zugleich sämtliche antijüdischen Ressentiments akribisch sowie in bekräftigender Weise wiedergab, ohne dabei auch nur vor den übelsten dehumanisierenden Diffamierungen zurückzuschrecken.

In der bereits wenige Monate später erschienenen Schrift *Vom Schem Hamephorasch* gewinnt der Antisemitismus ein weiteres Mal an Schärfe, insofern Luther das kriminalisierende Motiv des Ritualmords sowie des Juden als Brunnenvergifter erneut affirmativ aufgriff, sich der diskursiven Technik der Spionisierung bediente und in verschwörungstheoretischer Manier die Juden als konspirierendes Netzwerk erscheinen ließ, das den Zweck verfolge, die Macht in christlichen Ländern an sich zu reißen. Die Schrift bedient sich darüber hinaus einer Vulgär- bzw. Fäkalsprache, um die Wirkung der antisemitischen Demütigung noch zu erhöhen:

> »[Als] Judas Ischariot sich erhängte, dass ihm die Gedärme zerrissen und, wie den Erhängten geschieht, die Blase barst. Da haben die Juden vielleicht ihre Diener mit goldenen Kannen und silbernen Schüsseln dabeigehabt, die Judaspisse mit den anderen Reliquien aufgefangen, danach untereinander die Merde [d. h. den Kot, d. Verf.] gefressen und gesoffen.« (Luther 2017: 140/141)

Verschwörungstheoretische Elemente liegen vor, wenn Luther „die Juden" mit Raschid ad-Din Sinan vergleicht, einem arabischen Sektenführer, der als „der Alte vom Berge" seine Anhänger für vielfältige Attentate einsetzte, sowie die Juden bezichtigt, auf ähnliche Weise Meuchelmorde an christlichen Potentaten zu planen, um die Herrschaft in christlichen Gebieten an sich zu reißen. Die von Luther benutzte Fäkalsprache spiegelt der frühe Druck der Schrift, welcher auf dem Titelblatt die sog. „Wittenberger Judensau" zeigt, auf die sich Luther im Text mit folgenden Worten bezieht:

> »Es ist hier in Wittenberg an unserer Pfarrkirche eine Sau in Stein gehauen. Darunter liegen junge Ferkel und Juden, die saugen. Hinter der Sau steht ein Rabbiner, der hebt der Sau das rechte Bein empor, und mit seiner linken Hand zieht er den Pirtzel [d. h. das Hinterteil, d. Verf.] über sich, bückt und schaut mit großem Fleiß der Sau unter dem Pirtzel in den Talmud hinein, als wollte er etwas Scharfes und Besonderes lesen und ersehen.« (Luther 2017: 52/53)

Das Motiv der Sau findet sich im weiteren Verlauf des Textes zwecks Kränkung der Juden in vielfältigen Varianten. Das obige Zitat verfehlt seine Schärfe, lässt man den Folgesatz außen vor. Sodann heißt es: »Daher haben sie gewisslich ihr Schem Hamphoras.« Schem ha-Mephorash, was auf Hebräisch so viel wie „der vollständig ausgesprochene Name" bedeutet, bezieht sich auf das Tetragramm „JHWH" und stellt in der jüdischen Religion eine umschreibende Bezeichnung Gottes dar, insofern der eigentliche Name nicht ausgesprochen bzw. durch das hebräische Wort

„Adonai" ersetzt wird. Folglich besteht die verletzende Beleidigung des Satzes in der Aussage, die Juden hätten den Namen ihres Gottes im After einer Sau gefunden. Im Unterschied zur bislang gültigen katholischen Lehre zeichnet sich bei Luther in Gestalt der disparaten Gegenüberstellung eines „jüdischen" und eines „christlichen Gottes" eine deutliche Akzentverschiebung ab. Die animalisierende Schmähung des Terminus Schemhamphorasch steht stellvertretend für die Diffamierung der jüdischen Gotteslehre und assoziiert den auf diese Weise konstruierten „jüdischen Gott" mit Schweinedreck bzw. dem Anus einer Sau.

Von Luthers Schrift zieht sich ein roter Faden bis zur heutigen in öffentlichen Reden immer wieder perpetuierten Sichtweise von einem „gütigen, christlichen" und einem „strafenden, jüdischen" Gott, welche geteiltes abrahamitisches Erbe dekonstruiert. Der Antagonismus zwischen dem mit After, Kot, Gestank und Fürzen konnotierten „jüdischen Gott" sowie dem wahrhaften „christlichen Gott" korrespondiert mit der Schärfe weiterer Textpassagen, in denen sich Luther der Diabolisierung der Juden bedient, die in diversen Varianten mit dem Teufel in Verbindung gebracht werden, so heißt es bspw., es sei Aufgabe, »unsere Christen vor ihnen, als vor den Teufeln selbst, zu warnen, unseren Glauben zu stärken und zu ehren, nicht die Juden zu bekehren, welches ebenso möglich ist, wie den Teufel zu bekehren«.

Deutlich wird an dieser Stelle, wie stark der späte Luther das „reformatorische Projekt" der Bekehrung der Juden aufgab, sodass sich der Text nicht an die Juden richtete, sondern mittels judenfeindlicher Hasstiraden Christen davon zu überzeugen suchte, dass die protestantische Lehre über die allein seligmachende Wahrheit verfüge. Diese Abkehr verdeutlichen auch Luthers Tischreden, in denen er offen Tötungsfantasien verbalisiert: »Wenn ich einen Juden taufe, will ich ihn an die Elbbrücken führen, einen Stein um den Hals hängen, ihn hinabstoßen und sagen: Ich taufe dich im Namen Abrahams.«

Bei Luther blieb es nicht beim gewaltverherrlichenden antisemitischen Wort, spätestens mit der Predigt *Vermahnung wider die Juden* (15. Februar 1546), die Luther drei Tage vor seinem Tode hielt, griff der Reformator unmittelbar handlungsorientiert ein, insofern diese den Zweck verfolgte, die Vertreibung der Juden aus dem Raum Mansfeld zu bewirken. In seiner letzten Predigt bezeichnete Luther die Juden als Schädlinge, die Christus schände-

ten, lästerten und fluchten. Ließen sie sich nicht taufen, so sei es
die entschiedene Aufgabe der Obrigkeit die Juden zu vertreiben.
„Taufe oder Vertreibung", das ist die Alternative, welche Luther
in seiner letzten Predigt den Juden anbietet und da er zu diesem
Zeitpunkt in keiner Weise mehr vom Erfolg der „protestantischen
Judenmission" überzeugt ist, geht es ihm um die gewaltförmige
Aussiedelung der Juden, die der Reformator damit begründet, die
Juden seien Feinde der Christen und hegten Mordabsichten gegen sie, trachteten Christen nach Leib, Leben, Ehre und Gut, während jüdische Ärzte das nötige Gift hierfür produzierten. Der Vorwurf, jüdische Ärzte betätigten sich als Giftmischer zwecks
Auslöschung der Christenheit, taucht ebenso in Luthers Tischreden auf, des Öfteren wird den Juden hier unterstellt, Christen töten zu wollen.

> »Wie es unmüglich ist, dass die Aglaster [die Elster, d. Verf.] ihr Hüp-
> fen und Getzen [Gackern, d. Verf.] lässt, die Schlange ihr Stechen: so
> wenig lässt der Jüde von seinem Sinn, Christen umzubringen und zu
> morden, wo er nur kann.« (Martin Luther: Erlanger Werkausgabe,
> Bd. 62, S. 375)

Der „Fall Luther" verdeutlicht die Relevanz der Verwendung des
Terminus „Antisemitismus", insofern die Begrifflichkeit die Existenz einer Kontinuitätslinie unterstreicht, die in Deutschland zur
Singularität der Shoah führte. Von Luthers Vernichtungsfantasi-
en des Judentums zieht sich historisch eine Spur zu den „Deutschen Christen", zur Barmer Erklärung in der Frühphase des dt.
Nationalsozialismus, die mit keiner einzigen Silbe die Lage der
Juden erwähnte, sowie zu den Stolpersteinen für Martin, Jakob
und Amalie Israel aus Wittenberg, die in Sobibor und Auschwitz
ermordet wurden. Eine Antwort auf die Frage „Warum die Deutschen?" liegt so auch im Austilgungshass des Reformators, dessen Aufruf, Synagogen bis auf die Grundmauern zu zerstören, im
Europa des 16. Jh.s einzigartig war, zumindest von einer Person,
die bereits zu Lebzeiten als öffentliche Größe galt und dessen Ent-
heiligung bis auf den heutigen Tag ausblieb. Zwar lässt sich durch
den christlichen Antisemitismus die Singularität der Shoah als
dt. Verbrechen keinesfalls hinreichend erklären, gleichwohl stellt
dieser eine unverzichtbare, notwendige Voraussetzung im historischen Prozess dar, auch wenn der Weg zum Genozid keinesfalls
zwangsläufig war.

Noch immer ranken sich legitimatorische Mythen um den Reformator; so gab es weder einen jüngeren Luther, der die Juden schätzte, noch einen späten Luther, der erneut versöhnliche Töne anschlug. Bezüglich der Judenfeindlichkeit ist die Biografie des Reformators durchaus von Kontinuität geprägt; in allen seinen Lebensphasen war Luther Antisemit durch und durch. Während in der reformatorischen Phase Luther indes auf die Variante rassistischer Assimilation setzte, bevorzugte er im weiteren Verlauf die gewaltförmige Segregation. Bei der Verknüpfung von Assimilation und Segregation („Taufe oder Vertreibung") in Luthers letzter Predigt handelte es sich indes bereits um eine rein rhetorische Figur, insofern die Rede den Zweck der Vertreibung der Juden verfolgte. Es ist bezeichnend, dass Zwangsassimilation auch heutzutage in Deutschland nicht als eine Variante des Rassismus verurteilt wird, sodass die Phase des reformatorischen Luther folglich von etlichen Kirchenhistorikern positiv gewürdigt wird. Luthers Schrift *Dass Jesus Christus ein geborener Jude sei* wird so als Dokument bewertet, das zum ersten Mal »ohne prinzipielle Einschränkung einem friedlichen Nebeneinander von Juden und Christen das Wort geredet« habe. Bereits eine oberflächliche Lektüre des Textes lässt die „prinzipielle Einschränkung" erkennen, die Luther in aller Deutlichkeit benannte: »Bis ich sehe, was ich bewirkt habe«, so lautete seine diesbezügliche Offenbarung, welche sich auf die Konversion bezog, auf die Auslöschung des Judentums per Übertritt zum Christentum. Erfolgt die von Luther gewünschte Wirkung nicht, so wird das „friedliche Nebeneinander" sogleich von Grund auf infrage gestellt. Reformpolitik und Konversion bilden dergestalt betrachtet eine integrale, sich wechselseitig referenzierende Einheit in der reformatorischen Phase Luthers. Nun mag es für jede von Rassismus betroffene Opfergruppe in der Tat günstiger sein, von Assimilationismus als von gewaltförmigen Praxen des Segregationismus wie etwa von Vertreibungen betroffen zu sein, doch von einem „friedlichen Nebeneinander" kann keine Rede sein, wenn die konstruierte Fremdgruppe einzig und allein als Objekt der Mission toleriert wird und alle Maßnahmen diesbezüglich ausgerichtet sind und nur solange praktiziert werden sollen, wie sich die „Konversionshoffnung" nicht als Illusion erweist. Insofern in der dt. Gesellschaft Assimilationismus bis heute mehrheitlich nicht als rassistische Variante verurteilt wird, bewertete im Jahr 2015 die EKD-Synode die Empfehlungen des Reformators bzgl. der Juden als »widersprüchlich«. Zwar distanzierte sich die Synode von Luthers Judenfeindschaft, doch angesichts einer ganzen Luther-Dekade wirkte dies eher wie eine gehauchte Entschuldigung für den mit den Feierlichkeiten verbundenen Personenkult.

Für eine Thematisierung des Antisemitismus Luthers boten die Massenveranstaltungen des Reformationsjubiläums, die über zehn Jahre lang Luther wie einen Popweltstar präsentierten, erst recht keinen Raum, eine endgültige Loslösung von Luthers Antisemitismus erfolgte trotz EKD-Erklärung auf diese Weise nicht. Vielmehr war man von kirchlicher Seite tunlichst darum bemüht, das Wort „Antisemit" zu vermeiden. Auch dies ist ein Beleg dafür, dass die Verwendung des einheitlichen Terminus Antisemitismus zwingend geboten ist. Die Differenzierung zwischen Antijudaismus und sog. Rassenantisemitismus diente im Lutherjahr nicht zuletzt dazu, Kontinuitätslinien in Abrede zu stellen, eine Verantwortung des christlichgeprägten Antisemitismus für die Verbrechen des dt. Nationalsozialismus zu verdrängen. Bereits im Jahr 2003 gab der damalige EKD-Ratsvorsitzende Wolfgang Huber im Bonhoeffer-Film des Regisseurs Martin Doblmeier die bis heute dominante Sichtweise in der protestantischen Kirche mit folgenden Worten wieder:

> »Man muss deutlich zwischen Antijudaismus und Antisemitismus unterscheiden. Es gibt keinerlei Entschuldigung für die traditionell antijüdische Haltung in der christlichen Theologie und im christlichen Leben. Aber man kann die Ereignisse des 20. Jh. nur verstehen, wenn man sich klarmacht, dass hier ein rassistischer Aspekt hinzukam. Luthers Antijudaismus ist nicht rassistisch. Er erweckt aus dem Glauben. Er sieht einen Glaubenskonflikt zwischen Juden und Christen und er interpretiert diesen völlig falsch. Aber was im 19. Jh. geschieht, die Identifizierung eines theologischen Konfliktes mit einer rassistischen Interpretation lenkt die Entwicklung schließlich bis hin zu den Grausamkeiten des Nazi-Regimes.« (Film: Bonhoeffer, Regie: Martin Doblmeier, Deutschland 2003)

Zu der von Bischof Huber in Abrede gestellten Kontinuitätslinie gehören die Tatbestände, dass der völkisch-orientierte Antisemitismus die Schriften Luthers adaptierte, der antisemitische Hofprediger Adolf Stöcker eine Größe des Protestantismus war, die NSDAP in der Weimarer Republik unter den Protestanten ihre Kernwähler besaß und es Luther war, der das von den Nazis vielfach benutzte Schmähwort der „Judensau" populär machte. Dazu gehören ebenso die Sachverhalte, dass es eine vergleichbare Strömung wie die der Deutschen Christen, die nach 1933 zahlreiche evangelische Landeskirchen eroberten, auf katholischer Seite nicht gab, der sog. „Arierparagraph" des dt. Nationalsozialismus, welcher Juden die Beschäftigung im öffentlichen Dienst verbot, im protestantischen Lager auf weitgehende Zustimmung stieß, dieser für viele protestantische Zeitgenossen lediglich die antijüdische Haltung ihrer Kirche legalisierte, die bis auf Luther zurückreichte, und der evangelische Landesbischof von Thüringen, Martin Sasse, nach dem Novemberpogrom von 1938 eine Schrift mit dem Titel: *Martin Luther und die Juden: Weg mit ihnen* verfasste. In seiner sechzehnseitigen Broschüre stellte Sasse im Wesentlichen antisemitische Passagen aus Luthers Schriften *Von den Juden und ihren Lügen* sowie *Vom Schem Hamephorasch und vom Geschlecht Christi* zusammen, ebenso judenfeindliche Schmähungen aus Luthers Tischreden. Im Vorwort äußerte sich der Landesbischof wie folgt:

> »Am 10. November 1938, an Luthers Geburtstag, brennen in Deutschland die Synagogen. Vom deutschen Volk wird zur Sühne für die Ermordung des Gesandtschaftsrates vom Rath durch Judenhand die Macht der Juden auf wirtschaftlichem Gebiete im neuen Deutschland endgültig gebrochen und damit der gottgesegnete Kampf des Führers zur völligen Befreiung unseres Volkes gekrönt. […] In dieser Stunde muss die Stimme des Mannes gehört werden, der als der Deutsche Prophet im 16. Jahrhundert aus Unkenntnis einst als Judenfreund begann, der, getrieben von seinem Gewissen, getrieben von den Erfahrungen und der Wirklichkeit, der größte Antisemit seiner Zeit geworden ist, der Warner seines Volkes wider die Juden.« (Sasse 1938: Vorwort)

Außer Sasse unterstützten zahlreiche Christen in leitenden Positionen der evangelischen Kirche offen den Antisemitismus des dt. Nationalsozialismus. Die antisemitischen Schriften Luthers, die in der Nazizeit in zahlreichen Abdrucken passagenweise kursierten, betrachteten die dt. Christen als eine Bestätigung ihrer Haltung. Den Sachverhalt, dass die Kontinuitätslinie von Luther bis zu Sasse immer noch verharmlost wird, verdeutlichte im Jahr 2017 eine ansonsten gelungene Ausstellung der Stiftung Topographie des Terrors mit dem Titel *Überall Luthers Worte. Martin Luther und der Nationalsozialismus,* insofern ihr Titel einen Kommentar

Dietrich Bonhoeffers aus dem Jahr 1937 wählte: »Überall Luthers Worte und doch aus der Wahrheit in Selbstbetrug verkehrt.« Im Unterschied zu Bonhoeffers Sichtweise besteht die historische Realität indes darin, dass der dt. Nationalsozialismus den abgrundtiefen Judenhass des Reformators alles andere als erfinden musste. Eine Sinnverfälschung bzw. Verkehrung der Worte Luthers war dergestalt betrachtet gar nicht erforderlich. Luthers Judenfeindschaft war vielmehr das entscheidende Fundament, das den dt. Protestantismus antisemitisch orientierte, was wiederum für die Etablierung der Naziherrschaft von nicht zu unterschätzender Bedeutung war.

Warum der Assimilationismus in Luthers Schrift *Dass Jesus Christus ein geborener Jude sei* nicht als Rassismus zurückgewiesen wird, Textpassagen im Reformationsjubiläum vielmehr affirmativ kursierten, verdeutlichte zum Auftakt der EKD-Synode im Jahr 2015 der Präsident des Zentralrats der Juden, Josef Schuster, der eine deutliche Distanzierung der evangelischen Kirche von der christl. Judenmission forderte, die selbst nach der Shoah offiziell nie ad acta gelegt wurde. In dieser Hinsicht unter Druck geraten distanzierte sich im Jahr 2016 das Kirchenparlament in Magdeburg von der Praxis „jüdischer Bekehrung". Gleichwohl sind christl. Gruppen weiterhin höchst aktiv in ihrem Versuch, Juden vom „wahren Glauben" zu überzeugen. Das Stichwort „Judenmission" verdeutlicht zugleich die Differenz zwischen der assimilationistischen und der segregationistischen Variante des Antisemitismus, so lehnten die Deutschen Christen die Judenmission ab, da diese ein „Eingangstor fremden Blutes in unseren Volkskörper" bilde und die „Rassenvermischung" von ihnen entschieden abgelehnt wurde.

Die kontrastierende Gegenüberstellung von Antijudaismus und „Rassenantisemitismus" versperrt indes nicht nur den Blick auf epochenübergreifende Bezüge, sondern verhindert auch eine adäquate Sichtweise auf die Judenfeindschaft Martin Luthers, der sich keineswegs nur christlicher Stereotype der Judenfeindschaft bediente, insofern er im Zeitalter des Frühkapitalismus ebenso auf ökonomische Motive setzte. In ausgeprägter Weise finden sich bei Luther die Figur des „Wucherjuden" sowie der Versuch per Sozialneid Christen gegen Juden aufzustacheln und Letztere als miteinander verschworenen Personenkreis darzustellen, der nichts anderes im Sinn habe, als Christen auszusaugen, für sich arbeiten zu lassen und wirtschaftlich zu versklaven. Derartige Töne Luthers gehen weit über die Judenfeindschaft der christlichen Kirchenväter hinaus, illustrieren bereits einen frühmodernen Duktus, der sich ebenso biologistischer Elemente bediente, wenn es etwa heißt, das »israelitische Blut« sei »vermischt, unrein, verwässert und verwildert« worden und das Judentum als ein »trüber Bodensatz«, »stinkender Abschaum«, »verschimmelter Sauerteig«, »sumpfiger Morast« sowie als »faulender, verrotteter Bodensatz vom Blut ihrer Väter« bezeichnet wird.

Die biologistisch-rassistische Vorstellung vom „jüdischen Blut" verweist in frühmoderner Art auf die „Estatutos de limpieza de sangre" der spanischen Reconquista. Die Übereinstimmungen sind indes nicht rein zufälliger Natur, sondern liegen in der Etablierung homogener nationalstaatlicher Gebilde der frühen Neuzeit. Der abgrundtiefe Hass Luthers gegen die Juden lässt sich nicht nur aus dem Frustrationserlebnis seiner missglückten „Judenmission" begründen, sondern ebenso aus dem politischen Kalkül, das den Grundsatz „cuius regio, eius religio" als frühvölkisches Prinzip bevölkerungspolitischer Vereinheitlichung der protestantischen Territorialstaaten zu etablieren gedachte. Gleichsam wie die spanischen Könige „die Juden" als Gruppe betrachteten, die dem Ziel nationalstaatlicher Formierung unter der Ägide einer einheitlichen katholischen Staatsreligion schadeten, forderte der späte Luther die „religiöse Säuberung" per Vertreibung des »israelitisch Blütigen«. Ein zentrales Motiv seines Judenhasses bildete die sich in der postreformatorischen Phase herausbildende Konzeption vom einheitlich christlichen Staat, die Luther bereits als einen ideologischen Vermittler bzgl. des Transformationsprozesses vom genuin christlichen zum völkischen Antisemitismus ausweist.

Der dt. Nationalsozialismus schätzte nicht nur die schier grenzenlose Aversion des Reformators gegen die Juden, sondern ebenso seine höchst heterogenen Motive der Judenfeindschaft, die neben ökonomischen Bezügen gleichfalls biologistisch-völkische Elemente einschlossen. Keineswegs zufällig ist es, dass Luther abweichend von der bisherigen Kirchenposition der katholischen Kirche konvertierte Juden weiterhin als Juden bezeichnete; so heißt es etwa: »Ich ziehe die Türken als Feinde den Spaniern als Oberherren vor; die meisten sind Marranen, bekehrte Juden.« Die Sichtweise der frühen Neuzeit, wie sie auf spanischem Boden in

den „Statuten von der Reinheit des Blutes" zum Ausdruck kam,
findet sich bei Luther in Gestalt der Redewendung vom „jüdischen Blut", an dem auch die Taufe nichts zu ändern vermöge. Im
biologistischen Sinne bleibt „der Jude" bei Luther stets ein Jude
und ist daher wie die Marranen in Spanien mit äußerstem Argwohn zu betrachten.

Die Judenfeindschaft Luthers verdeutlicht eine weitere Funktion des Antisemitismus, insofern dieser auch der identitätsbezo-
genen Festigung des „Wir-Kollektivs" dient, Nutzen für die Formierung einer konstruierten Gemeinschaft erbringen soll. So
richtete sich das Gros der „Judenschriften" Luthers nicht an die
Juden, sondern an die Gläubigen der sich in vielfältiger Hinsicht
erst noch etablierenden protestantischen Glaubensrichtung. In
der Phase des protestantischen Gründungs- wie Formierungspro-
zesses instrumentalisierte Luther das Judentum und die Juden,
um der eigenen Glaubensrichtung per Abgrenzung ein geschärf-
tes Profil zu verschaffen. Luther hegte darüber hinaus die Be-
fürchtung, die eigenen Gläubigen könnten »judaisieren«, wobei
der Sachverhalt der „Judaisierung" sich nicht auf die von Luther
angesprochene »Proselytenmacherei« bezog, sondern auf die
Übernahme gläubigen Gedankenguts oder religiöser Praxen, die
Luther für die kollektivierende Identitätsstiftung seiner eigenen
Glaubensrichtung als abträglich empfand. Verkannt werden darf
nicht, dass in der Reformationszeit unterschiedliche Richtungen
miteinander konkurrierten und die Abwendung von der katholischen Theologie ein Prozess des Suchens und der Neufindung in
Gang setzte, in dem sich verschiedene Strömungen erst etablierten. Der im Mittelalter tief verankerte Judenhass wurde von
Luther instrumentalisiert, um diverse sich herausbildende nicht-
katholisch-christliche Richtungen, die sich nicht um den Wittenberger Reformator scharten bzw. von ihm nicht als gleichgesinnte
Bündnispartner betrachtet wurden, als „jüdisch" zu diffamieren.
Das „Feindbild Jude" wurde zugleich perpetuiert wie verschärft,
um es im inner-reformatorischen Richtungsstreit als ideologische
Waffe einzusetzen. Charakteristisch diesbezüglich ist auch, dass
die spanische Inquisition die der Häresie bezichtigten „Lutheraner" sowie anderweitige „Reformierte" als „Juden" in neuem Ge-
wand bezeichnete. Auf dem Konzil von Trient wurde die Mei-
nung vertreten, der Protestantismus stelle eine Rückkehr zum
Judentum dar, katholische Theologen äußerten die Ansicht, die

„Lutheraner" seien in Wahrheit eine jüdische Sekte und gaben dem Judentum die Schuld an allen nur erdenklichen „protestantischen Häresien". In diesem Sinne grenzte sich Luther vom Judentum ab, stellte der aggressive Antisemitismus des Reformators eine gewählte Methode dar, um nicht seinerseits in den Verdacht des „Judaisierens" zu geraten, zumal seine päpstlichen Gegner sich dieses Vorwurfs fleißig bedienten. Der Vorwurf als solcher diente somit durchaus verschiedenen Kräften wie Zwecken. Luther seinerseits benutzte ihn ebenso gegen die römische Kirche, welcher er den Vorwurf machte, durch buchstabenorientierte Exegese einen »pharisäischen Glauben« zu predigen und so den Geist der Botschaft des Evangeliums zu verfehlen. Im *Traktat gegen das Papsttum* bezeichnete er die römisch-katholische Kirche als »Teufels Synagoga«, um sie auf diese Weise mit dem Judentum gleichzusetzen.

Die „Luther-Dekade" bildet ein Lehrstück in Sachen Antisemitismus, so etwa bzgl. der Vielfalt der Relativierungen des Judenhasses Luthers. Sätze wie: »Es gab zu dieser Zeit niemanden, der nicht auch antijudaistisch publiziert hätte« oder: »Zu seiner Zeit waren alle judenfeindlich gesinnt« tauchen hinsichtlich antisemitischer Sachverhalte als Entschuldigungs-Argumente ebenso in anderen historischen Kontexten auf. Die legitimatorischen Varianten übersehen dabei, dass es zu allen Zeiten des Antisemitismus alternative oder zumindest mäßigende Stimmen gab. Richtig ist hingegen, dass auch andere Reformatoren durch ihre Judenfeindlichkeit auffielen, doch warum sollte die Zahl der Hassenden Grundlage für eine ethisch-moralische Bewertung des Hasses sein? Die Frage, warum ein Judenhasser Namenspatron einer Hochschule wie der Martin-Luther-Universität-Halle-Wittenberg ist, die diesen Namen nicht rein zufällig in der Nazizeit am 10. November 1933 zum 450. Geburtstag des Reformators erhielt, muss gestattet sein und die Suche nach einer Antwort darauf ernst genommen werden. Die im Luther-Jahr gebetsmühlenartig geäußerte Ansicht, Luther sei „nur" Antijudaist und kein Antisemit gewesen, ist sachlich falsch, insofern die Position, Luther habe ausschließlich christlich-antisemitisch argumentiert, in keiner Weise haltbar ist, sie wirft darüber hinaus ebenso die Frage auf, warum die Religionszugehörigkeit als rassistisches Ausgrenzungskriterium im Vergleich zum Konstrukt einer biologischen Zugehörigkeit entschuldbar sein soll, zumal dann, wenn das Differenzkriterium „Glaube" mit einem existenziellen Vernichtungsprogramm wie bei Luther einhergeht, das dem zu Vertreibenden gerademal sein Leben lässt und der Reformator darüber hinaus verbale Tötungsfantasien artikulierte.

Gewiss gibt es keine historische Geradlinigkeit von Luther zu den Einsatzgruppen im Osten. Sätze wie „Luther konnte sich Judenmord nicht vorstellen" versperren indes die Sichtweise darauf, dass der dt. Nationalsozialismus an Stimmungen anknüpfen und diese erfolgreich mobilisieren konnte, welche Jahrhunderte zuvor gereift waren, die im kollektiven Gedächtnis tief verankert waren und zum aktiven Mitmachen großer Bevölkerungsteile am millionenfachen Massenmord oder ihrem stillschweigenden Dulden beitrugen. Zu dieser vorhandenen antisemitischen Grundstimmung hatte der Judenhass des Reformators einen relevanten Beitrag geleistet, was bereits vor den Nazis antisemitische Autoren wie der sich auf Luther berufende Theodor Fritsch sowie der protestantische Hofprediger Adolf Stöcker erkannten. So stammte folglich auch das Motto „Die Juden sind unser Unglück", das über den „*Stürmer*-Kästen" hing, ursprünglich nicht von Heinrich von Treitschke, insofern sich dieser nur der geläufigen judenfeindlichen Redewendung Luthers bediente, welche die Nazis für ihre antisemitische Wochenzeitung übernahmen. Die diesbezügliche Textstelle bei Luther lautet:

> »Ein solches heilloses, durch und durch böses, vergiftetes teuflisches Ding ist es um diese Juden, die diese 1400 Jahre unsere Plage, Pestilenz und unser ganzes Unglück gewesen sind und immer noch sind.« (Luther 2016: 206)

Im „Institut zur Erforschung und Beseitigung des jüdischen Einflusses auf das dt. kirchliche Leben" arbeiteten in der Nazizeit protestantische Wissenschaftler, die eifrig darum bemüht waren, Luthers antisemitische Schriften und Reden für „volksnahe Neupublikationen" zu erschließen. Zu einem kirchlichen Karrierebruch führte diese von den Deutschen Christen geförderte Tätigkeit nach 1945 bei den diesbezüglich höchst agilen Personen zumeist nicht.

Das Vermächtnis Luthers an die Obrigkeit und Gemeinde seiner Heimatstadt Eisleben war die Vertreibung der Juden aus der Grafschaft Mansfeld. Bereits kurz nach Luthers Tod ging der Aufruf seiner letzten Predigt in Erfüllung.

Martin Luther war indes nicht der einzige Reformator, wenngleich sein Antisemitismus im Zeitalter der Reformation herausragte. Auch andere Reformatoren waren eifrig darum bemüht, ihr Profil auf Kosten der Juden zu schärfen sowie den von katholischer Seite erhobenen Vorwurf zu „judaisieren" von sich zu weisen. Die spezifische Funktion des Antisemitismus, die in der Zurückweisung eines solchen Vorwurfs bestand, verdeutlicht auch der Genfer Reformator Johannes Calvin (1509–1564), den seine Gegner als „Calvinus Judaizans" schmähten. Die katholische Kirche versuchte, protestantische Reformatoren als „Juden" zu verunglimpfen. Insofern Calvin es ablehnte wie Martin Luther das „Alte Testament" rein christologisch zu deuten, bot er aus katholischer Sichtweise vielfältige Angriffsflächen. Um derlei Attacken seiner Gegner zu parieren, mussten auch bei Calvin die Juden herhalten, wenngleich es zu seiner Zeit im Genfer Raum aufgrund vielfältiger Vertreibungen kaum mehr welche gab. Im Unterschied zu Luther existieren jedoch keine vergleichbar stark hassgetränkten antisemitischen Schriften. Calvin benutzte indes ebenso traditionelle Stereotype wie das vom „geldgierigen Juden" und schmähte die Juden als »verlogen« und »treulos«.

Der Straßburger Reformator Martin Bucer (1491–1551) betrachtete die Juden als von Gott verworfen, die »Gnade des Bundes« sei von der Synagoge aufgrund ihrer vielfältigen Vergehen auf die Kirche übergegangen. Während die Christen Kinder Gottes seien und den »rechten Ölbaum« verkörperten, lebten die Juden unter dem »Reich des Satans« und seien »wilde Ölbäume, ohne irgendeine Frucht.« Zentral für die Position Bucers zum Judentum ist seine missionarische Motivation, insofern er in den Juden diejenigen sieht, die man vom christlichen Glauben zu überzeugen habe. Folglich solle man sie nicht verächtlich behandeln, zumal die Heilsgeschichte ihre endzeitliche Errettung vorsähe. Für die hessische Judenordnung verfasste Bucer federführend mit sechs weiteren Autoren im Jahr 1538 einen *Ratschlag* bezüglich der Frage, wie die christliche Obrigkeit mit den Juden verfahren solle. In ihrem *Ratschlag* empfahlen die Reformatoren ein Verbot des Baus neuer Synagogen, ein Handels- sowie Wucherverbot für Juden, den Ausschluss der Juden von öffentlichen Ämtern, die verbindliche Teilnahme der Juden an judenmissionarischen Predigten, die Zahlung von Schutzgeldern, die Enteignung sowie körperliche Strafe bei Anfechtung des christlichen Glaubens sowie ein

Verbot der Proselytenmacherei. Den Juden sollte es ebenso verboten sein, mit einem einfachen Christen über ihren Glauben zu diskutieren. Den Einfluss der Reformatoren verdeutlicht der Sachverhalt, dass Bucer als offizieller Berater des Landgrafen Philipp von Hessen fungierte und dieser den Inhalt des *Ratschlags* im Jahr 1539 weitgehend übernahm. Bedingt durch die Lektüre von Luthers Schrift *Wider die Juden und ihre Lügen* verschärfte Philipp der Großmütige 1543 die Judenordnung durch ein Verbot des verzinslichen Darlehens. Ebenso wurden die bereits in der Denkschrift von Bucer geforderten Zwangspredigten für Juden eingeführt. Die Judenordnungen lösten im 16. Jh. im Heiligen Römischen Reich Deutscher Nation die sog. Judenschutzbriefe ab. Die Forderung Bucers nach Einführung einer Schutzgeldbestimmung verdeutlicht die ökonomische Funktion der Judenordnung. Trotz ihrer inhaltlichen Bestimmungen bedeuteten die Judenordnungen in den neu gebildeten Territorialstaaten für die Juden eine gewisse Rechtssicherheit.

Luthers Schrift *Wider die Juden und ihre Lügen* wurde dem hessischen Landgrafen von Philipp Melanchthon (1497–1560) zugesandt, der in seinen Ansichten bzgl. des Judentums weitgehend der klassischen Substitutionstheologie folgte. Die schroffe Gegenüberstellung des „jüdischen Gesetzes" mit dem „christlichen Evangelium" führte in Melanchthons Denken zu einem Bedeutungsverlust des „Alten Testaments". Im Unterschied zu Bucer engagierte sich Melanchthon indes durchaus auch im Interesse der Juden. So nahm Melanchthon auf dem Frankfurter Fürstentag im Jahr 1539 Stellung zum Berliner Hostienschänderprozess und offenbarte, dass vom Brandenburger Bischof ein die Juden entlastendes Geständnis unterschlagen worden war. Der Frankfurter Fürstentag wertete den Berliner Prozess daraufhin als „Justizskandal", sodass es dem Sprecher der Juden, Josel von Rosheim, infolgedessen gelang, Kurfürst Joachim II. von Brandenburg (1505–1571) dazu zu bewegen, eine neuerliche Niederlassung der Juden in der Mark Brandenburg zu gestatten.

Auch die Gegenreformation erwies sich keineswegs frei von Antisemitismus. Im Jahr 1555 verkündete Papst Paul IV. die Bulle *Cum nimis absurdum*, welche die Errichtung des römischen Ghettos vorsah. Ihr eigenes Vergehen habe die Juden zu ewiger Knechtschaft verdammt, so heißt es zu Beginn der Bulle, deren Verkündung einer Vertreibung der Juden aus dem Kirchenstaat gleichkam.

Viele Juden flohen, um den Maßnahmen des segregationistischen Rassismus zu entgehen. Für den Antisemitismus der Gegenreformation symptomatisch war ebenso die Vertreibung der Juden aus Wien im Jahr 1670. Ein jüdisches Ghetto existierte seit 1624 außerhalb der Stadtmauern in der Leopoldstadt. Auslöser der Vertreibung war auch in Wien eine Ritualmordbeschuldigung, die 1668 dazu führte, dass es Juden verboten war, das Ghetto zu verlassen. Zwei Jahre darauf verfügte Kaiser Leopold I. die Vertreibung der Juden aus der Leopoldstadt. Die Gemeinde Wien ließ daraufhin die erst 1650 errichtete Neue Synagoge abreißen und an ihrer Stelle die Pfarrkirche St. Leopold bauen. Besichtigt man heutzutage die Leopoldskirche, so fällt eine Inschrift über dem Kirchenportal auf, welche mit dem Text »synagoga perversa (…) in ecclesiam conversa (…)« die „Umwandlung" bzw. Entweihung bekannt gibt. Ebenso ausgewiesen wurden die Landjuden in Niederösterreich. Die Vertreibung der Wiener Juden 1670 wird auch als zweite Wiener Geserah bezeichnet.

3.5 Die „Ghettoisierung" der Juden

Die „Ghettoisierung" war eine Methode räumlicher Separierung, welche Juden dazu nötigte, in Stadtvierteln zu leben, die ihnen vorbehalten blieben, und die ein Wohnen außerhalb des zugewiesenen Gebiets untersagte. Das „Ghetto" stellte somit eine Form unmittelbaren Zwangs dar und ist zu unterscheiden vom Sachverhalt, dass Juden seit der Antike in europäischen Ländern häufig in Gegenden zusammenlebten, um eine jüdische Infrastruktur wie spezielle Versorgung sicherzustellen. Während in solchen „jüdischen Quartieren" („Judengasse", „Judenviertel") auch Christen wohnten, stellte das Ghetto ein rein jüdisches Stadtviertel dar. In der Frühphase zeichnete sich das „Ghetto" noch durch eine gewisse Ambivalenz zwischen Schutz und Zwang aus, im Spätmittelalter und der frühen Neuzeit überwog hingegen der Zwangscharakter. Die erste urkundlich erwähnte Errichtung eines Ghettos, das von einer Mauer umgeben war, ist für das Jahr 1084 in Speyer belegt und intendierte den Zuzug von Juden aus wirtschaftlichen Gründen. Die anzuwerbenden Juden sollten durch ein eigenes Stadtviertel vor Übergriffen des städtischen Pöbels geschützt werden. Die jüdische Gemeinde der Bischofsstadt konnte sich im

Mittelalter und in der frühen Neuzeit auf diese Weise zu einer der ansehnlichsten jüdischen Gemeinden des Heiligen Römischen Reiches entwickeln. Die erste jüdische Niederlassung ist auf das Wirken des Bischofs Rüdiger Huzman zurückzuführen. Kaiser Heinrich IV. (1050–1106) billigte die Ansiedlung und ließ im Jahr 1090 eine Privilegsurkunde ausstellen.

Das Römische Ghetto, das Ghetto in Venedig sowie die Frankfurter Judengasse stellen in der frühen Neuzeit die bekanntesten Beispiele einer Ghettoisierung („Ghettozwang") dar. Das Römische Ghetto wurde im Jahr 1555 errichtet und befand sich am linken Tiberufer gegenüber der Tiberinsel. Der Historiker und Schriftsteller Ferdinand Gregorovius (1821–1891) beschrieb es in seinem 1864 erschienen Werk *Wanderjahre in Italien* mit den Worten:

> »Zusammengedrängt in einem dumpfen und traurigen Winkel Roms, welchen der Tiberfluss von Trastevere scheidet, wohnt hier seit alten Zeiten, gleichsam, von der Menschheit ausgestoßen, das römische Judenvolk.« (Gregorovius 1864: 55)

Das Römische Ghetto war von hohen Mauern umgeben, deren Tore nachts verschlossen blieben. Im Unterschied zur Sichtweise des Speyerer Bischofs Huzman sollten die Mauern indes nicht die Juden behüten, sondern dienten als Schutzmaßnahme der römischen Christen vor den Juden. Die dergestalt als Gefahr konstruierte jüdische Gemeinde musste gleichwohl für ihre Errichtung bezahlen. Auch Bischof Huzman ließ sich für seine Mauer von den Juden in Silber „entschädigen". Zahlen mussten die vielfach zur Kasse gebetenen Juden allemal. Wie bei anderen europäischen Ghettos, so erwies sich auch das Areal am linken Ufer des Tibers, das jüdische Flüchtlinge aus Neapel aufnahm, die man im Jahr 1541 vertrieb, sowie sephardische Juden, die aus Portugal flohen, als viel zu klein.

Die Errichtung des Römischen Ghettos im Jahr 1555 geschah im Kontext der päpstlichen Bulle *Cum nimis absurdum*, die sich dem Status und den Rechten der Juden im Kirchenstaat widmete. Obwohl die Bulle sich der Stereotype der mittelalterlich-christlichen Judenfeindschaft bediente, stellte sie bereits ein Dokument des frühneuzeitlichen Antisemitismus dar. Ihre Beweggründe waren keineswegs religiös-motivierter Natur, sondern gründeten vielmehr in der Sicherung und Festigung sozialer Privilegien, des sozialen Status sowie der Vorteilsaneignung seitens der Christen, die sich durch jüdische Konkurrenten bedroht sahen. So störte sich die Bulle daran, dass Juden in »direkter Nachbarschaft mit Christen« wohnten, Juden »Häuser in vornehmen Wohngebieten mieteten« oder Juden »Eigentum erwürben und besäßen« sowie »Ammen und Mägde und andere Christen als Diener« einstellten. Die Juden seien, so heißt es, so unverschämt geworden, dass sie Herrschaft über Christen ausübten, statt sich in untergeordneter Stellung zu fügen. Die Juden hätten sich gar »unter den Christen vermischt« und lebten »ohne einen trennenden Unterschied in der Kleidung«. Die Bulle *Cum nimis absurdum* ordnete das Folgende an:

- Innerhalb des Kirchenstaats dürfen Juden nur in von Christen getrennten Wohngebieten siedeln, welche durch Mauern zu umgeben sind.
- Die zugewiesenen Wohngebiete dürfen nur über jeweils eine Synagoge verfügen. Der Neubau von Synagogen ist strikt untersagt. Bestehende Synagogen außerhalb der festgelegten Stadtviertel müssen abgerissen werden.
- Juden haben sich als solche durch ihre Kleidung kenntlich zu machen. Männer haben einen Hut in blau-grüner Farbe zu tragen, Frauen ein markierendes Kleidungsstück derselben Farbe.
- Juden dürfen keine christlichen Diener, Krankenpfleger oder Ammen beschäftigen.
- Juden dürfen weder am Sonntag noch an christlichen Feiertagen arbeiten.
- Juden dürfen mit Christen nicht zusammen spielen, essen oder Freundschaften pflegen.
- Jüdische Händler dürfen weder Getreide noch notwendige Waren liefern.
- Jüdische Ärzte dürfen keine Christen behandeln.

Die Anordnungen markieren eine deutliche historische Zäsur, insofern die päpstliche Bulle eine rassistische Separierung reguliert, deren primäre Motivgrundlage nicht mehr in der Unterbindung vermeintlicher „Proselytenmacherei", glaubensmäßiger Beeinflussung bzw. der Gefahr der Häresie bestand, sondern in der sozialen Positionierung der Christen, in der systematischen Ausschaltung der Juden als Konkurrenten. Während jüdische Ärzte nur noch jüdische Patienten behandeln durften, wurden jüdische Kaufleute nahezu ausschließlich auf den Lumpenhandel verwiesen. Insofern zu erwartende Glaubensübertritte ihrer Zahl nach nur gering waren, stellte die Motivation des Konversionszwangs als traditionell-christliches Motiv keinen nennenswerten Beweggrund dar. Die Bulle *Cum nimis absurdum* entrechtete die Juden in einem Maß, sodass etliche fluchtartig den Kirchenstaat verließen. Im Jahr 1566 wurde die Farbe markierender Kleidungsstücke schließlich auf gelb festgelegt, während im Jahr 1569 die Bulle *Hebraerum gens* alle Juden aus dem Kirchenstaat mit Ausnahme des Ghettos von Ancona sowie des Römischen Ghettos vertrieb. Die Begründung der Vertreibung bediente sich der Kriminalisierung. Die Juden wurden als sozial nutzlos und verbrecherisch konstruiert und der Hehlerei wie Wucherei bezichtigt.

Das Ghetto in Venedig ist untrennbar mit der Geschichte der Pestepidemie von 1348/49 verbunden. Im Unterschied zu Zentraleuropa gab Italien den Juden nicht die Schuld an der Seuche, was zu einem Einwanderungsschub führte. Mitte des 14. Jh.s besaß der Große Rat von Venedig ein Eigeninteresse an der Migration von Juden, insofern er sich wegen existenter Geldknappheit durch jüdische Geld- wie Pfandleiher wirtschaftliche Vorteile versprach. Auch in Venedig waren die Juden indes vielfältigen Diskriminierungen ausgesetzt, so durften sie nur auf dem Festland nicht aber in der Stadt wohnen. Im Jahr 1397 wurden die venezianischen Juden gezwungen, ein gelbes Zeichen auf der Kleidung zu tragen, hundert Jahre später einen schwarzen „Judenhut". Im März 1516 wurde ihnen das Areal des „Gheto novo" im Stadtteil Cannaregio als abgeschlossenes Wohngebiet zugewiesen, das bis zum Ende der Republik im Jahr 1797 existierte. Zwar stellte auch das „Gheto novo" eine Form rassistischer Segregation dar, insofern die Juden auch hier abgeschieden von der christl. Bevölkerung unter äußerst beengten Verhältnissen leben mussten, indes stellte es auch eine deutliche Verbesserung ihrer sozialen Lage dar, da sie nunmehr nicht mehr zwischen dem Festland und der Lagunenstadt hin- und herpendeln mussten; darüber hinaus bot Venedig ihnen Schutz vor der Inquisition. Im Jahr 1541 wurde das „Gheto novo" durch ein benachbartes Gelände („Ghetto veccio") erweitert, als die Fluchtbewegung der Juden aus Spanien und Portugal die jüdische Bevölkerung deutlich ansteigen ließ.

Wie das Römische Ghetto, so basierte auch die Frankfurter Judengasse, die von 1462 bis 1769 existierte, auf einem Ghettozwang bzw. auf Zwangsumsiedelung in ein Areal außerhalb der alten

Frankfurter Stadtmauer sowie des Stadtgrabens. Die Frankfurter Judengasse zeichnete sich durch äußerste Beengtheit aus, da den Juden seitens des Frankfurter Magistrats eine Erweiterung des Gebiets nach Bebauung eines Teils des Stadtgrabens verwehrt blieb. Im Jahr 1711 vernichtete ein Großfeuer („Großer Judenbrand") die Judengasse, deren Wiederaufbau noch im gleichen Jahr begann. Bereits im Jahr 1721 kam es indes zu einem weiteren verheerenden Brand. Obwohl vom Häuserbrand betroffene Juden Quartier bei christlichen Vermietern gefunden hatten, zwang man diese im Jahr 1729 erneut zur Rückkehr ins Ghetto. Das Frankfurter Ghetto, welches erst im Kontext der Französischen Revolution weitgehend aufgelöst wurde, bildete in der frühen Neuzeit die größte jüdische Gemeinde Deutschlands.

3.6 Ahasverus: „Der ewige Jude"

Der Maler Gustave Doré (1832–1883) hat das Motiv des „ewigen Juden" auf einem farbigen Holzschnitt im Jahr 1852 gestaltet. Zu sehen ist ein behaarter, hagerer Mann mit langem Wanderstab, der barfuß energisch voranschreitet, so als habe er es äußerst eilig, wodurch sein langer Bart sowie sein rötlich-braunes Haar im Wind zu flattern scheinen. Im Jahr 1856 trägt der Wanderer bei Doré auf einem Holzstich einen langen weißen Bart, ist mit einem schwarzen Umhang sowie Stiefeln bekleidet, hält in seiner linken Hand einen Wanderstab sowie in seiner rechten ein (Geld-)Säckchen fest umklammert, wobei er in einer von Düsterheit geprägten Atmosphäre grimmig ein lebensgroßes Christuskreuz passiert. Das Motiv des „ewigen Juden" ist ein epochenübergreifendes antisemitisches Narrativ, dessen Ursprung in Volkssagen des 13. Jh.s zu verorten ist. Während in den frühen Varianten der Legende die Herkunft der Person, die Christus auf seinem Weg nach Golgatha verspottet haben soll, nicht explizit erwähnt wird, ist die literarische Figur in der im Jahr 1602 erschienenen Erzählung eines deutschsprachigen Volksbuchs erstmals ausdrücklich ein Jude namens Ahasveros. Hierbei handelt es sich um einen persischen Namen, der in der hebräischen Bibel im Buch Esther als Bezeichnung für den persischen König dient. Es ist davon auszugehen, dass der Verfasser der Legende über keine Kenntnisse des Judentums verfügte, er den Namen im Kontext des jüdischen Purim-Festes aufschnappte und fälschlicherweise für einen hebräischen Eigennamen hielt. Ein Original des Volksbuchs vom „Ewigen Juden" befindet sich in der Stuttgarter Landesbibliothek und besteht aus ein paar gehefteten Blättern, wobei als Erscheinungsort Bautzen angegeben ist. Zeitgleich wurde der fiktive Bericht des anonymen Verfassers auch in Leyden gedruckt. Das durch die explizite Markierung des Verfluchten als Jude antisemitisch konnotierte Motiv des „ewigen Wanderers" erlebte seitdem einen wahren Siegeslauf. In kürzester Zeit erschienen mehrere Auflagen sowie zahlreiche Übersetzungen, sodass sich die Legende in etlichen europäischen Ländern verbreitete. In den darauffolgenden Jahrhunderten wurde das Motiv vielfach adaptiert und von diversen Genres wie der Malerei, der Musik sowie in Märchen und Volksbüchern in antisemitischer wie nicht-antisemitischer Konnotation aufgegriffen.

In der Legende von 1602 ist Ahasver ein jüdischer Schuhmacher aus Jerusalem, der dem kreuztragenden Christus eine Rast vor seiner Haustür verweigert. Jesus verflucht ihn daraufhin mit den Worten:»Ich will stehen und ruhen, du aber sollst gehen« zur ewigen Wanderschaft. Ahasver wird so zu einem Wiederkehrer, einem „Untoten", der durch die Zeiten wandernd die Passion Christi bezeugen soll. Im Jahr 1634 wird die Legende von einer Person publiziert, die sich des Pseudonyms Chrysostomus Dudulaeus Westphalus bediente und die den antisemitischen Ton der Broschüre deutlich verschärfte. Der Text bedient sich der Generalisierung, insofern Ahasveros seine Schuld mit „den Jüden" teilt und von Gott auserwählt wurde, um „wieder die Jüden einen lebendigen Zeugen" abzugeben. Die Verschärfung resultiert aus dem Tatbestand, dass die Ausgabe mit einem Kommentar versehen wurde, der den Titel trägt *Erinnerung an den Christlichen Leser von diesem Juden*. Der Kommentar bezweckt die Vorgabe der Interpretationsrichtung im Geiste christlicher Judenmission, so heißt es:

>»Folgends so giebt uns nun diese Relation, wenn sie dermassen betrachtet wird, Lehre und nütze Vermahnung. Die Juden haben allhie ein Spectacul, indem diese Sachen mögen eine Erinnerung und Warnung geben in ihrer grossen Blindheit und Unbußfertigkeit und Verstockung, ob sie vielleicht hierdurch sich noch möchten zurecht bringen lassen. Christen und Juden zugleich wird ein Exempel an Ahasvero vorgestellet, ihm nachfolgen, und dem Herrn Christo solche Bekänntniß zu thun.« (Westphalus 1634: 38)

Zwar hat Westphalus im Unterschied zum späteren Luther die
Hoffnung auf eine erfolgreiche Judenmission noch nicht aufgegeben, gleichwohl hält ihn dies nicht davon ab, die Juden auf übels-
te Art und Weise zu schmähen:

> »Sie sind alle abgewichen, und allesamt untüchtig worden, da ist nicht
> einer der Gutes thue, auch nicht einer. Ihr Schlund ist ein offen Grab,
> mit ihren Zungen heucheln sie. Ottergift ist unter ihren Lippen. Ihr
> Mund ist voll Fluchens und Bitterkeit. [...] Daher sie dann den Weg des
> Unfriedens zur ewigen Verdammniß wandern.« (Westphalus 1634: 25)

Den Übergang zum antisemitischen Pamphlet verdeutlicht der
Tatbestand, dass Westphalus zusätzlich einen *Bericht von den zwölf
Jüdischen Stämmen, was ein jeder Stamm den Herrn Christo zur
Schmach gethan haben soll, und was sie bis den heutigen Tag dafür leiden müssen* anhängte, sodass aus dem verwünschten Ahasveros
in kollektivierender Weise die von Gott verworfenen und verfluchten Juden werden.

Die Popularität derartiger Schriften wie des Motivs generell hat
mit dazu beigetragen, dass es die Jahrhunderte überdauerte und
in säkularisierter Gestalt zu einem Stereotyp für die „Rast- und
Heimatlosigkeit" als naturalisiertes Charakteristikum „des Juden" wurde. Die säkularisierte Variante des Ideologems illustriert
der nationalsozialistische Spielfilm *Jud Süß*, wenn es in einem Dialog zwischen der Tochter des Landschaftskonsulenten Sturm
und Joseph Süß Oppenheimer heißt:

> *Dorothea Sturm*: »Aber ich tu so gern reisen. Am liebsten durch die
> ganze Welt. War er schon einmal in Paris?«
> *Joseph Süß Oppenheimer*: »Ja.«
> *Dorothea Sturm*: »In Versailles?«
> *Joseph Süß Oppenheimer*: »Ja.«
> *Dorothea Sturm*: »Och, da beneid' ich ihn. Wo war er denn sonst überall?«
> *Joseph Süß Oppenheimer*: »Och, London, Wien, Rom, Madrid, Lissabon.«
> *Dorothea Sturm*: »Ach, du lieber Gott! Das ist ja beinahe die ganze Welt.
> Wo war's denn am schönsten? Ich meine, wo hat er sich am meisten
> zu Hause gefühlt?«
> *Joseph Süß Oppenheimer*: »Zu Hause? Überall.«
> *Dorothea Sturm*: »Überall? Hat er denn keine Heimat?«
> *Joseph Süß Oppenheimer*: »Doch, die Welt!«
> *Dorothea Sturm*: »Ach, Unsinn! Irgendwo muss er sich doch am glück-
> lichsten gefühlt haben!«
> (*Jud Süß*, Deutschland 1940, Regie: Veit Harlan)

Die Szene verdeutlicht, dass der nationalsozialistische Propagandafilm das seit dem Mittelalter überlieferte Motiv des „Ewigen Juden" aufgriff, es jedoch seiner religiösen Elemente entkleidete. Oppenheimer gerinnt so zum Prototyp des jüdischen Kosmopoliten, zum Vertreter einer „Rasse", die laut Propaganda des dt. Nationalsozialismus eine Nationen zersetzende Wirkung besitzt. Die den Kreuzestod Christi über die Zeiten hinweg bezeugende Gestalt wird so zum heimatlosen, nicht sesshaften Juden transformiert, der ohne Nationalgefühl ruhelos umherirrt. In seiner konstruierten „Andersartigkeit" wird „der Jude" im Nazifilm *Jud Süß* zum Zerstörer der nationalen Identität seines jeweiligen „Wirtsvolks", das er bis aufs Blut aussaugt. „Der ewige Jude" stellt ein bis auf die heutigen Tage wirkendes Narrativ dar, das zwar vielfältigen Wandlungen unterworfen war, doch gleichwohl seine multiplen Stereotype nachhaltig in den antisemitischen Diskurs einbrachte.

3.7 Die Rolle der Hofjuden an den Zentren der Herrschaft

Die Geschichte der Hoffaktoren ist eng mit der Herausbildung absolutistischer Monarchien und Fürstentümer im 16. und 17. Jh. verbunden. Die Hoffaktoren waren am herrschaftlichen Hof beschäftigte Kaufleute, deren Aufgabe in der Beschaffung von Kapital, Heeresgut sowie Luxuswaren bestand. Keineswegs waren alle Hoffaktoren Juden, doch der jüdische Anteil war vergleichsweise hoch, da die meisten Juden nach den Vertreibungen in ländlichen oder kleinstädtischen Räumen lebten und die Position des Hofjuden eine reale Chance des sozialen Aufstiegs bot. Jüdische Hoffaktoren konnten nicht nur dem Provinziellen entfliehen, sondern ebenso ihren Glaubensgenossen Spielräume eröffnen für eine neuerliche Niederlassung in Gebieten, aus denen man sie vertrieben hatte. Ein solcher Hofjude war Lippold ben Chluchim (1530–1573), auch Münzmeister Lippold genannt, da er unter dem Kurfürsten Joachim II. von Brandenburg (1505–1571) nicht nur die Funktion des höfischen Kaufmanns bekleidete, sondern ebenso für die Prägung der kurfürstlichen Münzen zuständig war. Nachdem im Jahr 1539 Kurfürst Joachim II. die neuerliche Niederlassung von Juden in Brandenburg gestattete, siedelte sich Lippold im Jahr 1542 in Berlin an und wurde im Jahr 1556 zum Hoffaktor ernannt. Um seine aufwendige Hofhaltung sowie seine politischen Ambitionen zu finanzieren, bediente sich der brandenburgische Kurfürst nicht nur der Steuererhöhung, Enteignung und Beschlagnahmung, sondern ließ ebenso den Edelmetallgehalt seiner Münzen verringern. Für die Edelmetallpolitik und Münzverschlechterung trug allein der Kurfürst die politische Verantwortung, der bei seinem Tode im Jahr 1571 dessen ungeachtet immense Schulden hinterließ. Unter Kurfürst Johann Georg von Brandenburg (1525–1598) führte die katastrophale wirtschaftliche Lage zu einem Pogrom gegen die Juden, die den Sündenbock für die höfische Fiskalpolitik spielen mussten. Der wütende Mob plünderte jüdische Häuser, verwüstete die jüdische Synagoge und verbrannte die Schuldscheine. Der Kurfürst duldete die Ausschreitungen mit dem Ziel, die Volksmassen zu beruhigen und die Juden als die vermeintlich Verantwortlichen der Misere zu präsentieren. Der Kurfürst blieb bei dieser Linie und machte Lippold öffentlich für die hohen Zinsen verantwortlich und bezichtigte ihn der Unterschlagung. Der Prozess gegen Lippold erwies sich indes als ein Desaster für den Kurfürsten, da das Gericht Lippold nicht nur von den gegen ihn erhobenen Vorwürfen freisprach, sondern gar feststellte, der brandenburgische Hof schulde seinem Hoffaktor noch Geld. Lippold wurde daraufhin des Giftmordes an Joachim II. beschuldigt sowie der Zauberei. Als Indiz wurde der Sachverhalt bemüht, dass Joachim II. im Köpenicker Schloss urplötzlich verstarb. Unter der Folter gestand Lippold all das, was man ihm diktierte und wurde im Januar 1573 auf dem Neuen Markt des Marienviertels in der Nähe der heutigen Marienkirche in Berlin-Mitte durch Rädern und Vierteilen ermordet. Lippold widerrief unmittelbar zuvor sein Geständnis, doch sein Widerstand wurde durch neuerliche Folterprozeduren der schlimmsten Art gebrochen. Nach der Ermordung Lippolds verfügte der Kurfürst die Vertreibung der Juden. Wie das Lippold'sche Vermögen, so wurde auch der Besitz der im Februar 1573 vertriebenen Juden von der Staatskasse eingezogen.

Wie der Fall Lippold, so ist auch die Biografie des Joseph Ben Issachar Süßkind Oppenheimer (1698–1738) paradigmatisch für die unsichere Position der Hofjuden, die zwar einerseits am Reichtum ihrer Auftraggeber partizipierten, andererseits jedoch als Kammerknechte jederzeit die Gunst absolutistischer Herrscher verlieren konnten oder nach deren Tod für deren Vergehen zur Rechenschaft gezogen wurden. Wie Lippold so wurde auch Joseph Süß Oppenheimer Opfer eines offenkundigen Justizmordes. Im Jahr 1736 ernannte Karl Alexander Herzog von Württemberg (1684–1737) den in einer jüdischen Kaufmannsfamilie in Heidelberg aufgewachsenen Oppenheimer zum Geheimen Finanzrat. Die Ausgaben der Hofhaltung überstiegen in Württemberg angesichts knapper Kassen bei Weitem die Einnahmen, sodass Karl Alexander seinen politischen Ratgeber damit beauftragte, im Sinne einer merkantilistischen Wirtschaftspolitik neue Einnahmequellen zu erschließen. Oppenheimer bemühte hierfür die Geld- und Steuerpolitik, verkaufte diverse Handelsrechte wie das Salz- und Weinmonopol gegen Gebühren und verpachtete die staatliche Münze. Nach dem plötzlichen Tod Karl Alexanders wurde Oppenheimer unverzüglich festgenommen. Neben Hochverrat wurden Oppenheimer Bestechlichkeit, persönliche Bereicherung, Amtshandel sowie Sexualverkehr mit Christinnen vorgeworfen. Das Todesurteil für Oppenheimer war bereits vor Prozessende beschlossene Sache, was u. a. daran ersichtlich ist, dass das Gericht sich keine Mühe machte, die Verteidigungsschrift auch nur zur Kenntnis zu nehmen. Da sich im Laufe des Prozesses die Anklagepunkte als nicht haltbar erwiesen, verzichtete die Urteilsbegründung gar auf die Nennung von Straftaten. Im Januar 1738 wurde Oppenheimer in Stuttgart gehängt. Die Biografie Oppenheimers wurde auf vielfältige Weise sowohl literarisch wie filmisch bearbeitet.

3.8 Der Kosakenaufstand in Polen

Der in Polen geborene polnisch-US-amerikanische Schriftsteller Isaac Bashevis Singer (1902–1991) erhielt im Jahr 1978 den Nobelpreis für Literatur. Zu einem seiner bedeutenden Werke gehört der Roman *Satan in Goraj*, den er im Jahr 1933 zwei Jahre vor seiner Übersiedelung in die USA publizierte. Der Roman spielt in der Mitte des 17. Jh.s und schildert die Pogrome, die in den Jahren 1648 bis 1657 gegen Juden verübt wurden, als sich die Saporoger Kosaken unter dem Kosakenhetman Chmelnyzkyj (1595–1657) sowie die russisch-orthodoxe Bevölkerung gegen die polnisch-litauische Herrschaft erhoben. Die Kosaken sowie die aufständischen Bauern, die Haidamaken, so heißt es in *Satan in Goraj* verwüsteten zahllose Ortschaften und zogen plündernd, mordend und vergewaltigend umher. »Viele Menschen flohen nach Lublin, viele wurden zwangsweise getauft oder als Sklaven verschleppt.«

Ausgangspunkt des Konflikts bildete die Einschränkung der Privilegien der Kosaken seitens der polnischen Regierung, worunter traditionell die Steuerfreiheit sowie das Recht, Kampfverbände zu bilden zählten. Der ukrainische Kosakenhetman besiegte mehrmals das Heer der polnischen Krone und plante auf der Suche nach einem Bündnispartner den Anschluss des von ihm gegründeten Kosakenstaates an das zaristische Russland. Im Jahr 1654 entsprach die russische Ständeversammlung dem Wunsch des Kosakenhetmans. Die jüdischen Opferzahlen lassen sich nur schwer ermitteln, indes ist davon auszugehen, dass die blutigen Ausschreitungen im Kontext des Feldzugs der Kosakenarmee der Hälfte der jüdischen Bevölkerung der Ukraine das Leben kostete. Auf ihren Feldzügen mordeten die Kosaken ebenso Jesuiten, polnisch-katholische Geistliche, Adelige und Bauern. Insofern etliche Juden für die polnischen Magnaten als Gutsverwalter tätig waren, traf sie der Hass Chmelnyzkyjs, der vom christlich-geprägten Antisemitismus tief durchdrungen war, als Stellvertreter ihrer Herren. Die außerordentliche Gewalttätigkeit der Pogrome wird daran ersichtlich, dass diese im kollektiven Bewusstsein der jüdischen Bevölkerung tiefe Spuren hinterließen, so wird in etlichen Synagogen in der Ukraine heute noch gebetet, die Zeiten des Hetmanns Chmelnyzkyj mögen sich nicht wiederholen. Die Relevanz der Pogrome verdeutlicht auch Singers Roman, dessen Handlung nach den Ereignissen einsetzt und eine tief traumatisierte Bevölkerung schildert. Im Kontext der lethargischen, desorientierten Stimmung nach den Pogromen breiteten sich mystische Strömungen aus, sodass der selbsterklärte, falsche Messias Schabbtai Zvi (1626–1676) leichtes Spiel hatte, um Anhänger für sich und seine Bewegung des Sabbatianismus zu gewinnen.

3.9 Shakespeares messerwetzender Shylock

Im Jahr 1290 verfügte ein Ausweisungsedikt die Vertreibung der Juden aus England, die sich erst in der Mitte des 17. Jh.s erneut ansiedeln durften. Die engl. Juden waren direkt dem König unterstellt, sodass Einstellung wie Interessenlage des jeweiligen Herrschers für die jüdische Existenz von elementarer Bedeutung waren. Die religiös aufgeheizte Stimmung der Kreuzzüge verstärkte den Judenhass der engl. Volksmassen, sodass es im Kontext der Vorbereitung des dritten Kreuzzugs im Jahr 1189 in London sowie 1190 in York zu Massakern kam. Mitte des 12. Jh.s nahm die mittelalterliche Ritualmordlegende mit der Erzählung über William von Norwich in England ihren Anfang. Die Juden galten relevanten Teilen der engl. Bevölkerung als „Gottesleugner", die alles nur Erdenkliche täten, um Christen durch Wucher, Kinderdiebstahl und Magie zu schaden. Im Jahr 1218 verpflichtete die Obrigkeit die Juden dazu, ihre Zugehörigkeit zur mosaischen Religion durch Abzeichen an der Kleidung sichtbar zu machen. Im Jahr 1287 ordnete der engl. König Edward I. bereits die Vertreibung der Juden aus der Gascogne an. Das „Vorspiel" der eigentlichen Verbannung verdeutlicht, dass es der Krone darum ging, mittels der Konfiszierung des Besitzes die Staatskasse aufzufüllen. Die fiskalpolitischen Motive der Vertreibung illustriert der Sachverhalt, dass Edward I. den Schuldnern der 1290 vertriebenen Juden zwar die Zinsen erließ, indes eine ratenweise Rückzahlung der geliehenen Beträge an den Schatzmeister des Königs verlangte. Während die offizielle Begründung der Verbannung im Jahr 1290 klassische Narrative wie „Wuchererpressung", „Ehre des Gekreuzigten" und „gotteslästerliche Verbrechen" bemühte, war das eigentliche Motiv die Aneignung eines immensen Betrags durch den Verkauf jüdischer Güter, die Übernahme unmittelbarer Barmittel sowie überschriebener Darlehen seitens der Krone. Die Ursache der kurzfristig angeordneten Vertreibung lag in der akuten Geldnot des Königshauses, welche durch hohe Kreditaufnahmen bei einem italienischen Bankhaus sowie durch das zu finanzierende Kreuzzugsvorhaben bedingt war, zu dem sich Edward I. verpflichtet hatte. Auszuschließen ist ebenso nicht, dass der König von der Ritualmordhysterie seiner Zeit beeinflusst war und den zahlreichen Verleumdungen, die in der zweiten Hälfte des 13. Jh.s kursierten, Glauben schenkte. Bekannt ist die Verehrung Edward I. für den zum Märtyrer ernannten Jüngling Hugh von Lincoln, dessen legendenumwobener Tod im Jahr 1255 neunzehn Juden das Leben kostete, die Edwards Vater hinrichten ließ. All dies mögen Motive gewesen sein, die bereits gut 200 Jahre vor dem Exodus der Juden aus Spanien zur Vertreibung der Juden aus England führten. Auf den britischen Inseln öffnete erst im Jahr 1657 wieder eine Synagoge ihre Pforten.

Der Dramatiker William Shakespeare (ca. 1564–1616), der das Werk *The Merchant of Venice* in den Jahren 1596 bis 1598 schrieb, verfasste es folglich in einer Zeit, als es bereits seit über 300 Jahren in England keine Juden mehr gab. Einen leibhaften Juden hat Shakespeare zu seinen Lebzeiten nie zu Gesicht bekommen. Dieser Sachverhalt darf nicht darüber hinwegtäuschen, dass die Judenfeindschaft als eine Art „Antisemitismus ohne Juden" auch im elisabethanischen England stark ausgeprägt war. Shakespeare benutzte als Handlungsvorlage für den *Kaufmann von Venedig* die um 1378 entstandene Renaissance-Novelle *Il Pecorone* von Giovanni Fiorentino, deren Erstdruck im Jahr 1558 erschien. In der italienischen Novelle verfügt „der jüdische Kaufmann" über keinen Namen, sondern wird stattdessen nur als „der Jude" bezeichnet. Die Markierung stellt bei Fiorentino eine Pars-pro-Toto-Strategie dar, die dem Leser verdeutlichen soll, dass alle Juden so sind wie „der Jude" der Novelle, der im Handlungsverlauf darauf beharrt, dass er das vertraglich zugesicherte Recht besitzt, ein Pfund Fleisch vom Leibe des christlichen Schuldners zu schneiden, da dieser die Frist der Rückzahlung des gewährten Kredites verstreichen ließ. In antagonistischer Weise stellt Fiorentino „die christlichen Kaufleute" und „den jüdischen Geldverleiher" gegenüber. Während Erstere sich durch christliche Nächstenliebe auszeichnen, wird jener als arglistig, rachsüchtig, boshaft, mitleidlos wie unerbittlich konstruiert, so heißt es:

»Da sprach ganz Venedig von dem Falle; aber ein jeder hatte Mitleid, und viele Kaufleute vereinigten sich, um die Schuld zu bezahlen; aber der Jude wollte davon nichts wissen, sondern wollte den Mord begehen, um sagen zu können, dass er den größten Kaufmann der Christenheit ums Leben gebracht habe.« (Fiorentino 1985: 36/37)

In *Il Pecorone* besteht das ganze Trachten des Juden darin, der Christenheit zu schaden. „Der Jude" ist diejenige Person, die Mordabsichten hegt, dem Christen nach Leib und Leben trachtet und selbst dann nicht von ihren Tötungsgelüsten ablässt, als besorgte christliche Kaufleute flehentlich für die geliehenen 10.000 nunmehr gar 100.000 Dukaten anbieten. „Der Jude" ist im „Blutrausch" und hat bereits sein Messer gezückt, um den Christen zu morden. Die italienische Renaissance-Novelle endet mit der auch bei Shakespeare vorkommenden Gerichtsszene mit einem „falschen Richter", in der am Ende alle den Juden mit dem Satz »Wer andern eine Grube gräbt, fällt selbst hinein« verspotten. *Il Pecorone* folgt dem klassischen mittelalterlichen Konstrukt vom Christentum als Religion der Liebe sowie dem Judentum als Religion des Buchstabens und der Vergeltung. Es ist die Geschichte vom bösartigen, intriganten Juden, der zu guter Letzt zum Gespött der Christen wird.

Nur zwei Jahre bevor Shakespeare mit seiner Arbeit am Stück begann, zeigte sich der Antisemitismus zu seiner Zeit an der Hofintrige gegen den portugiesischen Leibarzt der Königin, Roderigo Lopez (1525–1594), der im Jahr 1594 bezichtigt wurde, die englische Königin Elisabeth I. vergiften zu wollen. Der Fall sorgte für großes Aufsehen und empörte die Gemüter, zumal es sich um einen von „fremden Mächten" initiierten Komplott handeln sollte. Obwohl die Königin selbst von der Schuld ihres Arztes keineswegs überzeugt war, wurde Lopez, der im Jahr 1559 nach England gekommen war, noch im gleichen Jahr in London gehängt. Wie beim Fall des frz. Artillerieoffiziers Dreyfus spielte die jüdische Herkunft eine maßgebliche Rolle bei der Bezichtigung von Lopez. In einem Land, wo es keine Juden mehr gab, musste man diese erfinden, damit der Antisemitismus weiterhin seine Opfer fand und ein assimilierter Konvertit, bei dem es sich noch dazu um einen befähigten Arzt handelte, kam für eine Hofintrige gerade recht. Das auch von Luther reproduzierte Stereotyp vom jüdischen Arzt, der sein ganzes Wissen einsetzt, um mittels Giftmischerei Christen zu morden, musste erst gar nicht erfunden, sondern im Kontext der englisch-spanischen Spannungen lediglich auf Lopez übertragen werden.

Im Zentrum von Shakespeares Drama *Der Kaufmann von Venedig* steht der konstruierte Gegensatz zwischen dem unterlegenen Judentum als einer vermeintlichen Gesetzesreligion, die sklavisch die wortwörtliche Einhaltung offenbarter Gesetze und Pflichten fordert, sowie einem überlegenen Christentum, das den Geist der Botschaft erfasst und der Gnade des Erlösers teilhaftig ist. Shakespeare reproduziert in seinem Theaterstück die christliche Legende von einem Judentum, das in Gestalt des jüdischen Kaufmanns Shylock von Gerechtigkeit sowie von einem notariell beglaubigten Vertrag spricht, aber im Geiste des „Auge um Auge, Zahn um Zahn" handelt, sowie von einem „falschen Richter", der weil er Christ ist, menschlich zu handeln vermag und wahre Rechtlichkeit walten lässt. Der Antisemitismus besteht in der noch mittel-

alterlich geprägten Gegenüberstellung von „Synagoge" und „Ecclesia", von einem „Alten Testament", das sich am Gesetz und am
Wort buchstabengetreu klammert, sowie einem „Neuen Testament", das an die Stelle des Einhaltens von Geboten sowie der
Werkgerechtigkeit den Akt christlicher Gnade stellt. Das Antisemitische des Stücks besteht im Mokieren, im lächerlich Machen
einer Religion, die vor dem eigentlichen, dem messianischen
Richter versagt. Am Ende des Dramas steht Shylock als gebroche-
ner Mann da, weil aus der Sicht des antisemitischen Konstrukts
das Judentum überholt ist und der im Stück replizierte Kampf
zwischen den beiden Religionen längst zugunsten des Christentums entschieden ist. Im Sinne des christlichen Missionsgedankens schließt der Sieg der „christlichen Gnade" über „das jüdische Gesetz" die Abwendung der Nachfolgegeneration von ihren
Vätern ein, sodass Shylock von Jessica verlassen und von allen
verspottet einsam und allein zurückbleibt.

Neben der zentralen Botschaft des Stücks gründet der Antisemitismus ebenso in der Gestaltung der Figuren, insofern Shakespeare weitgehend der judenfeindlichen Adjektivierung folgt,
wie sie bereits in der Novelle *Il Pecorone* zu finden ist. Während
Shylock vor allem als geld- wie rachsüchtiger Charakter geschil-
dert wird, der bis zum Ende des Mitleids unfähig ist, stellen seine christlichen Protagonisten wahrhaft soziale Gestalten dar, die
um das Wohl und Wehe des anderen im Sinne der Nächstenliebe besorgt sind. Der vielfach bemühte Verteidigungsmonolog
Shylocks (»Bluten wir nicht?«), der den vermeintlich nicht antisemitischen Charakter des Stücks belegen soll, erweist sich diesbezüglich als nicht tragfähig, insofern niemand Mitleid erheischen
kann, der sich im weiteren Verlauf als unfähig erweist, auch nur
elementar Gnade walten zu lassen, der vielmehr in boshafter
Sturheit auf die Ermordung eines Menschen wegen dessen
Christsein beharrt. Shylocks Verteidigungsmonolog wird von
Shakespeare in höchst bewusster Weise durch den weiteren
Handlungsverlauf dekonstruiert. Shylock erweist sich „unseres
Mitleids" als unwürdig, sodass sein Monolog ohne nachhaltige
Resonanz verklingt. Die vermeintlichen Ambivalenzen liegen
nicht am Stück, es sind vielmehr unsere Post-Shoah-Projektionen,
die dem Monolog Shylocks einen gänzlich anderen Stellenwert
verschaffen, als dies von Shakespeare intendiert war und von den
zeitgenössischen Zuschauern verstanden wurde. Darüber hinaus

sind es fehlende Kenntnisse der Stereotype mittelalterlicher Judenfeindschaft sowie des historischen Backgrounds, die bei der Rezeption des Stücks bewirken, dass seine antisemitischen Schärfen unkenntlich werden.

Versetzen wir uns in einen Zeitgenossen Shakespeares, der das Stück im „Globe Theatre" im Jahr 1600 sah und der zuvor immer und immer wieder das auch von Luther benutzte Stereotyp vernommen hatte, die Juden wollten als religiöse Gruppe Christen durch Gift töten, und der mit großem Interesse sechs Jahre zuvor im Jahr 1594 die Beschuldigung zur Kenntnis nahm, der „Arztjude" der Königin habe diese mittels Gift ermorden wollen. Wie mag dieser Zuschauer auf Shylocks Satz »Wenn ihr uns vergiftet, sterben wir nicht?« reagiert haben? Es mag dahingestellt sein, ob Shakespeare Lopez als unmittelbares Vorbild für seinen Shylock nahm. Doch es ist kaum von der Hand zu weisen, dass der Zuschauer des Stücks an dieser Stelle an Lopez dachte, sodass die Dekonstruktion der Verteidigungsrede hier durch die unhinterfragte Verteilung der Täter-Opfer-Rollen im antisemitischen Konstrukt geschieht. Für den Zuschauer des „Globe Theatre" waren es stets die Juden, welche die Christen vergifteten. Die im Bewusstsein der mittelalterlichen Christenheit verankerte projektive Umkehr der realen Täter-Opfer-Dialektik instrumentalisiert Shakespeare an dieser Stelle gar, um einen Lacher des Publikums zu erzielen. Hätte er anderes beabsichtigt, würde die Stelle, um eine missliche Rezeption im Kontext des „Lopez-Falles" auszuschließen, etwa lauten: „Wenn ihr uns auf Scheiterhaufen verbrennt, sterben wir nicht?" Was mag einem mittelalterlich-christlich geprägten Menschen in den Sinn gekommen sein, wenn Shylock sagt: »Und wenn ihr uns beleidigt, sollen wir uns nicht rächen?« Der Zuschauer des „Globe Theatre" wird den Ausspruch Shylocks als Beleg für dessen Zugehörigkeit zur „Religion der Rache", zum Prinzip des „alttestamentarischen" „Auge um Auge, Zahn um Zahn" verstanden haben und in berechtigter Weise nicht als Aufforderung Shakespeares, sich in den Juden Shylock emotional hineinzuversetzen oder sich gar mit ihm zu identifizieren.

3.10 Antijüdische Schriften: Eisenmenger und Co.

Im 16. Jh. erschien eine größere Anzahl judenfeindlicher Schriften, darunter das im Jahr 1536 publizierte Pamphlet *Eine kurze Unterrichtung* von Paul Staffelsteiner (1536–1560), der im Jahr 1560 zu Heidelberg ein weiteres antijüdisches Pamphlet mit dem Titel *Von dem Messia* publizierte. Die Schriften Staffelsteiners verdeutlichen, dass im Kontext der Reformationsbewegung eine größere Gruppe Christen existierte, die sich dem Judentum annäherte, was Staffelsteiner zu unterbinden gedachte. Staffelsteiner bediente sich hierfür der Methode, die Verleumdung der Christen als das eigentliche Wesen des Talmuds auszugeben. Seine Behauptung, Juden würden Christen auf alle nur erdenklichen Weisen verspotten, verhöhnen und verfluchen, sollte Christen von potenziellen Annäherungsversuchen an die mosaische Religion abhalten und etablierte sich zu einem recht häufig kolportierten Stereotyp.

Zu zahlreichen Auflagen gelangte die Schrift von Antonio Margaritha (1492–1542) *Der gantz jüdisch Glaub* (1531). Antonio Margaritha verkörperte die Figur eines „Kronzeugen der Anklage" und wurde gerne bemüht, da er die Sachverhalte, über die er schrieb, so seine Anhänger, als Sohn eines Rabbiners schließlich genau beurteilen könne. Der jüdische Konvertit avancierte auf diese Weise zum Berater antijüdischer Kräfte. Bei Margaritha findet sich bereits das Narrativ des „jüdischen Spions". Die Niederlage Ungarns in der Schlacht von Mohács im Jahr 1526 sowie die erste Belagerung Wiens durch Süleyman den Prächtigen im Jahr 1529 führten zu einem Aufschrei in der sich christlich definierenden Staatenwelt. Zwar musste Süleyman seine Truppen zurückziehen, doch das Osmanische Reich wurde nunmehr als ernstzunehmende Gefahr antizipiert. Die aufgeführten historischen Vorkommnisse bildeten den Hintergrund von Antonio Margarithas Schrift aus dem Jahr 1531, in der dieser die Juden als »Verbündete der Türken« diffamierte:

> »[Die Juden] bitten Gott, das er eine grosse Furcht und Angst auff alle Völcker und Christen werffe, und soll ein Schwert und grossen Krieg von Orient bis zu Occident under den Christen erwecken. Dies ist zu mercken am grossen Frolocken der Juden so sich ein Krieg in der Christenheit und zu vorauß durch den Türken erhept.« (Margaritha 1544: 19)

Das Motiv einer gegen die Christen gerichteten Allianz von Türken und Juden tauchte zwar bereits zum Zeitpunkt der Kreuzzüge auf, doch im Kontext des expandierenden Osmanischen Reichs gewann das Narrativ vom „jüdischen Spion" an Relevanz. Der Jude wurde in wachsendem Maße als Person imaginiert, die militärische Geheimnisse, geografische Daten etc. an das osmanische Heer verrate.

Eine nachhaltige judenfeindliche Wirkung erzeugte ebenso die im Jahr 1700 in Frankfurt a. M. publizierte Schrift *Entdecktes Judenthum* des Heidelberger Professors Johann Andreas Eisenmenger (1654–1704). Eisenmenger replizierte in seinem Pamphlet die übelsten Verleumdungen wie die Ritualmordlegende sowie die Mär vom jüdischen Brunnenvergifter und stellte kontextlos, völlig willkürlich wie höchst tendenziös zahllose Passagen aus jüdischen Quellen zusammen. Der Professor für hebräische Sprache behauptete, vieles von dem, was er präsentiere, sei geheim und nur für ihn zugänglich gewesen, da er sich als Konvertit ausgegeben hätte. Eisenmenger gelang es so, sich als Insider zu stilisieren und Interesse zu erwecken. Seine Methode, Textstellen aus ihrem Kontext zu reißen und diese nicht entsprechend gängiger jüdischer Exegese, sondern im Sinne antijüdischer Hetze nach Lust und Laune zu interpretieren, sollte Schule machen. Eisenmengers Zusammenstellung suggerierte darüber hinaus, dass Juden sich Tag und Nacht an Christen abarbeiten würden, obwohl die von ihm benutzten und eigenwillig interpretierten Stellen im Gesamtwerk nur eine marginale Bedeutung besitzen. Bereits die erste Auflage der *Real-Enzyklopädie für protestantische Theologie und Kirche* wertete im Jahr 1855 das Vorgehen Eisenmengers wie folgt:

> »Die Art, in welcher er einzelne Stellen jüdischer Schriften aus dem Zusammenhang herausreißt, auslegt und zusammenstellt, trägt sichtbar genug das Gepräge des Fanatismus und empfiehlt dem Unpartheiischen Vorsicht, während sie die partheiische Menge der damaligen christlichen Leser aufstacheln musste.« (Real-Enzyklopädie für protest. Theologie und Kirche, 3. Bd., Stuttgart 1855, S. 745)

Gleich zu Beginn des neunten Kapitels behauptet Eisenmenger, es sei den Juden „scharf verboten", einen Christen, der in Lebensgefahr sei, vom Tode zu erretten. Selbst in der Gefahr des Todes gestatte es die jüdische Religion nicht, einem Christen zu Hilfe zu kommen. Juden verträten die Auffassung, Gott habe es ihnen erlaubt, der Heiden Blut zu vergießen. Das Gebot „Du sollst nicht töten" legten sie so aus, dass es Gültigkeit nur unter Juden besäße.

Eisenmenger war es ebenso, der maßgeblich den Weg für die Sichtweise des neuzeitlichen Antisemitismus ebnete, dass der Jude tunlichst darum bemüht sei, sein wahres Wesen zu verbergen. Jüdische Schriften erschienen so als Geheimschriften, welche die Juden vor dem Blick der Öffentlichkeit verbergen würden, um ihre wahren „diabolischen Machenschaften" zu verschleiern. Von Eisenmengers Pamphlet führt dergestalt eine Spur zu den in der rechten Szene bis heute vertretenen Behauptungen von einer wesensmäßigen Verbindung zwischen Juden und Freimaurern, von unbekannten Riten, dunklen Ritualen und geheimen Texten sowie mündlich tradierten teuflischen Praxen. Eisenmengers *Entdecktes Judenthum* ist in verschwörungstheoretischer Hinsicht bereits als früher Vorläufer der *Protokolle der Weisen von Zion* zu werten. Der die Entrechtung der Juden sowie die Zerstörung jüdischer Synagogen fordernde Heidelberger Professor ist nicht zuletzt wegen seiner Radikalität und der von ihm vertretenen hasserfüllten Positionen als früher Vorläufer des modernen Antisemitismus zu werten.

3.11 Der Reuchlin-Pfefferkorn-Streit um die Bücher der Juden

Der Philosoph, Humanist und Jurist Johannes Reuchlin (1455–1522) war nicht nur ein Kenner der lateinischen, sondern ebenso der hebräischen Sprache. Im Jahr 1502 wurde Reuchlin, der zuvor als besoldeter Rat im Dienst des Grafen Eberhard von Württemberg stand, zum Richter des Schwäbischen Bundes gewählt; eine Position, die er erst im Jahr 1513 niederlegte, als das Bundesgericht von Tübingen nach Augsburg verlegt wurde. Während der Zeit Reuchlins als Richter veröffentlichte ein zum Christentum konvertierter Jude namens Johannes Pfefferkorn (1469–1521) im Jahr 1508 eine Schrift mit dem Titel *Der Judenspiegel*. Die Tendenz des Werks wird offensichtlich, wenn es heißt: »Wo Juden in der cristenhait wonen, sein sy schedlicher den menschen dann der teüfel.« Im ersten Teil des antijüdischen Pamphlets benennt Pfefferkorn religiöse Gründe, welche Juden vom Übertritt zum Christentum abhalten, und versucht selbige mittels der Hebräischen Bibel, die

er christologisch sowie im Sinne der Trinitätslehre deutet, zu ent-
kräften. Im zweiten Teil der Abhandlung wendet sich Pfefferkorn
an die Fürsten. Er zählt „weltliche Gründe" auf, die Juden von der
Konversion abhalten, und konstatiert, die Obrigkeit könne diese
beseitigen. Gleich zu Beginn seiner Ausführungen repliziert Pfefferkorn das Pejorativum vom „geldgeilen Juden" und bemüht das
Stereotyp des „Wucherjuden". Der Jude häufe einzig und allein
durch unehrliche Händel immense Reichtümer auf und befürch-
te, diese durch seine Konversion zu verlieren, da er als Christ einer ehrlichen Arbeit nachgehen müsse. Pfefferkorn empfiehlt den
Fürsten die Abschaffung des Wuchers und fordert die Zwangsar-
beit für Juden, die man zur körperlichen Arbeit erziehen und bei
Verweigerung derselben ausweisen müsse. Sodann behauptet er,
die Juden verweigerten die Konversion, da man ihnen nicht die
Botschaft der christlichen Evangelien verkünde. In dieser Hinsicht fordert Pfefferkorn die Fürsten dazu auf, Juden zum Besuch
christlicher Gottesdienste zu zwingen. Zu guter Letzt liegen die
Gründe erfolgloser Judenmission laut Pfefferkorn in den heiligen
Schriften der Juden, die diese irreleiteten. Die Fürsten hätten folglich dafür Sorge zu tragen, dass man den Juden ihre schädlichen
Schriften wegnehme. Der dritte Teil wendet sich schließlich an alle Christen, die Pfefferkorn dazu auffordert, den Kampf gegen die
Heiden erneut aufzunehmen und sich nicht untereinander zu be-
kriegen.

Die Person des Konvertiten Pfefferkorn verdeutlicht, dass auch
im „Fall Reuchlin versus Pfefferkorn" die antisemitischen Kräfte
aus der Mitte der Gesellschaft kamen und keineswegs von Ran-
dexistenzen gestellt wurden, insofern der jüdische Konvertit lediglich als Zeuge der Anklage fungierte. Hinter Pfefferkorn stand
der mächtige Predigerorden der Dominikaner, der Reuchlin vor-
schob, welcher im Jahr 1509 vom römisch-dt. Kaiser Maximilian I.
(1459–1519) den Auftrag erhielt, diejenigen jüdischen Schriften zu
konfiszieren, die er für schädlich hielt, und diese verbrennen zu
lassen. Das in Padua vom Kaiser unterzeichnete Mandat bezichtigte jüdische Schriften der Häresie, der Blasphemie sowie der
Verleumdung und begründete so die Konfiskation der Bücher. Bei
Johannes Pfefferkorn heißt es, die zu beschlagnahmenden Schriften würden die Juden »auch nit alain von userm cristen glauben
abwenden sunder in ürem jüdischen glauben yrrung machen,
verfüren und zu ketzerey raitzen.«

Doch kaum hatte die Konfiszierung in Frankfurt a. M. begonnen, schon wurde sie abgebrochen, da der Mainzer Erzbischof ihre Beendigung anordnete. Aufgrund des unerwarteten Widerstands sah sich der Kaiser veranlasst, die Universitäten Mainz, Köln, Erfurt und Heidelberg aufzufordern, Gutachten bezüglich der Gefährlichkeit jüdischer Schriften zu erstellen. Als Gutachter fungierten der päpstliche Inquisitor Jakob van Hoogstraten (1460–1527), der zum Katholizismus konvertierte Rabbiner Victor von Carben (1422–1515) sowie Johannes Reuchlin. Während fast alle Gutachten wunschgemäß ausfielen und den jüdischen Büchern einen schändlichen Einfluss sowohl auf Juden wie auf Christen bescheinigten, forderte Reuchlin den Erhalt wie die Zugänglichkeit der Schriften. Der Gegensatz der Positionen entwickelte sich zum mehrjährigen „Reuchlin-Pfefferkorn-Streit", in dem Schrift auf Gegenschrift folgte und sich beide Seiten erbittert bekämpften. Die Mutigkeit des Einsatzes von Reuchlin belegt nicht zuletzt der Sachverhalt, dass der für Toleranz eintretende Hebraist gegen die Elite der katholischen Inquisition opponierte und dabei billigend in Kauf nahm, einen Prozess wegen Ketzerei zu riskieren. In der Haltung bzgl. des Streits zeigten weder die kirchliche noch die weltliche Obrigkeit ein einheitliches Bild. Während sich der Mainzer Erzbischof und das in den Jahren 1512–1517 tagende fünfte Laterankonzil Reuchlin anschlossen, wurde dieser auf Betreiben der Dominikaner im Jahr 1513 in Rom der Häresie angeklagt. Aus Wut gegen seinen Opponenten ließ der päpstliche Inquisitor die Schriften Reuchlins verbrennen. Zwar setzten sich die Gegner Reuchlins durch, insofern im Jahr 1520 der Papst die Schriften Reuchlins verbot, doch der Streit hatte sich so von den Schriften der Juden auf die Schriften Reuchlins verlagert. Reuchlin ist dergestalt ein ermutigendes Beispiel für den Sachverhalt, dass der entschlossene Kampf einer einzelnen Person gegen den Antisemitismus durchaus Wirkung erzielen kann. Der christliche Humanist Reuchlin rettete durch seinen Einsatz jüdische Bücher vor dem Scheiterhaufen inquisitorischer Dominikaner.

Die Verbrennung jüdischer Schriften gehörte zu den festen Bestandteilen des Antisemitismus und stellt eine Variante seiner gewaltförmigen Praxen dar, die quer über die Jahrhunderte immer wieder angewandt wurde. Im Jahr 1242 war es eine Anweisung von Papst Gregor IX. (1167–1241), die zur Konfiskation und öffentlichen Verbrennung ganzer Wagenladungen in Paris führte. Im

Jahr 1553 ließ Papst Julius III. (1487–1555) in Rom den Talmud verbrennen. Neben Pfefferkorn forderte auch Luther in seiner Schrift *Von den Juden und ihren Lügen* die Verbrennung jüdischer Bücher.

3.12 Die Schattenseite der Aufklärung

Die philosophische Strömung der Aufklärung des 18. Jh.s verfügt mit ihrem ausgeprägten Antisemitismus über eine Schattenseite, die lange Zeit verschwiegen wurde. Der antisemitische Tenor findet sich bei exponierten frz. Aufklärern wie bspw. beim frz. Schriftsteller François-Marie Arouet (1694–1778), genannt Voltaire, als auch bei dt. Vertretern wie Immanuel Kant (1724–1804). Bzgl. der Säkularisierung der Judenfeindschaft leistete die Aufklärung einen wesentlichen Beitrag, von ihr führen Wege zur heutigen säkular gespeisten Religionsfeindschaft, die im Kontext der Beschneidungsdebatte im Jahr 2012 in Deutschland vor allem die Juden traf. Im *Dictionnaire philosophique*, das 118 Artikel umfasst und im Jahr 1764 publiziert wurde, finden sich zahlreiche judenfeindliche Bemerkungen Voltaires. Die artikulierten Ressentiments sind indes keineswegs neu, sondern reproduzieren althergebrachte christlich-antisemitische Stereotype, die nunmehr zumeist in einer säkularen Ummantelung daherkommen und nicht mehr vom christlichen Missionseifer geprägt sind. Auffallend ist, dass Voltaire in den Artikeln des „philosophischen Wörterbuchs", die sich den Juden widmen, Passagen aus dem Judenexkurs des Tacitus adaptierte:

> [Sie werden in den Juden] »nur ein unwissendes und barbarisches Volk antreffen, das schon seit langer Zeit die schmutzigste Habsucht mit dem verabscheuungswürdigsten Aberglauben und dem unüberwindlichsten Hass gegenüber allen Völkern verbindet, die sie dulden und an denen sie sich bereichern.« (Oeuvres complétes de Voltaire, Dictionnaire Philosophique, Bd. 6, Paris 1827, S. 266)

An anderer Stelle heißt es, die Juden seien die verachtenswerteste Nation, »die jemals die Erde beschmutzt hat«. Die antisemitischen Ausführungen Voltaires lassen sich keinesfalls mit der allgemein religionskritischen Haltung der Aufklärung relativieren, insofern es bezeichnend ist, dass Voltaire sich wesentlich ausführlicher mit dem Judentum als mit dem Christentum beschäftigte und Ersteres deutlich schärfer attackierte. Für eine Person, die sich als Deist verstand, verwundert es, dass Voltaire die von ihm benutzten, zutiefst christlich geprägten antijüdischen Stereotype in keiner Weise kritisch hinterfragte. Ebenso ließe sich vermuten, dass Sätze wie: »Die Juden – ein Beweis für die Wahrheit des Christentums« eher aus päpstlicher Feder als im Werk eines Deisten zu finden sind. Voltaire folgte ebenso den Stereotypen seiner Zeit, wenn er Juden als »betrügerische Wucherer« und »diebische Geldverleiher« diffamierte.

Voltaires Statement »man soll sie jedoch nicht verbrennen« klingt angesichts der Tatsache, dass der Philosoph die Juden scharf angriff, zwar eher zynisch, ist jedoch für seine Zeit durchaus ernst zu nehmen. In der im Jahr 1759 erschienenen Satire *Candide oder der Optimismus*, im Gedicht *Sur le désastre de Lisbonne* wie in der fiktiven *Predigt des Rabbi Akib* erfolgte gleichfalls eine harsche Kritik Voltaires an der Praxis der katholischen Kirche, Juden auf Basis fingierter Anschuldigungen wie der Ritualmord- oder der Hostienfrevellegende zu verbrennen. In der *Predigt des Rabbi Akib* heißt es:

> »Es sollten doch die Wortverdreher, die in ihrem eigenen Bereich so viel Nachsicht nötig haben, endlich aufhören, diejenigen zu verfolgen und auszulöschen, die als Menschen ihre Brüder und als Juden ihre Väter sind. Jeder diene Gott in seiner Religion, in die er hineingeboren ist, ohne seinem Nachbarn das Herz herauszureisen zu wollen, durch Streitereien, bei denen niemand den anderen versteht.« (www.correspondance-voltaire.de/html/antisemitismus-voltaire-und-die-juden.php)

Trotz der Bezeichnung der Juden als »Brüder« finden sich bei Voltaire jedoch immer wieder Sätze voller überschäumenden Hasses:

> »[Das jüdische Volk] wagt, einen unversöhnlichen Hass gegen alle Völker zur Schau zu tragen. Es empört sich gegen alle seine Meister, immer abergläubisch [superstitieuse], immer gierig nach dem Gut anderer, immer barbarisch, kriechend im Unglück und frech im Glück.« (Schwarz-Friesel 2013: 69)

Das von Tacitus überlieferte Theorem vom „jüdischen Menschenhass" taucht auch bei Immanuel Kant auf, der das jüdische Volk anklagte, das ganze menschliche Geschlecht von seiner Gemeinschaft ausgeschlossen zu haben. Die Vorstellung vom Auserwähltsein bewirke, dass die Juden alle anderen Völker anfeindeten und daher auch von allen angefeindet würden. Die Ursache des Antisemitismus liegt Kant zufolge beim Judentum selbst, da „der Jude" alle Nichtjuden hasse, hassten auch alle Nichtjuden ihn. Diesbezüglich heißt es:

> »So zog sich der Judaism, seiner ersten Einrichtung nach, da ein Volk sich, durch alle erdenkliche, zum Theil peinliche Observanzen, von allen andern Völkern absondern, und aller Vermischung mit ihnen vorbeugen sollte, den Vorwurf des Menschenhasses zu.« (Kant 1838: 222)

Die Passage illustriert, dass auch Kant das von Tacitus geprägte Ideologem der Misanthropie kritiklos übernahm. Der jüdischen Religion im engeren Sinne widmete sich Kant in seiner Schrift *Die Religion innerhalb der Grenzen der bloßen Vernunft*, die zwischen 1793 und 1794 erschien. In seiner religionsphilosophischen Schrift spricht Kant dem Judentum den Religionscharakter ab. Das Judentum sei nur durch politische Gesetze vereint, auf die sich der jüdische Staat gegründet habe. Christlich geprägte antisemitische Stereotype, wie das vom Judentum als „Gesetzesreligion", werden von Kant reproduziert und im Kontext einer philosophischen Konzeption, die Gottesbeziehungen in der Ethik gründet, säkular gewendet. Dem im Unterschied zum Christentum als „Nichtreligion" diffamierten Judentum bleibt Kant zufolge nur noch der Weg der Auflösung offen, die der Philosoph als »Euthanasie« bezeichnet. Im Unterschied zum Patientenmord des dt. Nationalsozialismus zielt der Terminus zwar nicht auf körperliche Vernichtung, intendiert jedoch sehr wohl die rassistische Assimilation, d. h. die Auflösung des Judentums in Gestalt seines Aufgehens in einer christlich geprägten „Vernunftreligion". Obwohl Kant den Terminus der »Euthanasie« benutzt, lässt sich indes nicht von einem Ethnozid sprechen, da dieser den Vorsatz voraussetzt, die Religion einer als „Fremdgruppe" konstruierten Ethnie bewusst zerstören zu wollen. Die Verwendung des Wortes, das bereits zu Kants Zeiten „schmerzloser Tod" bedeutete, stellt indes einen äußerst aggressiven Aufruf zur Konversion dar, der die Existenzberechtigung der jüdischen Religion religionsphilosophisch negiert:

> »Die Euthanasie des Judenthums ist die reine moralische Religion mit Verlassung aller alten Satzungslehren, deren einige doch im Christenthum (als messianischen Glauben) noch zurück behalten bleiben müssen: welcher Sectenunterschied endlich doch auch verschwinden

muss und so das, was man als den Beschluss des großen Drama des Religionswechsels auf Erden nennt (die Wiederbringung aller Dinge) wenigstens im Geiste herbeiführt, da man ein Hirt und eine Herde Statt findet.« (Kant 1964: 321)

Längere Ausführungen über das Judentum finden sich bei Kant ebenso in der Schrift *Anthropologie in pragmatischer Hinsicht*, die als letzte der noch von Kant selbst herausgegebenen Schriften im Jahr 1798 erschien. Hier begegnet uns erneut das Stereotyp des „betrügerischen Juden", wenn es heißt, dass die »unter uns lebenden Palästinenser« seit dem Exil durch ihren Wuchergeist »in den nicht unbegründeten Ruf des Betruges gekommen« seien. Kant konstruiert sodann in essentialistischer Weise einen „jüdischen Charakter", der sich dadurch auszeichnet, dass die Juden miteinander durch einen „alten Aberglauben" verbunden sind, womit erneut die mosaische Religion gemeint ist. Die Juden suchten keine bürgerliche Ehre, sondern beabsichtigten vielmehr das jeweilige Volk, unter dessen Schutz sie lebten, durch Vorteilsaneignung zu überlisten, sodass die Juden unproduktive Glieder der Gesellschaft darstellten. Der gut gemeinte Plan, den Charakter der Juden bzgl. ihrer Betrügereien sowie ihrer Unredlichkeit zu verbessern, sei folglich zum Scheitern verurteilt. Der Passus bei Kant, dass Verbesserungskonzepte gänzlich nutzlos seien, sticht durch zweierlei Aspekte hervor. Im Jahr 1781 hatte der preußische Jurist Christian Konrad Wilhelm Dohm (1751–1820) die Schrift *Über die bürgerliche Verbesserung der Juden* vorgelegt, in der er sich im „Geiste der Aufklärung" für eine Gleichstellung der Juden einsetzte. Der erste Aspekt bezieht sich folglich darauf, dass Kant mit dem »vergeblichen Plane, dieses Volk zu moralisieren«, die Judenemanzipation im Sinne Dohms meinte und selbige verwarf. Kant reihte sich indes nicht nur in die Kritiker der rechtlichen wie sozialen Gleichstellung der Juden ein, sondern ging, was den zweiten Aspekt tangiert, noch darüber hinaus. Dieser zweite Gesichtspunkt betrifft den Sachverhalt, dass Kant das von ihm selbst postulierte Statement »Der Mensch kann nur Mensch werden durch Erziehung; er ist nichts, als was die Erziehung aus ihm macht«, das Dohm seinerseits als Leitspruch zugrunde legte, bei den Juden explizit verwarf. Der von Kant dargelegte „jüdische Charakter" wird so nicht nur mittels Essentialisierung, sondern ebenso per biologistischer Anthropologisierung konstruiert und nimmt bereits das rassenbiologische Konstrukt vom „ewigen Juden" des dt.

Nationalsozialismus in nuce vorweg. Dieser Gesichtspunkt ist umso gravierender, als es Kant war, der den Terminus der „Rasse" in den dt. Diskurs einführte. Zwar bildeten Kants Bemerkungen zu den Juden, die er »Palästinenser« nennt, in der *Anthropologie in pragmatischer Hinsicht* nur eine längere Fußnote, indes markiert diese den Übergang vom religiös geprägten Antisemitismus zum säkularen Rassediskurs, insofern dieser „den Juden" ein fixes, überzeitliches Wesen bescheinigte, das sich durch keine Gesetzgebung dieser Welt verändern lässt. Kants Anthropologie stellt dergestalt betrachtet einen maßgeblichen Beitrag der Aufklärung zur Säkularisierung des Antisemitismus auf biologistischer Grundlage dar.

3.13 Zusammenfassung

Die spanische Politik von der Blutreinheit markiert den Übergang von der vormodernen, mittelalterlich-religiös geprägten Judenfeindschaft zum modernen Antisemitismus. Die „Limpieza de sangre" weist noch vormoderne Aspekte auf, insofern ihre Intention darin bestand, die strikte Praktizierung des katholischen Glaubens der Conversos jüdischer Herkunft zu überwachen, ihr „Judaisieren" zu unterbinden sowie ihren befürchteten häretischen Einfluss auf die „Altchristen" zu vereiteln. Die „Politik der Blutreinheit" besaß bereits moderne Züge, insofern ihre Träger nicht nur aufseiten der Katholischen Kirche wie der Inquisitoren zu verorten sind, sondern ebenfalls in bürgerlichen Schichten, die im Kontext frühkapitalistischer Entwicklung daran interessiert waren, die durchweg gebildeteren Marranen als berufliche Konkurrenten auszuschalten, ihnen den Weg zu lukrativen Ämtern und Posten zu versperren. So mischten sich hier als Ausgrenzungskriterien „Religion" und „Herkunft" zu einem unentwirrbaren Amalgam, das den Makel des „Jüdischseins" generationenübergreifend konstruierte. Der bereits moderne Charakter des Antisemitismus der „Limpieza de sangre" kommt darin zum Ausdruck, dass diese den Akt der Taufe entgegen der Lehre der Katholischen Kirche zu einem zwar notwendigen, aber keineswegs mehr hinreichenden Akt deklarierte, um als Christ zu gelten, was einen fundamentalen Bruch zur Vormoderne und ihrer mittelalterlich-christlichen Prägung markierte.

Die Haltung Luthers gegenüber den Juden zeichnete sich ebenso durch ihren Mix aus mittelalterlichen wie bereits frühmodernen Charakterzügen aus. In den antisemitischen Schriften des Reformators mischten sich religiöse, ökonomische wie verschwörungstheoretische Motive des Judenhasses. Luthers Schriften bilden dergestalt betrachtet eine Scharnierfunktion zum völkischen Rassismus des frühen 19. Jh.s. Auffallend ist, dass beim Reformator wie beim spanischen Katholizismus das Sakrament der Taufe eine Abwertung erfährt, insofern Luther die Konvertierten weiterhin als „Juden" bezeichnet. Die Gemeinsamkeiten zwischen der Politik der Blutreinheit und dem Protestantismus liegen in ihrer kausalen Verbindung zur Etablierung des Nationalstaates. So gründet ein Motiv des Judenhasses bei Ferdinand von Aragon und Isabella von Kastilien wie bei Luther in ihrem Bestreben, eine ethnisch-religiöse Homogenisierung des Staatsvolkes zu erzielen. Die spanischen Inquisitoren wie der Reformator bezichtigten die Juden destabilisierende Elemente darzustellen, was mit der ideologischen Variante ihrer generationsübergreifenden Biologisierung in Gestalt der Erfindung des „jüdischen Blutes" einherging.

Während sich die Reformatoren zumeist lediglich hinsichtlich der Schärfe ihres Antisemitismus und dessen Stellenwert in ihrem Gesamtschrifttum unterscheiden, gilt dies für den Theologen Andreas Osiander nicht. Osiander stellte eine weitgehende Ausnahme unter den Reformatoren dar, insofern er im Unterschied zu Luther nicht nur die hebräische Sprache wahrhaft beherrschte, sondern Juden als Dialogpartner betrachtete und schätzte, wenngleich auch Osiander, der das Verbrennen jüdischer Schriften als gegen Gottes Gebot verstoßend sowie die Folter als menschenfeindlich verurteilte, nicht frei war von antijüdischen Ressentiments.

Das Denken der Aufklärer war deutlich stärker als gemeinhin angenommen durch ihre Zeit geprägt, wozu nicht zuletzt antisemitisches Gedankengut gehörte. Mit wenigen Ausnahmen finden sich nahezu bei allen Aufklärern christlich-geprägte judenfeindliche Äußerungen in durchaus scharfen Formen. Insofern Kant den Rassebegriff in Deutschland einführte, trug die Aufklärung mit dazu bei, biologistische Elemente in den judenfeindlichen Diskurs einzubringen sowie diesen zu säkularisieren. Die Aufklärung bildete dergestalt betrachtet einen relevanten Vorläufer des völkischen Antisemitismus. Übersehen werden darf allerdings nicht, dass die Aufklärer keine homogene Personengruppe bildeten, dass etwa der aufklärerische Schriftsteller Gotthold Ephraim Lessing (1729–1781) ernsthaft um Toleranz zwischen Christen und Juden bemüht war, wenngleich sich auch in Lessings Lustspiel *Die Juden* aus dem Jahr 1749 antisemitische Passagen finden und das Stück *Nathan der Weise,* das Lessing im Jahr 1779 veröffentlichte, problematische Aspekte eines Philosemitismus enthält, insofern „der Jude" weder der schlechtere noch der bessere Mensch ist. Festzuhalten bleibt indes, dass die Freundschaft zwischen Lessing und Moses Mendelssohn eine intellektuelle Beziehung weitgehend auf gleicher Augenhöhe war und der Dichter der dt. Aufklärung seinem Freund in der Figur des Nathan literarischen Respekt zollte. Zu konstatieren bleibt jedoch, dass das Gros der Aufklärer neuen Varianten des Antisemitismus den Weg ebnete, statt ihren Intellekt dafür einzusetzen, Methode und Funktion des Antisemitismus in dekonstruktivierender Weise zu kritisieren. Während aufklärerische Philosophen die Juden attackierten, echauffierten sich Kirchenkreise heftig über den Sachverhalt, dass der jüdische Hoffaktor Alexander David (1687–1765), der die jüdische Gemeinde in Braunschweig im 18. Jh. nach deren Vertreibung im Jahr 1546 wiederbegründete, am Totenbett Lessings weilte.

4 ROMANTIK, NATIONALISMUS UND „JUDENEMANZIPATION"

Anfang des 18. Jh.s gab es erste Versuche, die bürgerliche Gleichstellung der Juden voranzutreiben. Im Jahr 1714 veröffentlichte der in Irland geborene Freidenker John Toland (1670–1722) seine Schrift *Reasons for Naturalizing the Jews in Great Britain and Ireland*. Im Jahr 1753 verabschiedete das engl. Parlament den *Jewish Naturalization Act*, der indes nach gravierenden antisemitischen Krawallen bereits ein Jahr darauf zurückgezogen wurde. In Deutschland gewann die Diskussion bzgl. der staatsrechtlichen Gleichstellung der Juden im Jahr 1781 an Fahrt, als der preußische Diplomat und Jurist Christian Konrad Wilhelm von Dohm seine Schrift *Über die bürgerliche Verbesserung der Juden* vorlegte. Seine Abhandlung stieß auf erbitterten Widerstand und bewegte den Juristen Carl Wilhelm Friedrich Grattenauer (1773–1838) zur Publikation seines im Jahr 1791 erschienenen antisemitischen Pamphlets *Ueber die physische und moralische Verfassung der heutigen Juden*.

Die Etablierung säkularer Nationalstaaten setzte die Gleichstellung der Juden trotz heftiger Gegenwehr auf die Tagesordnung. Im Jahr 1776 gewährte die *Bill of Rights* den US-amerikanischen Juden die völlige Glaubensfreiheit. Im Jahr 1789 schloss die konstituierende Nationalversammlung die Juden bei der Erklärung der Menschen- und Bürgerrechte zwar noch aus, doch zwei Jahre darauf erhielten die Juden den Status des Citoyen. Im Jahr 1791 war Frankreich damit das erste europäische Land, welches die Gleichstellung der Juden verwirklichte. Nach der vernichtenden Niederlage der preußischen Armee im Jahr 1806 bei Jena und Auerstedt wurde die Judenemanzipation in der „Franzosenzeit" auch in den dt. Territorien sukzessive verwirklicht. Im Jahr 1812 erließ Friedrich Wilhelm III. (1770–1840) das von Karl August von Hardenberg (1750–1822) ausgearbeitete *Edikt betreffend die bürgerlichen Verhältnisse der Juden*. In Preußen opponierten gegen die Gleichstellung der Juden Ministerialbeamte wie Christian Peter Beuth (1781–1853) sowie mit Achim von Arnim (1781–1831) und Clemens Brentano (1778–1842) führende Vertreter der dt. Romantik. Nicht zuletzt aus Protest gegen die preußische Emanzipationsgesetzgebung gründete sich die „Deutsche Tischgesellschaft", die als Vorform späterer antisemitischer Parteien des Wilhelminismus zu werten ist, insofern sie konservativ-reaktionären Kräften eine Plattform bot, bereits über ein Statut verfügte und von ihren Mitgliedern einen Beitrag verlangte. In der Epoche der Romantik änderte der Antisemitismus seinen Charakter und nahm biologistische Züge an; „Jüdischsein" wurde zunehmend als „blutsmäßige Größe" imaginiert. Im Jahr 1815 setzte der Wiener Kongress und die darauffolgende Restauration den Hoffnungen der Juden auf ihre Emanzipation vorerst ein Ende, konnte jedoch den Prozess umfassender bürgerlicher Gleichstellung auf Dauer nicht aufhalten.

Der völkische Antisemitismus der dt. Romantik bildete eine wichtige Scharnierfunktion zwischen der noch stark christlich geprägten Judenfeindschaft des Spätmittelalters und dem rassenbiologisch konstruierten Judenhass des 19. Jh.s. Der Kampf reaktionärer Kräfte gegen die Gleichstellung der Juden nahm im Jahr 1819 im Umfeld der Hep-Hep-Unruhen gewaltförmige Formen an. Zwar führte die Revolution von 1848 in Gestalt der „oktroyierten Preußischen Verfassung" zur formalen Emanzipation der Juden, diese wurde jedoch in weiten Teilen durch das Scheitern der Revolution rückgängig gemacht.

In der Epoche der Romantik stellten sowohl der literarische wie der künstlerisch-musikalische Antisemitismus wichtige Elemente des antijüdischen Ressentiments dar. Die Novelle *Jud Süß* des Stuttgarter Schriftstellers Wilhelm Hauff (1802–1827) lässt sich zwar nicht für den gleichnamigen Propagandafilm des dt. Nationalsozialismus verantwortlich machen, befeuerte gleichwohl antisemitische Stimmungen im Volke. Antisemitisches findet sich ebenso bei den Brüdern Grimm sowie bei Clemens Brentano, dessen Märchen und Erzählungen dazu beitrugen, die Ritualmordlegende ins 19. Jh. zu transportieren. Von unverhohlenem Hass künden ebenso die politischen Schriften Richard Wagners, dessen antisemitisches Pamphlet *Das Judenthum in der Musik* von nachhaltiger Wirkung war und dessen musikalische Werke alles andere als frei von Antisemitismus sind, wie dies Musikliebhaber mit dem Ton der festen Überzeugung auch heutzutage immer noch verlautbaren lassen. Die kulturgeschichtliche Epoche der Romantik war maßgeblich geprägt vom Kampf um die politische Gleichstellung der Juden, die auf energische Gegenwehr stieß. Der hassgetränkte Tenor der Gegner der Emanzipationsgesetzgebung und ihre Verankerung in der politischen Elite, in der akademischen, literarischen wie künstlerischen Intelligenz, verhieß nichts Gutes für die weitere Zukunft und offenbart bereits ein Element des dt. Sonderwegs.

4.1 Die Französische Revolution

Im Laufe des 18. Jh.s mehrten sich in Frankreich die Stimmen, welche die Gleichheit vor dem Gesetz sowie die staatsrechtliche Gleichstellung der Juden befürworteten. Die Protagonisten der Judenemanzipation vertraten die Ansicht, dass eine Ungleichbehandlung der Juden mit den modernen Vorstellungen des Nationalstaats sowie der aufklärerischen Vorstellung des „Citoyen" unvereinbar sei. Im Jahr 1787 veröffentlichte der frz. Politiker Honoré Gabriel Victor de Riqueti, Marquis de Mirabeau (1749–1791) die Schrift *Sur Moses Mendelssohn, Sur la Reforme Politique des Juifs*, in der er sich für die staatsbürgerlichen Rechte der Juden einsetzte. Bereits die Abhandlung des einflussreichen Grafen verdeutlicht, dass auch die Emanzipationsbefürworter alles andere als frei von antijüdischen Ressentiments waren.

Die Französische Revolution führte im Gefolge ihrer Ereignisse zu einem Ausbruch antijüdischer Gewalt, was eine Fluchtbewegung der Juden aus etlichen Gegenden Frankreichs bewirkte. Im Dezember 1789 debattierte die konstituierende Nationalversammlung die Frage der Gleichstellung der Juden, vertagte die Entscheidung jedoch, da sich bei etlichen Abgeordneten der Assemblée nationale heftiger Widerstand regte. In welch geringem Maß auch die Befürworter der Judenemanzipation von Toleranz und Respekt geprägt waren, verdeutlicht der Ausspruch des Grafen Stanislav de Clermont-Tonnerre (1747–1792), des ersten Präsidenten der Assemblée nationale: »Den Juden als Nation ist alles zu verweigern, den Juden als Menschen aber ist alles zu gewähren«. Der Leitspruch illustriert das Konzept rassistischer Assimilation seitens der Emanzipationsbefürworter. Clermont-Tonnerre gedachte den Juden gleiche Bürgerrechte nur zu gewähren, wenn diese auch zum „suizidalen Ethnozid" bereit wären. Insofern das Judentum eine Religions- und Abstammungsgemeinschaft darstellt und die jüdische Religion kaum ohne jüdische Nation zu denken ist, enthielt der Satz »den Juden als Nation ist alles zu verweigern« die Drohung, die jüdische Gleichstellung mit einer ethnozidalen Vernichtung des „Judaismus" zu verbinden. Der revolutionär etablierte demokratische Nationalstaat Frankreichs propagierte eine homogenisierende Normierung im Geiste des Universalismus, welche die Etablierung des „jüdischen Citoyen" an die Zerstörung der jüdischen Kultur, Sprache und Religion zu koppeln gedachte. Der aufklärerisch-frz. Antisemitismus betrachtete die jüdische Emanzipation nicht zuletzt als geeignete Maßnahme, um das Judentum als eigenständige kulturell-religiöse Größe aufzulösen. Im September 1791 gewährte die Nationalversammlung den Juden das Privileg der vollwertigen Bürgerschaft; das Edikt hatte auch in der Restaurationsära unter Ludwig XVIII. (1755–1824) Bestand.

Die für die Juden ambivalente Politik zwischen Gleichstellung und eingeforderter Assimilation setzte sich auch unter Napoleon I. fort. Vergleicht man das napoleonische Reglement in Gestalt des *Décret Infâme* aus dem Jahr 1808 mit der vollständigen Gleichberechtigung, welche die frz. Nationalversammlung den Juden zugestand, so lassen sich zwar diskriminierende Einschränkungen sowie deutliche Rücknahmetendenzen konstatieren, gleichwohl gingen die napoleonischen Bestimmungen weit über die Judengesetzgebungen bzw. Judenordnungen hinaus, die Anfang des 19. Jh.s in den dt. Staaten Gültigkeit besaßen.

4.2 Emanzipationsdebatte und rechtl. Gleichstellung

Im Jahr 1781 veröffentlichte der preußische Diplomat und Jurist Christian Konrad Wilhelm Dohm die Schrift *Über die bürgerliche Verbesserung der Juden,* in der er sich entschieden für die staatsrechtliche Gleichstellung der Juden einsetzte, insofern diese »ebenso gut, wie alle andre Menschen, nützliche Glieder der bürgerlichen Gesellschaft seyn können.« Bereits zwei Jahre darauf folgte der zweite Teil der Schrift, der sich mit Reaktionen auf den ersten Teil auseinandersetzte und die Intention verfolgte, die gegen die »Gleichmachung der Juden mit anderen Bürgern des Staates« gerichteten Argumente zu widerlegen. Mit Ausnahme von Moses Mendelssohn zollte Dohm den Juden jedoch keinen sonderlichen Respekt, was der Sachverhalt verdeutlicht, dass er selbige gleich zu Beginn seiner Abhandlung als »unglückliche asiatische Flüchtlinge« bezeichnete. Für den preußischen Juristen stellten Juden auch im 18. Jh. noch immer Migranten dar, obwohl diese westlich des Rheins („Germania inferior") bereits seit der Antike lebten und im Jahr 321 in einem an den Rat der Stadt Köln gerichteten Schreiben Kaiser Konstantins als römische Bürger Erwähnung finden. Die positive Haltung Dohms gegenüber der Judenemanzipation kommt indes zum Ausdruck, wenn es heißt:

»Es müsste deutlich bewiesen werden, dass die Religion der Juden solche ungesellige Grundsätze enthalte, dass ihre göttliche Gebote mit den Geboten der Gerechtigkeit und Menschenliebe in Widerspruch stehen, wenn es vor den Augen der Vernunft gerechtfertigt werden sollte, dass man dem Juden die Rechte des Bürgers ganz versagt [...] Soviel bis itzt von der jüdischen Religion bekannt geworden, enthält sie solche schädliche Grundsätze nicht; nur der Pöbel, der sich selbst für erlaubt hält, einen Juden zu hintergehen, giebt ihm Schuld, dass er nach seinem Gesetz fremde Glaubensgenossen betrügen dürfte, und nur verfolgende Priester haben Märchen von den Vorurtheilen der Juden gesammelt, die nur ihre eigne beweisen.« (Dohm 1781: 16/17)

Für Dohm stellen „die Juden" nichtsdestotrotz schädliche und verdorbene Elemente dar, aus denen man jedoch mittels Erziehung nützliche Bürger des Staates machen könne. Dieser Prozess müsse mittels Integration in Gestalt gleicher Bürgerrechte eingeleitet werden. Was man den Juden vorwerfe, so Dohm, sei einzig und allein Resultat der politischen Verfassung und somit letztendlich die Schuld der Christen. Wie stark Dohm jedoch der Judenfeindschaft seiner Zeit verhaftet blieb, zeigt sich daran, dass er zwar die Beschuldigungen vom „Brunnenvergiften", „Durchstechen geweihter Hostien", „Creutzigen der Kinder" für »völlig erdichtet« hielt, indes die Mär von der Zwangsbeschneidung christlicher Kinder kolportierte. Immer wieder unterstellt er den Juden ein negatives kollektives Wesen, so heißt es etwa:

»Die Drückung, in der sie bisher gelebt, ist Schuld, dass sie in den Wissenschaften und schönen Künsten nicht mehr gethan haben; an Fähigkeit dazu fehlt es ihnen sicher nicht. [...] Der moralische Charakter der Juden ist, so wie der aller Menschen, der vollkommensten Ausbildung und der unglücklichsten Verwilderung fähig, und der Einfluss der äußeren Lage [...] hiebey nur zu sichtbar. Wenn man indeß zugiebt, dass die Juden in gewisser Absicht sittlich verderbt sind, so muss es doch auch dem unpartheyischen Beobachter einleuchten, dass sie durch manche andere Vorzüge sich desto vortheilhafter auszeichnen.« (Dohm 1781: 92/93)

Die Quelle der jüdischen Verderbtheit, so resümiert Dohm seine Ausführungen, liegt in ihrer Ungleichbehandlung und Beschränkung auf bestimmte Berufe. Hierfür zeichne sich indes eine Lösung ab. Dohm präsentierte diese in Gestalt eines Neun-Punkte-Programms:

Punkt 1: Die Juden müssen vollkommen gleiche Rechte und Pflichten als Staatsbürger erhalten. Zu realisieren ist eine umfassende Gewerbefreiheit. *Punkt 2:* Die Regierung hat dafür Sorge zu tragen, dass die Juden sich aus dem Handel zurückziehen und Handwerke erlernen. *Punkt 3:* Die Juden müssen das Recht erhalten, sich vom Ackerbau zu ernähren. Wie allen anderen Menschen, ist auch den Juden der Ankauf landwirtschaftlicher Güter zu gestatten. *Punkt 4:* Die Zahl der handelnden Juden ist zu beschränken bzw. durch Auflagen zu senken, damit die soziale Umschichtung zugunsten des Handwerks und des Ackerbaus gefördert wird. Die Handelsbücher der Juden sind in der Landessprache und nicht in Hebräisch zu führen. *Punkt 5:* Alle Künste und alle Wissenschaften müssen den Juden offen sein. *Punkt 6:* Der Staat muss für „die sittliche Bildung und Aufklärung" der Juden sorgen. Dies kann in den jüdischen Schulen geschehen, die auf das Niveau der besten christlichen Anstalten zu heben und auszustatten sind sowie ebenso durch die Öffnung der Schulen für jüdische Kinder. Jüdische Schüler sollen vom christlichen Religionsunterricht suspendiert werden, es sei denn, ihre Eltern wünschen eine Teilnahme ihres Nachwuchses. *Punkt 7:* Die Christen sollen sich um den Abbau ihrer eigenen Vorurteile bemühen. Der Jugend muss bereits von frühauf gelehrt werden, Juden als ihre Brüder zu betrachten und als Mitmenschen zu behandeln. *Punkt 8:* Den Juden ist an allen Orten die völlige Religionsfreiheit zu gewähren. Der Bau von Synagogen und die Anstellung von Lehrern wie Rabbinern sind den Juden auf ihre eigenen Kosten hin zu gestatten. *Punkt 9:* Die Regierung hat zu berücksichtigen, dass Juden die schriftlichen Gesetze Mose als von immerwährender Gültigkeit betrachten, sodass man es ihnen erlauben soll, nach diesen Grundsätzen zu leben.

Das Neun-Punkte-Programm Dohms verdeutlicht die immanente Tendenz der Aufklärung zur Erziehungsdiktatur, welche den moralisch überlegenen Lehrer in Gestalt der christlichen Mehrheitsgesellschaft über den verderbten Schüler in Gestalt des „minderwertigeren Juden" setzt. So heißt es bei Dohm etwa, klassische antijüdische Stereotype aufgreifend:

»Die stillsitzende Lebensart und der ruhige Fleiss, den diese fordern, ist dem unruhigen Umherschweifen des handelnden Juden, dieser ruhige Genuss des Gegenwärtigen und Zufriedenheit mit Wenigem, seinen Hoffnungen von der Zukunft, seiner Begierde nach Gewinn, seinen Rechnungen auf immer schwankende Procente entgegengesetzt.« (Dohm 1781: 111/112)

Dohm schlägt die Festsetzung eines Zinssatzes sowie die Ermunterung der Juden zum Handwerk mittels diverser Anreize vor. Dem jüdischen Vater sei staatlicherseits die Pflicht aufzuerlegen, einen der geborenen Söhne für die Handwerker-Laufbahn zu bestimmen. Die Zahl der jüdischen Kaufleute pro Ort will Dohm beschränkt wissen. Der Jude solle nicht zu einem großen Güterbesitzer oder Pächter werden, sondern vielmehr zu einem „selbstarbeitenden Bauern". Im Neun-Punkte-Programm Dohms bleiben Juden über einen längeren Zeitraum hinaus Bürger zweiter Klasse, insofern die Zulassung der Juden auch zu öffentlichen Ämtern vom Grad der erreichten „Anpassung" nur sukzessive gewährt werden soll, was den assimilationistischen Charakter des Programmentwurfs verdeutlicht. Dohm in seiner Abhandlung wörtlich:

»Indeß glaube ich, dass bey den nächsten Generationen sich diese Fähigkeit [zum Staatsdienst, d. Verf.] noch nicht so häufig zeigen, und daß dem Staate auch nicht so sehr daran gelegen seyn dürfte, sie bey ihm zu entwickeln. In den meisten Ländern ist gar kein Mangel an geschickten Bedienten, und ohne Zuthun der Regierung sind deren noch immer genug, welche zu öffentlichen Aemtern sich fähig zu machen bemühn.« (Dohm 1781: 118/119)

Zwar könne man den Juden den Zutritt zum Staatsdienst nicht auf Dauer verwehren, der kaufmännische Geist der meisten Juden werde indes besser durch starke körperliche als durch die stillstehende Arbeit des öffentlichen Bedienten gebrochen. Jüdische Konkurrenz möchte sich der preußische Beamte Dohm nun doch nicht zumuten, so soll die politische bzw. administrative Macht in den Händen der Christen bleiben. Dohm befürwortet hingegen die Gewährung einer gewissen juristischen Autonomie, sodass bei Privatstreitigkeiten der Juden mit Juden auch jüdische Richter nach jüdischem Recht Urteile sprechen dürfen, falls dies der Wunsch des Klägers ist.

Die Schrift des mit dem jüdischen Philosophen Moses Mendelssohn (1729–1786) befreundeten Dohm besaß großen Einfluss auf das preußische Beamtentum im Allgemeinen wie auf die Hardenberg'sche Emanzipationsgesetzgebung des Jahres 1812 im Besonderen und beeinflusste auch die Debatte in Frankreich. Zwar ist die aufgeklärt-etatistische Variante der Judenemanzipation Dohms keineswegs frei von Tendenzen rassistischer Assimilation, jedoch stellte das Neun-Punkte-Programm zu seiner Zeit die fortschrittlichste Konzeption einer Rechtsangleichung dar, welche zugleich die Wahrung autonomer Rechte der jüdischen Gemeinde respektierte. Es war folglich kein Wunder, dass die Schrift Dohms die Gegner der Emanzipationsgesetzgebung auf den Plan rief.

Zu den relevanten Schriften, die Stimmung gegen die Gleichstellungspolitik Dohms machten, zählte das Pamphlet des preußischen Justizkommissars C. W. F. Grattenauer (1773–1838) mit dem Titel *Wider die Juden. Ein Wort der Warnung an alle unsere christlichen Mitbürger* aus dem Jahr 1803. Grattenauer vertrat hier wie bereits in der Vorgängerschrift *Über die physische und moralische Verfassung der heutigen Juden* (1791) die Position, die Juden verfügten über unveränderliche Charaktereigenschaften, sodass auch eine Konversion ihr Wesen nicht verändere. Die Schrift *Wider die Juden*, die in diversen Auflagen eine hohe Wirkung erzielte, stellte die „Judenemanzipation" als Untergang Preußens dar, als Auslieferung des Staates an die „kriminellen Machenschaften" des „Judenvolkes". »Jude bleibt stets Jude«, so Grattenauer, das zu allen Zeiten gleichbleibende Wesen des Juden offenbare sich in Betrügereien, Bosheiten, Schäbigkeit und Niederträchtigkeit, was nichts als Abscheu und Ekel hervorrufe. Grattenauer spricht von einem jüdischen Nationalcharakter, der als »Abschaum des Abscheulichen« zu bezeichnen sei. Die aggressive Boshaftigkeit des Pamphlets enthüllen Passagen wie bspw. die folgende:

> »Ob sie [die Juden, d. Verf.] sich gleich wohl zehnmal waschen, so bleibt doch der Schmutz und Gestank ihr eigenthümliches Nationalerbtheil, und nach den Zeugnissen der Aerzte sind ihre Ausdünstungen der Gesundheit höchst gefährlich.« (Grattenauer 1803: 12)

Im weiteren Verlauf des Pamphlets greift Grattenauer alle antisemitischen Legenden wie die vom Ritualmord affirmativ auf; ebenso repliziert er die judenfeindliche Mär, dass Kurfürst Jochim II. von seinem Hofjuden Lippold vergiftet worden sei, und behauptet, dass es gefährlich sei, einen jüdischen Arzt zu gebrauchen.

Grattenauers Schrift stellte den Ausgangspunkt eines modernen, literarischen Antisemitismus dar, dessen Merkmale nicht zuletzt darin bestanden, sich besonders ehrabschneidend zu geben und mit dem Gestus daherzukommen, alle bisherigen Tabus zu brechen. Das Pamphlet *Wider die Juden* kreierte Anfang des 19. Jh.s einen neuen Literaturstil, der sich der Ironie sowie der Satire bediente, um Juden der Lächerlichkeit preiszugeben. In antisemitischen Kreisen verankerte Grattenauers Pamphlet den „judenfeindlichen Witz" wie die „pikante Erzählung". Redner wie von Arnim, Brentano und Beuth imitierten in ihren Reden den preußischen Justizkommissar, dessen Pamphlet sie verehrten. Die Wirkung der Schrift Grattenauers bestand u. a. darin, den modernen Antisemitismus als „literarische Unterhaltung" in gehobenen, intellektuellen Schichten zu verankern. Es waren Passagen wie die folgende, die in Stammtischen ihre Runde machten und zur Nachahmung anregten:

> »Die Betrügereien der Juden mit solchen [unleserlichen, in jüdischer Sprache abgefassten, d. Verf.] Zetteln sind unglaublich. In Frankfurt kaufte ein Jude von einem Christen 400 Fuchsfelle, und gab ihm über das Kaufgeld einen vorgeblich in 4 Wochen zahlbaren Wechsel. Als aber der Verkäufer zur Verfallzeit Zahlung forderte, der Käufer alles ableugnete, und der Wechsel produzirt wurde, fand sich, daß er nichts als folgende Spottreime enthielt: [...] Haasen sind kein Füchs; Esel haben keine Ohren, Der Goi wird geschoren; [...] Ich zahl' mein' Lebtage nicks.« (Grattenauer 1803: 15/16)

An anderer Stelle wiederum heißt es:

> »In Warschau stellte ein Jude seinem Gläubiger über ein Anlehn von 2000 polnischen Gulden einen Wechsel über 2000 polnische Fliegen aus, war auch unverschämt genug, zur Verfallzeit die Fliegen in natura zu präsentieren, um aus dieser offerirten Fliegenlieferung, die nicht bestritten werden konnte, im Prozesse beweisen zu wollen, daß die Ausstellung des Wechsels ein bloßer Scherz gewesen sey.« (Grattenauer 1803: 16)

Noch im selben Jahr erschien eine ganze Serie hassgetränkter Pamphlete, die sich durch Grattenauers Schrift inspirieren ließen, sodass die preußischen Behörden im September 1803 Grattenauers Schrift verboten, da sie akute antisemitische Ausschreitungen befürchteten. Die Versuche Grattenauers bei Hardenberg sowie bei Friedrich Wilhelm III. Widerspruch einzulegen, blieben erfolglos. Die Schrift Dohms sowie das Pamphlet Grattenauers präsentieren den Dreh- und Angelpunkt der Emanzipationsdebatte. Während die Befürworter der Gleichstellung die „Besserungsfähigkeit" der Juden betonten, vertraten ihre Gegner die Position, die Juden verfügten über einen unveränderlichen Charakter, auch eine Konversion werde ihr Wesen nicht ändern, sodass letztendlich nur eine „Aussiedlung" infrage käme.

Das Jahr 1806 endete für das Bestreben Preußens, mehr Einfluss in Deutschland zu erlangen, mit einer Katastrophe. In der Schlacht bei Jena und Auerstedt wurden die preußischen Truppen von der frz. Armee vernichtend geschlagen. Der im Jahr 1807 geschlossene Frieden von Tilsit führte zu einer territorialen Halbierung des preußischen Staatsgebildes. Zusätzlich zu den Gebietsverlusten sahen die Vertragsbedingungen die Zahlung von Kontributionen sowie die Besetzung des Rumpfterritoriums durch frz. Truppen vor. Antworten auf die Frage nach den Ursachen der Katastrophe führten zu den preußischen Reformen, zu denen die Aufhebung der Leibeigenschaft der Bauern im Jahr 1807, die Einführung einer kommunalen Selbstverwaltung im Jahr 1808 sowie die Etablierung der Gewerbefreiheit zwei Jahre darauf zählten. Die Stein-Hardenberg'schen Reformen umfassten ebenso die Gründung der Berliner Universität im Jahr 1809 sowie die Durchführung einer Heeresreform mit der Einführung einer allgemeinen Wehrpflicht im Jahr 1813.

Bei der Aufzählung dieser Reformen wird häufig die „Gleichstellung der Juden" vergessen, die König Friedrich Wilhelm III. von Preußen (1770–1840) durch das Judenedikt vom 11. März 1812 gewährte. Das *Edikt betreffend die bürgerlichen Verhältnisse der Juden in dem Preußischen Staate* gestattete den Juden mosaischen Glaubens sowie konvertierten Juden auf Antrag, preußische Staatsbürger zu werden. Das preußische Judenedikt von 1812 deklarierte die Juden zu »Einländern« und betrachtete sie rechtlich gesehen somit nicht mehr als »Fremde im eigenen Land«. Insofern die Juden ihren Beitrag zur Stärkung des preußischen Staates leisten sollten, bildete das Judenedikt einen Bestandteil der sozioökonomischen Reformen, um der preußischen Krise strukturell zu begegnen. Die Problematik des Edikts bestand u. a. darin, dass es nur für das »kleine Preußen« von 1812 galt und die Frage unbeantwortet ließ, was mit den perspektivisch wiederzuerlangenden Gebieten geschehen solle. Auf diese Weise barg es die Gefahr der

Existenz einer Vielfalt heterogener „Judenordnungen" nach der „Franzosenzeit" in sich. Trotz aller Grenzen des Edikts von 1812 waren die Juden des „kleinen Preußens" bürgerrechtlich gesehen – wenn auch mit Einschränkungen – nunmehr weitgehend gleichgestellt.

4.3 Die Deutsche Tischgesellschaft

Die preußische Tragödie des Jahres 1806 führte auf kulturellem Gebiet zu einem Niedergang der hoch entwickelten Berliner Salonkultur. Zwar lebten in den Folgejahren die Salons wieder auf, die intellektuelle Landschaft spiegelte indes nunmehr den Zwist des politischen Feldes. Während auf der einen Seite kosmopolitische, frankophile und nicht selten von intellektuellen Frauen wie Rahel Varnhagen von Ense (1771–1833) geführte Salons standen, die sich für die „jüdische Emanzipation" einsetzten und in denen Frauen wie Männer, frz. Offiziere ebenso wie Juden verkehrten, etablierten sich andererseits preußisch-nationalistische, antisemitische wie frankophobe Vereinigungen, die unter dem Vorzeichen der frz. Besatzung sowie des drohenden Zusammenbruchs der Ständegesellschaft starken Zulauf erhielten. Die sich neu konstituierenden Vereinigungen waren rigide antifeministisch eingestellt und konstituierten sich keineswegs wie die bestehenden Salons als offene, libertäre Gesellschaften, sondern als geschlossene Männerbünde auf der Basis rigider Satzungen, standardisierter Tischregeln und männlich geprägter Stammtischgeselligkeit. Die literarische Form des „Antisemitismus als Witz" sowie die „judenfeindliche Erzählung" à la Grattenauer erfreute sich in derlei feuchtfröhlichen Zirkeln eines großen Zuspruchs.

Zu den neu entstehenden sich bewusst als Gegensatz zur kosmopolitisch-libertären Salonkultur positionierenden Vereinigungen zählte die Deutsche Tischgesellschaft, die mit dem Namen „Deutsche christliche Tisch-Genossenschaft" am 18. Januar 1811 vom Schriftsteller Achim von Arnim sowie vom Staatsrechtslehrer Adam Heinrich Müller (1779–1829) als reiner Männerverein gegründet wurde. Bei Müller findet sich das völkisch-nationalistische Gedankengut der romantischen Staatsphilosophie in der Überhöhung des Staates als eines »nationalen Wesens« sowie im Postulat von der Bestimmung des Menschen durch dessen »Zugehörigkeit zu einer nationalen Gemeinschaft«. Die Nation war für Müller ein überzeitlicher, blutsmäßig verbundener, transgenerativer »Volkskörper«, in dem es keinen Platz für den zum Fremden konstruierten Juden gab, den »ein widerwärtiger, unerträglicher Hochmut« auszeichne.

Das Gründungsdatum der Deutschen Tischgesellschaft wählte man, um sich als königlich-preußisch-monarchistisch zu stilisieren, insofern es bewusst an die Krönungszeremonie Friedrichs I. in Königsberg am 18. Januar 1701 vor genau 110 Jahren erinnerte. Von den Mitgliedern sind 86 Personen namentlich überliefert, insofern sich diese offen zu ihrer Mitgliedschaft bekannten. Die Tischgenossen gehörten dem Adel, dem gehobenen Bürgertum sowie der literarisch-künstlerischen Intelligenz an. Die Mitglieder einte der Kult um die ein Jahr vor der Gründung im Jahr 1810 gestorbene Königin Luise von Preußen (Luise von Mecklenburg-Strelitz, 1776–1810), die als Symbol für ein wiedererstarktes Preußen auf dem Weg zum geeinten Deutschen Kaiserreich betrachtet wurde, ferner ein äußerst aggressiver, qualitativ neuartiger, moderner Antisemitismus sowie ihre Gegnerschaft zur „Franzosenzeit", wobei das antifranzösische Element eng mit dem antisemitischen verflochten war, insofern die Tischgenossen nicht zuletzt deshalb antifranzösisch waren, weil sie antisemitisch waren und sich gegen die frz. Judenpolitik wie das napoleonische Dekret von 1808 wandten, dessen Übernahme sie in den dt. Ländern befürchteten.

Neben der preußischen Bürokratie u. a. in Gestalt von Carl Georg von Raumer (1783–1865), Albert Peter Heinrich von Zschock (1768–1848), Friedrich August von Staegemann (1763–1840) sowie Christian Peter Beuth (1781–1853) war als zweite Gruppe die Professorenschaft der erst ein Jahr zuvor im Jahr 1810 gegründeten Berliner Universität stark vertreten. Zu ihnen zählten u. a. der Jurist Friedrich Carl von Savigny (1779–1861) sowie die sich auch in ihren Schriften als Antisemiten zu erkennen gebenden Philosophen Johann Gottlieb Fichte (1762–1814) und Friedrich Schleiermacher (1768–1834). Die starke Beteiligung der Professorenschaft der Berliner Universität verdeutlicht, dass der Antisemitismus im Kontext der politischen Krise des Preußentums wie der gesellschaftlichen Umbruchphase in der akademischen Intelligenz starken Zulauf gewann, was sich als prägend für die intellektuellen Schichten des dt. Wilhelminismus erweisen sollte. Als dritte Gruppe vertreten war u. a. mit Achim von Arnim, Clemens Brentano, Karl Friedrich Schinkel (1781–1841) und dem Musikpädagogen Carl Friedrich Zelter (1758–1832) die künstlerisch-literarische Intelligenz. Die vierte und letzte Gruppe bildeten mit Persönlichkeiten wie Carl von Clausewitz (1780–1831) und Moritz von Bardeleben d. Ä. (1777–1868) führende Gestalten des preußischen Militärs.

Der Begriff der „Juden-Emanzipation" tauchte zwar erst 1817 auf, konstatieren lässt sich indes, dass die zentrale strategische Gemeinsamkeit der Mitglieder der Deutschen Tischgesellschaft in der Ablehnung der Gleichstellung der Juden lag, welche die frz. Dominanz in Europa auf die preußische Tagesordnung gesetzt hatte. Obwohl sich unter ihnen etliche hochrangige Beamte der Regierung Hardenberg befanden, einte sie ihre antihardenbergsche Linie, ihre Aversion gegen die geplante und unmittelbar bevorstehende Gleichstellung der Juden seitens des Staatskanzlers. Die Programmatik der Deutschen Tischgesellschaft bestand in der Negation; die inhaltliche Klammer ihrer Mitglieder bildete der sich etablierende völkische Nationalismus, welcher in den gehobenen Schichten immer mehr an Einfluss gewann, sowie der damit eng verbundene „moderne Antisemitismus", der sich politisch gegen die Emanzipationsgesetzgebung richtete und ideologisch die Juden zu wesensmäßigen „Nicht-Deutschen" konstruierte. Die Tischgenossen führten nicht nur vierzehntägige „Stammtischschlachten" gegen die Juden, sondern ebenso einen höchst intrigant geführten Kampf gegen die Gleichstellungspolitik der Regierung Hardenberg auch außerhalb ihrer geselligen Runden. So ist es alles andere als zufällig, dass die Staatsbürgerrechtsreform nach der Niederlage Napoleons in wichtigen Teilen zurückgenommen wurde.

Laut Satzung der Deutschen Tischgesellschaft waren nur „wohlanständige Männer" aufzunehmen. Die Statuten definierten diesen Sachverhalt wie folgt:

> »Die Gesellschaft versteht unter dieser Wohlanständigkeit, dass es ein Mann von Ehre und guten Sitten und in christlicher Religion geboren sey […].« (Arnim 2008: 5)

Die Tischgenossen wählten die bewusste Formulierung „geboren", insofern diese Wortwahl Juden, getaufte Juden sowie Nachkommen getaufter Juden ausschließen sollte. Bereits die Satzung illustriert das Aufkommen des modernen Antisemitismus, da diese das Etikett des „Christlichseins" als Synonym des „Biologistisch-Völkischen" missbrauchte. Zusammen mit den dezentral angelegten spanischen „Statuten von der Reinheit des Blutes" aus dem 14. und 15. Jh., die nach einem Achtel oder gar Sechzehntel Anteil „jüdischen Blutes" fahndeten, lassen sich die Statuten der Deutschen Tischgesellschaft als Prototyp des nationalsozialistischen „Arierparagraphen" betrachten. Bedenkt man, dass das Christentum sich als Taufgemeinschaft versteht, wird die Ungeheuerlichkeit der Statuten erst in ihrer ganzen Tragweite offensichtlich. Im christlichen Verständnis gilt diejenige Person als Christ, welche die Taufe empfängt. Mit diesem Fundamentaldogma des Christentums, das eine gleichberechtigte, christliche Gesellschaft Getaufter konstituiert, brachen auf spanischem Boden erstmals die „Statuten von der Reinheit des Blutes", insofern diese zwischen den „Altchristen" und den „Christianos novos" (Konvertiten) differenzierten sowie auf dt. Boden die Satzung, welche sich die Tischgenossen im Jahr 1811 gaben. Die Statuten der Deutschen Tischgesellschaft wurden keineswegs in Unkenntnis christlicher Dogmatik verfasst; ihre Verfasser wollten vielmehr gezielt mit der Potentialität der Konversion als geläufigem Prinzip brechen, das der Dichter Heinrich Heine (1797–1856) mit dem Satz »Der Taufzettel ist das Entréebillet zur europäischen Kultur« ironisierte. Die Statuten offenbaren kein „mangelhaftes kirchlich-dogmatisches Basiswissen", da ihre Verfasser das Ziel der Exklusion der Juden bewusst verfolgten und den bislang einzigen gesellschaftlichen Zugangsweg in Gestalt der Taufe zu verschließen gedachten. Die Formulierung »in christlicher Religion geboren« signalisierte die Intention der Tischgenossen, das Prinzip der biologistisch rassifizierenden Herkunft zum alleinigen Kriterium zu etablieren, das „blutsmäßige Merkmal" zur Fundamentalgröße gesellschaftlicher Akzeptanz zu inthronisieren. Die Statuten stellten eine offene Brüskierung dar, insofern es den Mitgliedern sehr wohl bewusst war, dass man laut christlicher Lehre nicht als Christ geboren wird, sondern erst in die christliche Gemeinschaft durch den rituellen Akt der Taufe aufgenommen wird. Christsein mutierte zur biologisch-genetischen Größe, was nicht zuletzt das Adjektiv „deutsch-christlich" in seiner gewählten Reihenfolge verdeutlichte.

Die Deutsche Tischgesellschaft erfand das „jüdische Blut" auf dt. Boden, insofern ihre Statuten bereits das „Taufchristentum" durch ein „völkisches Christentum" ersetzten, das als Prototyp des späteren „Deutschen Christentums" zu werten ist. Von den Statuten der Deutschen Tischgesellschaft, die das Christliche zu einem Synonym des Völkischen transformierte, führen Wege zu den Deutschen Christen und deren rassistisch-völkischen Antisemitismus in der Zeit des dt. Nationalsozialismus. Zwar knüpften die Tischgenossen in ihren Stammtischreden an die Motive des christlichen Antisemitismus an, ihr Judenhass stellte jedoch bereits eine neue Qualität dar, insofern er das „Völkische" zum primären Konstruktionsprinzip der Exklusion erhob.

Die Statuten der Deutschen Tischgesellschaft illustrieren, dass die ältere Antisemitismus-Forschung den Übergang vom christlichen zum biologistisch-völkischen Antisemitismus mit der zweiten Hälfte des 19. Jh.s viel zu spät datierte. Auch insofern erweist sich das dichotome Konstrukt von „Antijudaismus" und „Antisemitismus" als fehlerhaft. Die Ursprünge des transformatorischen Prozesses lagen bereits in der dt. Romantik, im preußisch-patriotischen Kampf gegen die „Franzosenzeit", in dem die Töne des Völkisch-Nationalistischen überlaut zu vernehmen waren. Die Geschichte der Deutschen Tischgesellschaft stellt einen Meilenstein auf dem Weg zu einer neuen Qualität des Antisemitismus dar, insofern ihre Judenfeindlichkeit an die Stelle der Religionszugehörigkeit das biologistisch-rassifizierende Abstammungsprinzip als exkludierende Richtschnur etablierte.

Unter den Reden der Tischgenossen sind diejenigen von Achim von Arnim, Clemens Brentano und Christian Peter Beuth die aggressivsten antisemitischen Texte. Achim von Arnims Rede *Ueber die Kennzeichen des Judenthums* illustriert nahezu das gesamte Ensemble antisemitischer Narrative, deren Einsatz die Juden nicht nur zu Fremden konstruiert, sondern gar zu umfassenden innenpolitischen Feinden, deren »teuflische Neugierde«, »Kunst sich zu verstellen«, »böse Thaten« und »heimliche Verbindungen« auf einen existenziellen Kampf zwischen der „Wir-Gruppe" und der „Fremdgruppe" hinauslaufen. Die christliche Judenfeindschaft mutiert hier bereits zum „biologistischen Rassenkampf". Die Rede von Arnims suggeriert eine Assoziation „der Juden" mit „den Franzosen", der „Feind im Inneren" gerinnt zur Personifikation des außenpolitischen Feindes, „der Jude" ist „der Franzose", dessen man im Unterschied zum militärischen Gegner habhaft werden kann. Die Rede von Arnims verdeutlicht die neue Qualität des Antisemitismus der Tischgenossen. Arnims moderner Antisemitismus bedient sich dabei ebenso der übelsten althergebrachten Motive des christlichen Antisemitismus und schreckt weder davor zurück, Juden als Kannibalen zu bezeichnen, als »Zerstecher geweihter Hostien« noch als »Schlachter christlicher Kinder« sowie der Brunnenvergiftung zu bezichtigen. Das Neuartige der Rede von Arnims besteht jedoch in der biologistischen Verewiglichung des „Jüdischseins", in der hassgetränkten Aversion gegen die jüdische Integration, im energisch verfolgten Ziel, die preußische Emanzipationsgesetzgebung zu Fall zu bringen, sowie in der nationalistischen Ideologie der Unvereinbarkeit von „Deutschsein" und „Jüdischsein". So ist eine der schlimmsten Visionen von Arnims, dass sich »heimliche Juden« unter die Tischgenossen »einschmuggeln könnten«:

>»daß an die Stelle dieser christlichen Tischgesellschaft eine Synagoge sich versammelte, welche statt des frohen Gesanges auerte, statt der Fasanen Christenkinder schlachtete, statt der Mehlspeise Hostien mit Gabel und Löffel zerstäche, statt der grossen Wohlthaten, die wir künftig noch wollen ausgehen lassen, die öffentlichen Brunnen vergiftete und dergleichen kleine Missethaten mehr verübte, um deren die Juden in allen Ländern Europas bis aufs Blut geneckt worden sind.« (Arnim 2008: 108)

Zwar waren die Mitglieder der Deutschen Tischgesellschaft im Rahmen der monarchistischen Ordnung durchaus reformorientiert, um Preußen antifranzösisch zu wappnen, doch bzgl. der unmittelbar bevorstehenden „Judenemanzipation" erwiesen sie sich als Anhänger Grattenauers sowie des übelsten neuzeitlichen Antisemiten überhaupt, des Heidelberger Professors Johann Andreas Eisenmenger, der die an die Juden gerichteten Schuldvorwürfe erst salonfähig machte. Arnim bezieht sich explizit auf Eisenmenger, wenn es heißt:

>»[…] alles das mag der Wißbegierige bey Eisenmenger nachlesen, dessen Schrift eine vortheilhafte Recension von König Friedrich des ersten eigner Hand […] erhalten hat, welche sie von dem Censurdrucke befreyte welchen die Juden durch ihre Verbindungen am kaiserlichen Hofe veranlasst hatten.« (Arnim 2008: 110)

Der affirmative Bezug auf Eisenmenger belegt, dass von Arnim die rassifizierende Kriminalisierung der Juden in Gestalt des Vorwurfs, „Mörder christlicher Kinder" zu sein, ernst meinte und diesbezüglich Worte wie »kleine Missethaten« lediglich der zusätzlichen Belustigung der Tischgenossen dienten, ja gar der Verschärfung der unterbreiteten Anklage. Sonst ergebe es auch keinen Sinn, dass von Arnim in seiner Tischrede entschieden die Aufhebung der Zensur eines Buchs begrüßte, dessen Autor die Behauptung aufstellte, zentrale Schriften des Judentums forderten Juden nicht nur dazu auf, Christen zu schaden, wo immer dies möglich sei, sondern diese verlangten von ihnen gar die Tötung von Christen, was Eisenmenger religiöses »Blutopfer« nannte und mit der Ritualmordlegende verband. Die Tötung christlicher Kinder, mit der Juden zu Pessach den Kreuzestod Christi rituell wiederholen würden, galt für Eisenmenger als bewiesener Sachverhalt und keinesfalls als Legende.

Um seine Ablehnung der „Judenemanzipation" zu betonen, bedauert von Arnim, dass judenfeindliche Kleiderordnungen nicht mehr gültig seien, da diese den Vorteil besäßen, dass der Jude zu erkennen sei und sich so ein Einschleichen in die »christliche Gesellschaft« vereiteln ließe. In diesem Kontext bedient er sich des in seiner Zeit verbreiteten Motivs vom „stinkenden Juden" sowie der Diffamierung des Juden als „Giftmischer".

Die Rede von Arnims geht in ihrem mittleren Teil in einen Knittelvers über, der sich der Rassifizierungstechnik der Animalisierung („Juden als Ratten") bedient und motivisch bereits den Bogen zu antisemitischen NS-Propagandafilmen spannt, wenn es heißt:

> »Der Ritter ruft: Was machst Du Katz [gemeint ist ein Frankfurter reicher Jude, d. Verf.]? / Der Jude sprach: Da läuft ein Ratz [eine Ratte, d. Verf.] / Und wirklich war zu dieser Zeit / Die ganze Stadt der Ratten Beut, / Die in dem Judenschmutz geheckt. / Der Jud hätt sich so gern versteckt / Wie eine Ratt im Loche klein / Er möchte gern unsichtbar sein [...].« (Arnim 2008: 117)

Der Knittelvers endet mit der Zwangstaufe des Juden, wobei noch vermerkt wird: »Ein wenig Schläge obenrein, das soll ihm zum Gedächtnis sein.« Wie bei anderen Rednern mischt sich auch bei von Arnim der primär religiös motivierte ältere mit dem modernen Antisemitismus, insofern die Taufe das Finale des Knittelverses bildet und so noch der christlichen „Judenmission" gehuldigt wird, obwohl laut Statut »getaufte Juden« nicht Mitglied der Deutschen Tischgesellschaft sein durften. In der Rede Achim von Arnims bleibt es indes nicht bei der Zwangstaufe und so endet der

Text mit einem Beispiel für den modernen Antisemitismus, einer Art „Chemieexperiment", welches unverhohlen die Vernichtungswünsche des Redners erkennen lässt, insofern das als „Lösungsvorschlag" angepriesene Verfahren in folgendem Prozedere besteht:

>»Nachdem der Jude zerstossen, im Feuersteinmörser fein zerrieben im Platinatiegel mit Aetzlauge erwärmt und zuletzt durchgeglüht [...] hier nun das Resultat.« (Arnim 2008: 147)

Die Analyse der Asche des Juden führt nach von Arnim zum Ergebnis, dass dieser sich u. a. aus folgenden Bestandteilen zusammensetzt: 50 % Bosheit, 2 % Gold, 10 % eingeatmetes Silber, 20 % altem Kupfer (an dieser Stelle vergleicht von Arnim den Juden mit der Beutelratte), 5 % falsche Wechsel und 4 % Christenblut, welches »durch sündliche Vermischung gewonnen« sei.

Der Text Clemens von Brentanos *Der Philister vor, in und nach der Geschichte* ist noch primär im Stil der christlich-mittelalterlichen Judenfeindschaft gehalten, verknüpft indes die religiös-motivierten Pejorative wie den „Christusmord" (»unauslöschliche Blutflecken einer bösen Schuld«) ebenso mit sozioökonomischen Motiven des modernen Antisemitismus. Der Jude ist bei Brentano ein »geldgeiler Geschäftemacher«, ein »Voyageur eines schändlich fallirten Handlungshauses«. Die Kollektivierung begegnet uns nicht nur in Gestalt des wiederkehrenden großen „D" („die Juden"), sondern ebenso in der diskriminierenden Konstruktion, die alle »zwölf Stämme« für die »Kreuzigung des Herrn« verantwortlich macht. Die antisemitische Dehumanisierung tritt bei Brentano in Gestalt vielfältiger Varianten der Animalisierung auf. Mal ist „der Jude" eine Klapperschlange, mal eine mottenartige Fliege oder ein Weisfisch. Brentano lässt auch das im Mittelalter verbreitete Motiv der sog. „Judensau" nicht aus, wenn es heißt: »Das Schwein aber wäre hier wieder ein Mittler zwischen den Juden und Philistern«. Bemüht wird ebenso die Pathologisierung (»das Gift der Judenblatter«), die das mittelalterlich-neuzeitliche Motiv des Juden als Verursacher der Pest aufgreift, sowie die diskursive Physiognomisierung (»Habichtsnase als eine jüdische«). Neben der Vielfalt judenfeindlicher Narrative verdeutlichen Vernichtungsfantasien, die sich in Brentanos Text durch die wiederkehrende Assoziation der Todesmetapher zu erkennen geben (»Wahrzeichen ihres Untergangs«, »Gespenster ihres historischen

Todes«, »ihre Asche ist in den Wind gestreut«, »vier Viertel ihres historischen Leibes an die vier Thore genagelt«, »Kinder des Todes«), den ausgeprägten antisemitischen Hass des Autors.

4.4 Der Fall Christian Peter Wilhelm Beuth

Der im Jahr 1781 in Kleve geborene Christian Peter Wilhelm Beuth trat nach dem Studium der Rechts- und Kameralwissenschaften im Jahr 1801 in den preußischen Staatsdienst. Zum Zeitpunkt der Gründung der Deutschen Tischgesellschaft (18. Januar 1811) war Beuth 29 Jahre alt und ein Jahr zuvor zum Geheimen Obersteuerrat im Finanzministerium zu Berlin ernannt worden, wo er an der Ausarbeitung von Gesetzesvorlagen im Kontext der Steuer- sowie der Gewerbereform beteiligt war. Im Jahr der Ernennung Beuths zeigte sich der preußische Kanzler, der die Judenpolitik als wichtigen Baustein seiner Reformvorhaben betrachtete, mit dem Stand der Dinge unzufrieden. Hardenberg, der aufklärerische Ansichten bzgl. der Judenemanzipation teilte, gab dem Justizministerium den Auftrag, unverzüglich einen neuen Entwurf zur „Judenemanzipation" zu erarbeiten, womit der Regierungsrat Friedrich von Raumer beauftragt wurde. Der von Raumer 1810 vorgelegte Entwurf folgte der judenpolitischen Linie Dohms und präferierte eine „aufklärerische Erziehungsdiktatur". Zwar ging der „Raumersche Entwurf" über die bislang vorgelegten Gesetzesentwürfe hinaus, verwehrte indes gleichwohl den Juden den Zugang zum Staatsdienst. Staatsbürgerliche Rechte sollten die Juden lediglich peu à peu erhalten, nachdem sie ihre „Besserungsfähigkeit" bewiesen hätten.

Hardenberg bat das Finanzministerium um eine Stellungnahme zum Entwurf Raumers, womit Finanzminister Philipp von Ladenberg den jungen Christian Peter Beuth beauftragte. Beuth legte das „Gutachten der Abgabensektion im Finanzministerium zum 1. Raumerschen Entwurf" am 11. April 1811 vor. Die Stellungnahme Beuths verdeutlicht seinen Antisemitismus. Aufgrund des Widerstands konservativer Kreise war zum gegebenen Zeitpunkt bereits geklärt, dass den Juden die Zulassung zum Staatsdienst verschlossen bleiben sollte. Obwohl dies nicht mehr zur Debatte stand, bemerkt Beuth gleich zu Beginn der von ihm vorgelegten Stellungnahme:

>>Die Frage an sich ist entschieden, daher bemerke ich nur: Zu Staats Aemtern würde ich die jetzt lebenden und deren Kinder nur bedingt admittiren.<< (Freund 1912b: 350)

Beuth sah sich folglich dazu getrieben, seine eigene ablehnende Haltung bzgl. einer weitreichenden Gewährung staatsbürgerlicher Rechte für die Juden explizit zum Ausdruck zu bringen sowie durch die Formulierung »und deren Kinder« als generationenübergreifendes Konstrukt noch zu verschärfen und damit auf gänzlich unbestimmte Zeit zu vertagen. Der Versuch, den Anteil der jüdischen Bevölkerung klein zu halten, wird an der Erschwerung jüdischer Existenz deutlich, wenn es heißt:

>>Kein Jude, der sich künftig etabliert, darf Handel treiben ausgenommen das erste Kind (oder besser ein Kind) eines Naturalisten, Generalprivilegierten, oder Ordinarii für seine Person.<< (Freund 1912b: 351)

Während der Raumersche Entwurf vom Februar 1811 vorsah, die Tätigkeiten der Söhne von Juden im Handel wie im Gewerbe für die nächsten 10 Jahre einzuschränken, kommentiert Beuth dies mit:

>>Die Zeit würde ich nicht bestimmen, in Frankreich waren die Juden nach 20jähriger Freyheit um nichts besser als vorher.<< (Freund 1912b: 351)

Die Formulierung Beuths verdeutlicht, dass dieser sich von der Sichtweise des Kanzlers auf die Juden als „besserungsfähiger Gruppe" distanzierte und stattdessen die vermeintliche Natur eines „ewig schlechten jüdischen Wesens" konstatierte, welches gegenüber jeglicher gesellschaftlich-sozialer Veränderung resistent sei. Die judenfeindliche Position Beuths kommt ebenso in Passagen zum Ausdruck, wo dieser mit diversen Mitteln darauf erpicht ist, die Anzahl „fremder Juden" soweit als möglich klein zu halten. So heißt es in seiner Stellungnahme: »Jeder durchreisende oder sich im Lande aufhaltende fremde Jude zahlt für den Aufenthalt 3 rth bis 6 rth monatlich« sowie sodann abwertend:

>>Fremde Juden dürfen sich nur dann fortdauernd in unseren Staaten aufhalten, wenn sie die [...] Bedingungen erfüllen. Sonst bleibt alles schon im Lande befindliche Gesindel, unter dem Deckmantel der Schutzjuden darinnen [...].<< (Freund 1912b: 353)

Die Stellungnahme Beuths als preußischer Beamter der Abgabensektion zum „Raumerschen Entwurf" verdeutlicht dessen antisemitische Grundhaltung und illustriert, dass seine Ablehnung sich aus einer biologistisch-kulturalistischen Position speist, die in essentialistischer Weise ein „jüdisches Wesen" unterstellt, das gegenüber jeglicher „Besserungsfähigkeit" immun sei. Das Gutachten Beuths illustriert darüber hinaus, dass es sich beim Antisemitismus Beuths keineswegs „nur" um eine Judenfeindschaft des Wortes handelte, insofern Beuth über eine politische Stellung verfügte, in der er die preußische Judenpolitik in relevantem Maße zu beeinflussen vermochte, sodass der „Fall Beuth" zugleich ein Beispiel für den politischen Antisemitismus eines preußischen Ministerialbeamten ist.

Im Verlauf des Jahres 1811 suchte der „Berliner Neuling" Beuth gezielt den Anschluss an gesellschaftliche Kreise und fand diese im Umfeld der Tischgenossen, die gegen die geplante rechtliche Gleichstellung der Juden in Preußen opponierten. In seiner im Juni oder Juli 1811 gehaltenen Rede vor den versammelten Mitgliedern befasste sich Beuth u. a. mit den potentiellen Konsequenzen, die der Erwerb von Grundbesitz seitens jüdischer Bürger in Gestalt sog. „Patronatsrechte" mit sich brächte. Gleich zu Beginn der Rede wird der „Hass gegen die Juden" von Beuth als „notwendiges Requisit" des wiederaufstrebenden „christlichen Geistes" bezeichnet. Die Rede lässt sich insgesamt als äußerst hassgetränkt charakterisieren, so ist es folglich kein Zufall, dass sich Beuth zustimmend auf Johann Andreas Eisenmenger bezieht, der bekanntermaßen zu Beuths Zeiten als der bis dato aggressivste Judenfeind galt, insofern er die Juden u. a. bezichtigte, aus rituellen Gründen Morde an christlichen Kindern zu verüben. Die Ritualmordlegende greift Beuth in seiner Rede mittels der Formulierung »Kristenkindern das Blut abzapfen und trinken« in affirmativer Weise auf. Obwohl die antijüdischen Schriften Eisenmengers über 40 Jahre verboten waren und auch in christlichen Kreisen als hassschürend betrachtet wurden, bezeichnet Beuth das Pamphlet Eisenmengers als „einem jeden guten Kristen hinreichend bekannt" und zweifelt den Wahrheitsgehalt in keiner Weise an. Die von Eisenmenger verbreiteten antisemitischen Charakteristika gibt Beuth in seiner Rede gar als das Wesen der »gottlosen Juden« aus.

Die Qualität des Beuth'schen Antisemitismus resultiert dabei aus der hassgetränkten Rhetorik sowie aus der Vorstellung von einem elementaren Existenzkampf, welcher der Intention „des Juden" geschuldet sei, »uns auszurotten« (Motiv des späteren „Rassenkampfes"). Diverse Passagen der Rede Beuths lassen sich als inversive Projektion der Vernichtungswünsche des Redners interpretieren. Die Deutung der Darlegungen als Variante eliminatorischen Wunschdenkens wird durch den Sachverhalt gestützt, dass die Tötungsgelüste des Redners ebenso Widerhall bei der Beantwortung der Frage finden, »ob auch ein Prediger den Sohn eines [jüdischen] Patrons beschneiden muss«, insofern es an dieser Stelle heißt:

> »Tröstend ist diese Entscheidung einem Kristen, denn da von ihm nicht zu verlangen ist, dass er das Beschneiden versteht: so wird das verbluten, und verschneiden manches Judenjungens die wahrscheinliche und wünschenswerte Folge davon sein.« (Arnim 2008: 159)

Die Vernichtungsfantasie Beuths, die im Duktus der Sprache anhand diverser Stellen erkennbar ist, zeigt sich ebenso in der Schlusspassage seiner Rede, die ein weiteres Mal die verbale Annäherung des Redners an den Vernichtungsantisemitismus erkennen lässt, wenn es heißt:

> »Die Preußischen Juden haben gesetzlich eine Uniform erhalten, die sie nur nicht tragen, nämlich gelbe spitze Hüte. Als 24 Juden 1510 in Berlin lebendig verbrannt wurden, trugen sie dergleichen sankt Angelus Strutiomontanus [laut Andreas Angelus, d. Verf.], wie solches Juden gebührt.« (Arnim 2008: 159/160)

Die Passage der Rede illustriert, dass Beuth die Ritualmord- sowie die Hostienfrevellegende keineswegs infrage stellt, sondern die antijüdischen Diffamierungen vielmehr teilt und selbige in antisemitischer Intention reproduziert. Dies wiegt umso schwerer, als Beuth sich hier auf ein reales Ereignis bezieht, nämlich den „Berliner Hostienschänderprozess" aus dem Jahr 1510. Beuth hält seine Tischrede gut dreihundert Jahre nach der Anklageerhebung und somit zu einem Zeitpunkt, als die religiösen wie politischen Intentionen derlei fingierter Schauprozesse, in der die Folter tagelang zum Einsatz gelangte, für jedermann erkennbar waren. Beuth legitimiert indes nicht nur die antijüdischen Diffamierungen der schlimmsten Art, welche Juden zu mörderischen Kinderschändern kriminalisierten, er rechtfertigt darüber hinaus die Tötung der Berliner Juden, die er noch zusätzlich über die Bemerkung bzgl. ihrer sie als Juden markierenden spitzen Hüte verhöhnt. Posthum erfreut sich Beuth an der Vertreibung der kompletten jüdischen Gemeinde Brandenburgs. Die Legitimation des brutalen Unrechtsaktes stellte für die damalige Zeit auch insofern eine Provokation dar, als Beuth und seine Zeitgenossen Kenntnis davon besaßen, dass bereits der Frankfurter Fürstentag des Jahres 1539 den „Berliner Hostienschänderprozess" des Jahres 1510 wegen der Unterschlagung von Zeugenaussagen verurteilt hatte.

Höchst auffallend ist, dass sich Beuth nicht auf zeitgenössische Werke zur Geschichte Preußens bezieht, sondern auf ein Werk aus dem späten 16. Jh. In seiner *Chronica der Mark Brandenburg* aus dem Jahr 1598 behauptet der Verfasser Andreas Angelus, auf dessen Darstellung der Ereignisse des Jahres 1510 Beuth sich bezieht, dass die Juden »mit dem heiligen, hochwürdigen Sakrament so erschrecklich und erbärmlich gehandelt und umgegangen« sowie das »viel Juden an diesen schweren Misshandlungen dazu auch an vielen unschuldigen gepeinigten und ermordeten Christenkindern große Schuld hatten«. Obwohl Beuth zu seiner Zeit wusste, dass im Jahr 1510 kein einziges Kind in der Mark Brandenburg auch nur vermisst wurde, übernimmt er die Darstellung eines Autors, der sich nahezu wortwörtlich auf den Sumarius, eine antijüdische Flugschrift aus dem Jahr 1511 bezog, die u. a. einen Holzschnitt enthält, auf dem drei Juden zu sehen sind, welche einem christlichen Kind das Blut abzapfen, das sich in zwei große Bottiche ergießt, während ein vierter Jude einem bereits mit vielfältigen Stichen gemarterten Kind den Hals absticht. Beuth übernahm damit kritiklos die Position der Anklageschrift des antijüdischen Schauprozesses und trug so zu Beginn des 19. Jh.s dazu bei, die Legenden vom Hostienfrevel und Ritualmord erneut in der Bevölkerung zu verankern.

Sichtbar wird an dieser Stelle der Rede Beuths, dass für die Tischgenossen nicht nur ein mythologisiertes Christentum („wundersame Hostien") eine große Rolle spielte, sondern ebenso ein möglichst judenfreies, „völkisch-homogenes" Preußen, dessen am „Volkskörper" erneuerte Nation den siegreichen Kampf gegen die frz. Besatzung führen sollte. Die nationale Erneuerung per „völkischer Homogenisierung" bildete den Kern der gewaltfantasiegeladenen antisemitischen Fantasien der Tischgenossen. Anstelle der auf die Tagesordnung gesetzten rechtlichen Gleichstellung der Juden bestand die Wunschvorstellung der Tischgenossen in der Vertreibung der Juden, in denen sie vaterlandsverräterische Verbündete der Franzosen sahen, sodass es kein Zufall ist, dass sich Beuth auf die Ereignisse des Jahres 1510 bezog und sowohl den Schauprozess auf Basis mittelalterlicher Fake-News als auch die Ermordung und Verbannung der Brandenburger Juden legitimierte.

Die hassgetränkte Aggressivität des Beuth'schen Textes kommt ebenso darin zum Ausdruck, dass Beuth nicht nur wie andere Tischgenossen Juden mit Schweinen in Verbindung bringt, sondern diese gar unmittelbar mit Schweinen gleichsetzt, insofern er den sexuellen Verkehr eines Christen mit einer Jüdin als Sodomie bezeichnet, mit der zu seiner Zeit u. a. die „Sodomia bestialis", die Zoophilie, gemeint war. So heißt es:

> »Ich gehe weiter, da die Juden uns wie gesagt für Schweine halten: So können sie selbst nicht verlangen daß wir für sie beten; wir aber können es aber darum nicht, weil die Juden selbst dies [d. h. Schweine, d. Verf.] sind. Dieses steht durch Urteil und Recht fest, denn ein Krist der im Jahr 1180 eine Jüdin geschwängert hatte, wurde wegen begangener Sodomiterey lebendig verbrannt.« (Arnim 2008: 159)

Für Beuth hat also ein Christ, der mit einer Jüdin sexuell verkehrt, de facto mit einem Schwein kopuliert, sodass eine Anklage wegen sexueller Praktiken mit Tieren (»Sodomiterey«) gerechtfertigt ist. Die rassifizierende Animalisierung in Gestalt der Gleichsetzung mit dem Schwein ist als weitere Variante der bei Beuth zum Ausdruck kommenden Tötungsfantasien zu werten, insofern das Auf-eine-Stufe-Stellen eines Menschen mit einem Schwein die Tötungshemmung senkt. Die Tötung bzw. Ermordung eines Juden wird bei Beuth auf diese Weise faktisch mit der Schlachtung eines Schweins gleichgesetzt.

Zehn Jahre später wurde Beuth im Dezember 1821 zum Mitglied des preußischen Staatsrats ernannt. Den „Entwurf einer Juden-Ordnung für das Großherzogthum Posen", welchen das Staatsministerium am 29. März 1822 vorlegte, leitete Friedrich Wilhelm III. am 28. April 1822 an den Staatsrat zur Beratung und Begutachtung weiter. An den Beratungen sowie am Gutachten, das die Abteilungen des Königlichen Staatsrats für das Innere, Handel und Gewerbe (Beuths Abteilung), für die Justiz und für die Finanzen am 23. Dezember 1823 unterbreiteten, war Beuth maßgeblich beteiligt. Dies belegt u. a. der Sachverhalt, dass Beuth das Gutachten am 24. März 1824 in der Sitzung des Staatsrats präsentierte. In der Stellungnahme heißt es:

> »Wenn gleich die Mehrheit unter uns weit entfernt ist, den Juden alle staatsbürgerlichen Rechte einzuräumen, und zu ihren Gunsten Schrit-

te zu wünschen, die zu keinem Ziele führen und nicht an der Zeit sind: so können wir alle es doch keineswegs angemessen halten, den Juden einer Menge von lästigen Bestimmungen und der Willkühr der Behörden zu unterwerfen, die sich seit Jahrhunderten praktisch ganz erfolglos bewiesen haben [...]. Maaßregeln dieser Art bringen, wie jedes Gefühl der Unterdrückung, Widerstand hervor, erschweren den Uebergang der Juden zum Christenthum (dem einzigen Mittel, dem Judenthum ein Ende zu machen), und stempeln die Juden nur zu hartnäckigen Märtyrern ihres Glaubens.« (Gutachten der Abtheilungen des Königlichen Staatsraths für das Innere, Handel und Gewerbe, für die Justiz und für die Finanzen, über den Entwurf einer Juden-Ordnung für das Großherzogthum Posen, die Landstriche Culm und Michelau und die Stadt und das Gebiet Thorn, Berlin Dezember 1823, S. 59, in: Bericht des Königlichen Staats-Ministeriums mit dem Entwurf einer Juden-Ordnung für das Großherzogthum Posen, Geh. St.A. I. HA, Rep. 80, Staatsrat und Staatssekretariat, Kuratorien d. Bank und d. Seehandl. Drucksachen, 1818–1848, Nr. 100)

Obwohl Beuth und seine Co-Autoren sich deutlich davon distanzieren, den Juden »alle staatsbürgerlichen Rechte einzuräumen«, gelangt das Gutachten des Staatsrats gleichwohl zum Resultat, dass eine besondere Gesetzgebung für das „Großherzogthum Posen, die Landstriche Culm und Michelau und die Stadt und das Gebiet Thorn", wie es der Entwurf einer Juden-Ordnung des Staatsministeriums vorsah, abzulehnen sei. Eine gewisse Rechtsangleichung schien Beuth aus Gründen der Staatsräson geboten zu sein, da ein zentralistischer Staat wie Preußen ein einheitliches Recht zugrunde legen sollte, der existente Flickenteppich aus diversen Judenordnungen diffizile Probleme verursachte und dem Wunsch der Verfasser, Berliner Juden mögen »ihren Wohnsitz nach Posen verlegen«, abträglich war. Der eigentliche Zweck des Unterfangens bestand indes im »Uebergang der Juden zum Christenthum«. Als maßgeblicher Co-Autor verschärft Beuth die seinerzeit geläufige intentionale Haltung hinsichtlich einer Konversion der Juden in sprachlicher Hinsicht noch, wenn es heißt »dem Judenthum ein Ende zu machen« sowie an anderer Stelle:

»Ebenso ist nicht zu läugnen, dass eine mildere Behandlung den Uebergang zum Christenthum in dem Maße mehr herbeigeführt hat, als sie freier geworden, und so dass sicherste Mittel dargeboten hat, den Untergang des Judenthums nach und nach zu bewirken.« (Gutachten der Abtheilungen des Königlichen Staatsraths, S. 63)

Zwar war die vergleichsweise „mildere Behandlung", die das Gutachten des Staatsrats im Unterschied zum „Bericht des Königlichen Staatsministeriums" auszeichnet, durchaus im Interesse der
Posener Juden, gleichwohl knüpft die Schärfe des eliminatorischen Sprachduktus, die den religiösen wie kulturellen »Untergang des Judenthums« als Zieloption propagiert, offen an den Judenhass der Tischgenossen von einst an. Der Kreis zur Rede
Beuths im Jahr 1811 schließt sich, wenn im Gutachten des Staat-
rats Gewaltfantasien artikuliert werden, die selbst die Körperlichkeit der Juden nicht außen vor lassen. So heißt es etwa:

> »Ebenso ist nicht zu übersehen, wie die Juden theils durch die Befrei-
> ung vom Soldatenstande, theils durch minder lebensgefährliche Be-
> schäftigungen, so wie endlich durch größere Regelmäßigkeit und Mä-
> ßigkeit in der Lebensweise, einer geringeren Sterblichkeit unterworfen
> sind.« (Gutachten der Abtheilungen des Königlichen Staatsraths, S. 73)

Im Unterschied zum Entwurf des Staatsministeriums eröffnet das
Gutachten des Staatsrats allen Juden den Zugang zum Militär –
dabei sogleich betonend: »zu Offiziersstellen können sie nicht gelangen« –, zu „gefährlicheren Beschäftigungen" sowie zur Tätigkeit des Schankwirts, all dies jedoch, um gewissermaßen ihre
Sterblichkeit zu erhöhen und die „Überlebenden" durch vergleichsweise „mildere Mittel" zu missionieren. Die in der Rede
von 1811 artikulierten Vernichtungsfantasien Beuths finden im
Gutachten des Staatsrats ein weiteres Mal ihr Echo, wenn die Autoren Stellung zur Frage des Heiratsalters von Juden beziehen.
Diesbezüglich heißt es:

> »Wir sind indeß der Meinung, daß hier [bzgl. des Heiratsalters] keine
> Veranlassung sey, für die Juden andre gesetzliche Bestimmungen als
> für die übrigen Staatseinwohner zu erlassen. Einmal müssen wir uns
> gegen die gewöhnliche Meinung erklären, als begünstigten die frü-
> hen Ehen der Juden ihre Vermehrung. Die frühen Ehen können nur
> schwächliche, der schnellen Sterblichkeit unterworfene Kinder und
> eine früher eintretende Unfruchtbarkeit der Frau zur Folge haben.«
> (Gutachten der Abtheilungen des Königlichen Staatsraths, S. 73)

Beuth und seine Co-Autoren haben folglich nichts gegen ein frü-
heres Heiratsalter bzw. eine Lockerung der diesbezüglichen
Bestimmungen einzuwenden, da auch dies – wie der einfache
Militärdienst – zur „Verminderung der Juden beitragen wird".
„Schnelle Sterblichkeit" und „frühere Unfruchtbarkeit", das sind

die antisemitischen Fantasien der Verfasser, die für den Juden so- wie das religiöse und kulturelle Judentum nur Vernichtung, Kon- version sowie identitäts- bzw. gruppenauflösende Assimilation vorsehen. Das Gutachten der Abteilungen des Staatsrats, dessen Tenor maßgeblich die Position Beuths wiedergeben dürfte, ist kei- neswegs geprägt von einem Denken der Toleranz (oder gar des Respektes), sondern misst die jeweils einzuschlagenden politi- schen Maßnahmen an der Effektivität bezüglich der Vernichtung der jüdischen Kultur, des mosaischen Glaubens sowie der Poten- tialität der anvisierten Konversion. Auf dieser Bewertungsgrund- lage gelangten Beuth und seine Co-Autoren zu dem Schluss, dass der „Entwurf einer Juden-Ordnung" des Staatsministeriums un- geeignet sei, und legten einen eigenen „Entwurf einer Juden-Ord- nung für das Großherzogthum Posen" vor.

In judenpolitischer Hinsicht folgt das Gutachten des Staatsrats der seinerzeit geläufigen Konzeption der „Erziehungsdiktatur", die Argumentation der „Verbesserung der Juden" verfängt sich indes in vielfältige Widersprüche, da die bereits bei den Tischge- nossen zutage tretende völkisch-biologistische Position, die den Juden in essentialistischer Weise eine „statische Natur" attestier- te, auch in der Stellungnahme des Staatsrats zum Tragen kommt und zu immanenten Unstimmigkeiten des Papiers führt.

Beuth und seine Co-Autoren bedienen darüber hinaus das Ste- reotyp vom sog. „Ostjuden", wenn es in zugleich antijüdischer wie antipolnischer Attitüde heißt:

> »Wird der Jude einer Gegend lästiger, als der anderen, so scheint uns dies seinen Grund darin zu haben, daß der Kultur-Zustand des Lan- des, der Charakter oder die Bildung seiner Einwohner die gewohnten Beschäftigungen der Juden mehr oder minder begünstigen.« (Gutach- ten der Abtheilungen des Königlichen Staatsraths, S. 54)

Beuth trug auf diese Weise mit dazu bei, das negativ geprägte Bild vom „Ostjuden" zu generieren, wobei es für die Bewertung des Sachverhalts unerheblich ist, dass der Terminus als solcher sich erst später einbürgerte. Die Existenz des Tatbestands der „Hetze" gegen die „polnischen Juden" ist nicht davon abhängig, ab wann das Etikett „Ostjude" für die damit verbundenen Pejorative ge- läufig wurde. Der Kreis zur Deutschen Tischgesellschaft schließt sich erneut, wenn das Gutachten die in der Rede Beuths von 1811 gestellte Frage aufgreift, ob ein jüdischer Gutsbesitzer über Patronatsrechte verfügen sollte. Die Antwort ist charakteristisch dafür, dass Beuth und seine Co-Autoren bei ihrer Stellungnahme einzig in Kategorien der preußischen Staatsräson dachten und lediglich den jeweiligen wirtschaftlichen wie religiösen Nutzen („Konversion") ihrer Empfehlungen vor Augen hatten. So sollen Juden zwar ihre durch Handelsgeschäfte erworbenen Gelder in Güter investieren können, ohne indes Patronatsrechte auf ihrem jeweiligen Anwesen ausüben zu dürfen.

Die Schärfe des Antisemitismus des preußischen Ministerialbeamten lässt sich für seine Zeit als durchaus extrem bezeichnen, insofern es sich sowohl um organisierten Antisemitismus handelt, da Beuth Mitglied der Deutschen Tischgesellschaft war, sowie um politischen Antisemitismus in Anbetracht des Tatbestands, dass Beuth seine Position als Geheimer Obersteuerrat wie als Mitglied des Staatsrats nutzte, um dem Antisemitismus des Wortes den Antisemitismus seines staatsmännischen Handelns folgen zu lassen. Die Härte seines Antisemitismus ergibt sich aus dem Sachverhalt, dass sich Motive eines äußerst rigiden christlichen Antisemitismus (Ritualmord- wie Hostienfrevellegende, Gottesmordvorwurf) mit neuartigen Formen des völkisch-biologistischen Antisemitismus mischen und Beuth sich Vernichtungsfantasien („Verbluten", „Verbrennen", „dem Judentum ein Ende machen", „Untergang des Judentums") bedient, die als eine verbale Variante des eliminatorischen Antisemitismus zu bezeichnen sind.

Im Kontext dieser neuerlichen Bewertung des Antisemitismus Beuths kam es im Jahr 2018 zu einer Umbenennungsdebatte an der Beuth Hochschule für Technik Berlin, die sich erst im Jahr 2009 nach dem preußischen Ministerialbeamten benannt hatte. Während sich die Beuth Hochschule Zeit nehmen will, um zu einer Entscheidung zu gelangen, reagierte die Bürgermeisterin der Stadt Kleve unverzüglich auf die Erkenntnisse und ließ die Ehrenplakette am Geburtshaus Beuths am 27. Juni 2018 entfernen. Auf der Suche nach einer Antwort auf die Frage, woher der Antisemitismus der Täter stammt, analysiert die moderne Antisemitismusforschung verstärkt die Biografie diesbezüglicher Akteure. Woher rührt, so ließe sich fragen, die Judenfeindschaft des Berliner Staatsbeamten, der sich den preußischen Reformen gegenüber ansonsten recht offen und aufgeschlossen verhielt? Archivmaterialien aus Beuths Geburtsstadt Kleve vermitteln den

Eindruck, dass sich die Erziehung Beuths zwar als autoritär bezeichnen lässt, der Vater jedoch nicht durch Antisemitismus auffiel und mit den „Ideen der Franzosenzeit" sympathisierte. Bemerkenswert ist die starke Karriereorientierung der väterlichen Pädagogik, die darauf abzielte, dem Sohn optimale berufliche Chancen zu eröffnen. So wird der junge Beuth im Jahr 1798 vom Vater zum Studium an die Universität Halle geschickt, d. h. in den „preußischen Rumpfstaat" und nicht an eine Lehranstalt der sog. „frz. Musterstaaten", um dessen Chancen zu verbessern, nach der „Franzosenzeit" in den preußischen Staatsdienst zu gelangen.

Es ist davon auszugehen, dass Beuth, der im Jahr 1791 Mitglied der schlagenden Verbindung Corps Guestphalia Halle wird, sich die Judenfeindschaft im Kontext des studentischen Milieus sowie des stark pietistisch, vom antijüdischen Missionseifer geprägten Klimas in Halle-Wittenberg zu eigen machte. Zwar nehmen zu Beuths Zeiten Burschenschaften jüdische Studenten auf – im zeitlich späteren Vormärz sogar in wachsender Anzahl – jedoch war ihr Korpsgeist von Anfang an stark antisemitisch geprägt, wofür die Generation der Gründerväter in Gestalt von Ernst Moritz Arndt, Friedrich Ludwig Jahn und Jakob Friedrich Fries nachhaltig sorgten. Bereits auf dem Hambacher Fest (27. Mai bis 1. Juni 1832) waren antisemitische Töne in den nationalistischen Reden der Burschenschaftler nicht zu überhören.

Bezüglich der Judenfeindschaft Beuths darf ebenso nicht verkannt werden, dass sich der Antisemitismus in der Zeit der Befreiungskriege (1813 bis 1815) verstärkte und sich des Narrativs vom Juden als Bündnispartner der Franzosen bediente. Dem Antisemiten, der im Juden den Verbündeten Napoleons sah, war es gleichgültig, dass viele dt. Juden als Freiwillige an den antinapoleonischen Befreiungskriegen teilnahmen, von der Hoffnung getragen, man werde sie so als gleichberechtigte Bürger endlich anerkennen. Beuth, der 1813/14 im Lützowschen Freikorps am Kampf gegen Napoleon teilnahm, verinnerlichte die korrelativen Diskurse der antifranzösischen wie antijüdischen Stimmungslage. Die Chance, die der Anschluss an einen mächtigen, karrierefördernden Kreis wie den der Deutschen Tischgesellschaft bot, ließ Beuth sich nicht entgehen. Er adaptierte den Antisemitismus der Tischgenossen, der als eine Art kultureller Code ihre elitäre Runde identitär formte und ihre soziale Gruppe maßgeblich konstituierte.

Beuth verschärfte den Tenor der antisemitischen Rede der Tischgesellschaft gar noch, weil er als „männlich", als „taff", als „forsch" erscheinen wollte. Der tiefe Wunsch als „ganzer Mann" zu erscheinen und sich hierfür u. a. der juden- wie frauenfeindlichen Zote zu bedienen, resultierte aus der sexualisierenden Diffamierung Beuths in Kleve, aus Beuths negativ antizipierter eigener homosexueller Veranlagung sowie aus der damit verbundenen Spaltungsabwehr gepaart mit judenfeindlicher Projektion. Im homophoben, männlich-militaristischen Umfeld Kleves wurde der junge Beuth mit Termini wie „Eunuch", „Impotenz", „mädchenhafte Gestalt" und „Eunuchen-Ehe" stets aufs Neue diffamiert. In Kleve war Beuth zu seiner Jugendzeit „der nicht richtige Mann", der „mädchenhafte Knabe", der „Zwitter", der „Hermaphrodit", die „zarte Person" mit dem „Kindesgesicht". Eine diesbezügliche Schlüsselerzählung lautet:

»Als Knabe und Jüngling habe ich denselben während meines Hierseyns seit 1781 allerdings oftmals gesehen und persönlich gekannt, wobei mir in seiner Erziehung seine Kleidung und seine Sprache immer sehr auffallend gewesen, indem man in beiden das Geschlecht an ihm fast nicht zu unterscheiden vermochte und er überdies von mädchenhaftem, sehr schwachen und zarten Körperbau war, und wenn ich nicht zufällig in Concerten den Klang seiner singenden Stimme als in das Männliche übergehend vernommen gehabt hätte, so würde ich ihn wenigstens für einen Hermaphroditen gehalten haben.« (Stadtarchiv Kleve, Sammlung Kopstadt, vorl. Inv.nr. 15 [Höhere Staatsdiener aus Cleve hervorgegangen seit 1781, Cleve, den 7. October 1830])

Die von Beuth gewählte Gegenstrategie bestand in einem besonders forschen männlichen Auftreten. Die Deutsche Tischgesellschaft, die Frauen von vornherein ausschloss, die eine frauenverachtende Zotenkultur pflegte, war ihm gewissermaßen wie auf den Leib geschnitten, um sich als „ganzer Mann" unter Beweis zu stellen, wobei es vermutlich Karl Friedrich Schinkel (1781–1841) war, dessen homoerotisches Verhältnis zu Beuth als belegt gilt, der den „Berliner Newcomer" in den elitären Kreis der Tischgenossen einführte.

In einer weiteren zentralen Stelle heißt es:

»[Beuth] hat einst vor einigen Jahren ein liebenswerthes Mädchen heyrathen wollen, und aus einem großen Enthusiasmus für seine übrige Eigenschaften stimmte sie ein, weil er aber unvorsichtigeweise sich selbst der Impotenz bey ihr angeklaget und sie zu einer Bedingung ihres Ehevertrages gemacht zu haben [scheint?], so willigte ihr Vater in eine solche Eunuchen-Ehe nicht und nötigte die Tochter dem blo-ßen Geist des Bräutigams ganz zu entsagen. Den treflichen und ehr-geitzigen Mann hat dieses geflochtene Resolution freylich sehr tief ge-schmerzt. War er aber würcklich Eunuch, wie seine Stimme und seine obgleich lange und hagere, aber doch etwas mädchenhafte Gestalt wohl nicht undeutlich verrieth, daß dieses Vorgeben Wahrheit seyn könnte, dann muß er freilich die Schuld seiner Unbesonnenheit tra-gen und da er kränkelnd zu seyn scheint, und vielleicht an Lungen-sucht leidet, so sagt man sey sein Entschluß nunmehro längst gefaßt, immer ledig zu bleiben. Dagegen aber ist er – wie gesagt – einer der thätigsten Staatsbeamten, Stifter und Director des polytechnischen Faches im Preußischen Staate.« (Stadtarchiv Kleve, Sammlung Kop-stadt, vorl. Inv.nr. 4 [Die Aerzte meiner Zeit in der Stadt Cleve, Cleve, den 21. November 1829])

Die zitierten Textstellen lassen nicht nur die homosexuelle Veran-lagung Beuths durchklingen, sondern thematisieren ebenso den Tatbestand, dass Beuth dafür immer und immer wieder mit Ter-mini wie „androgyne Figur", „Hermaphrodit" und „Zwitter" in abwertender wie kränkender Weise bezichtigt wurde. Auf Basis der Dokumente des Klever Stadtarchivs – zumal die zeitgenössi-schen Schilderungen von einer Person stammen, bei der es sich um einen tiefen Bewunderer des preußischen Staatsbeamten han-delte – ist beim „Fall Beuth" von einer Spaltungsabwehr gepaart mit antisemitischer Projektion auszugehen. Insofern zu Beuths Zeiten „der Jude" hochgradig mit den Termini des „Hermaphro-diten", des „Eunuchen", des „Impotenten", des „Androgynen" konnotiert war, was beschneidungsfeindlichen Narrativen ge-schuldet war, liegt eine psychoanalytische Verbindung zwischen der Spaltungsabwehr der homosexuellen Veranlagung und dem Antisemitismus Beuths zugrunde. Die eigene Disposition wird auf „den Juden" projiziert, insofern dieser dasjenige im öffentli-chen Diskurs darstellte, was man Beuth vorhielt. Indem „der Ju-de" öffentlich wortstark bekämpft wird, generiert sich Beuth als „echter Mann" und spaltet so seine homosexuelle Veranlagung ab. Im Vernichtungswahn gegen den Juden wird die androgyne Seite, das „Hermaphroditische", ja all das abgetötet, was „böse Stimmen" in Kleve in diffamierender Weise artikulierten. Auf diese Weise mischen sich bei Beuth Zeitgeist, Karriereorientie-rung, Wunsch nach sozialer Zugehörigkeit zu einem elitären Kreis, Spaltungsabwehr und Projektion zu einem aggressiven Antisemitismus, der das zeitgenössische Maß der Judenfeindschaft bei Weitem überstieg.

4.5 Der Fall Wilhelm von Humboldt

Im Kontext der sowohl in Berlin als auch in Kleve heftig geführten Diskussion um Christian Peter Wilhelm Beuth (vgl. Beuth-Debatte) und dessen Antisemitismus wurde des Öfteren das Argument angeführt, Beuth müsse aus seiner Zeit heraus verstanden werden. Geht es um potenzielle Umbenennungen wie in Berlin bei der Beuth Hochschule für Technik, so handelt es sich um ein häufig vorgebrachtes Argument, das den jeweiligen Namenspatron mit dem Hinweis verteidigt, sein Antisemitismus sei ein „Kind der Zeit" und weitverbreitet gewesen. Antisemitismus wird auf diese Weise relativiert und verharmlost und es wird fälschlicherweise der Eindruck erweckt, dass es im zeitbezogenen Spektrum der betreffenden Persönlichkeit keine gegenteiligen Ansichten gegeben hätte. Zu fast allen Zeiten der Historie existierten indes politische Kräfte wie Akteure, die im Antisemitismus eine gruppenbezogene Menschenfeindlichkeit sahen, ihn verurteilten und dagegen Konzepte entwickelten sowie Aktionen durchführten.

Vor dem Deutschen Institut für Normung (DIN) in der Burggrafenstraße in Berlin-Tiergarten steht seit 1987 ein Doppelstandbild, das Beuth im Gespräch mit Wilhelm von Humboldt (1767–1835) zeigt. Der Eindruck der trauten Zweisamkeit, den die Figurengruppe erweckt, täuscht jedoch. Während Beuth ein entschiedener Gegner der Judenemanzipation war und er seinen Hass als Beamter des preußischen Finanzministeriums sowie sodann als Mitglied des Staatsrats in seinen Stellungnahmen zur Judenemanzipation artikulierte, war Wilhelm von Humboldt ein entschiedener Unterstützer der rechtlichen Gleichstellung der Juden und befürwortete diese ohne Wenn und Aber sowie unverzüglich. Für Humboldt stellte die „Judenemanzipation" ein den Juden zustehendes Recht dar und war eine Angelegenheit, welche »die Moralität der ganzen Nation« betraf. In seiner im Jahr 1808 vorgelegten Schrift *Über den Entwurf zu einer neuen Konstitution für die Juden* heißt es:

»Auch soll der Staat nicht gerade die Juden zu achten lehren, aber die inhumane und vorurteilsvolle Denkungsart soll er aufheben, die einen Menschen nicht nach seinen eigentümlichen Eigenschaften, sondern nach seiner Abstammung und Religion beurteilt und ihn, gegen allen wahren Begriff von Menschenwürde, nicht wie ein Individuum, sondern wie zu einer Rasse [in älteren Ausgaben hieß es Race, d. Verf.] gehörig und gewisse Eigenschaften gleichsam notwendig mit ihr teilend ansieht. Dies aber kann der Staat nur, indem er laut und deutlich erklärt, daß er keinen Unterschied zwischen Juden und Christen mehr anerkennt.« (Humboldt 1910: 416/417)

Beuth, Dohm und Humboldt markieren um 1812 das historische Spektrum der Ansichten zur Judenemanzipation und dies reichte von einem entschiedenen Nein bei Beuth, das allenfalls Zugeständnisse einschloss, wenn die wirtschaftliche Stärke Preußens tangiert war, über eine sukzessive Gewährung bzw. einen allmählichen Abbau der Diskriminierung bei Dohm in Abhängigkeit von einer „Besserung der Juden" bis hin zur Sichtweise, dass die Herabsetzung der Juden ein widernatürlicher Zustand sei, der unverzüglich und in Gänze aufzuheben sei, bei Humboldt.

Es waren also keineswegs alle intellektuellen Köpfe Preußens gegen die staatsbürgerliche Gleichstellung der Juden. Humboldt setzte sich vielmehr unermüdlich für die rechtliche Gleichstellung ein und erteilte Konzeptionen eine Abfuhr, die wie Dohm im Geiste einer aufklärerischen Erziehungsdiktatur die Gewährung von Bürgerrechten an den Grad der Assimilation zu koppeln gedachten. Obwohl sich das Kräfteverhältnis zugunsten der Reaktion verschob, kämpfte Humboldt noch auf dem Wiener Kongress entschieden und energisch für die Emanzipation. Im Privaten schreckte er auch vor einem diesbezüglichen Konflikt mit seiner Ehefrau nicht zurück und äußerte ihr gegenüber seine Aversion. Eine nähere Analyse des von Humboldt im Jahr 1808 vorgelegten Entwurfs lässt indes die Grenzen des preußischen Gelehrten offenbar werden. Wie weit der Weg von der Toleranz zur Akzeptanz noch war, wird spätestens offensichtlich, wenn Humboldt in seiner Analyse davon ausgeht, dass die „Judenemanzipation" ihren natürlichen Abschluss in der Konversion finden werde. Der traditionellen Sichtweise des Christentums folgend betrachtete auch Humboldt die jüdische Religion als reines „Zeremonialgesetz" und diffamierte diese als „Nicht-Religion". Der Kämpfer für die Judenemanzipation, der bereits die Metho-

den entindividualisierender Kollektivierung erkannte und Rassifizierungstechniken brandmarkte, blieb letztendlich der Logik
des christlichen Missionsgedankens seiner Zeit verhaftet, wenn
es heißt:

> »Die Individuen werden gewahr werden, daß sie nur ein Zeremonial-
> gesetz und eigentlich keine Religion hatten und werden getrieben von
> dem angeborenen menschlichen Bedürfnis nach einem höheren Glau-
> ben, sich von selbst zu der christlichen wenden. Ihr Übertritt (...) wird
> alsdann wünschenswert, erfreulich und wohltätig sein.« (Humboldt
> 1910: 424/425)

Die Konversion bleibt auch bei Humboldt das eigentliche Ziel,
wenn auch im Unterschied zu Dohm erst nach vollständiger staatsbürgerlicher Gleichstellung der Juden. Das Universalisierungskon-
zept der Aufklärung führt dergestalt betrachtet nicht zur Akzeptanz des Judentums, insofern das Ziel keine multikulturelle
Gesellschaft ist, sondern ein universelles Christentum im Rahmen
eines säkularen Staates. Statt Begegnung auf gleicher Augenhöhe
im öffentlichen wie im privaten Bereich bleibt der Jude ein Objekt
der Mission, die Endstufe des Emanzipationsprozesses besteht
auch bei Humboldt in der Selbstauflösung des Judentums durch
Konversion. Die Gleichstellung ist und bleibt jedoch für Humboldt
ein unverbrüchliches Recht, welches nicht von Bedingungen,
Überprüfungen oder Evaluationen abhängig gemacht werden darf.

4.6 Die völkischen Autoren der dt. Romantik

Im Januar 2017 lehnte es die Universität Greifswald ab, weiterhin
nach ihrem bisherigen Namenspatron Ernst Moritz Arndt (1769–
1860) benannt zu sein. Dieser war nicht nur ein grimmiger Fran-
zosenhasser, sondern ebenso ein hitziger Antisemit. Nun mag es
nicht unbedingt Arndt anzulasten sein, dass dieser im nationalsozialistischen Propagandafilm *Der ewige Jude* zitiert wird, zufällig ist dies jedoch nicht, da Arndt ein entschiedener Vorläufer des
völkischen Nationalismus war und sein Antisemitismus bereits
biologistische Züge annahm. Ernst Moritz Arndts Ansichten kommen in seiner im Jahr 1814 veröffentlichten Schrift *Blick aus der Zeit
auf die Zeit* im Abschnitt »Noch etwas über die Juden« unzweideu-
tig zum Ausdruck. Arndt vertritt hier die Position, dass man »die
Einfuhr der Juden aus der Fremde in Deutschland schlechterdings

verbieten und verhindern« solle. Das Wort »Einfuhr« verdeutlicht den dehumanisierenden Sprachstil der Abhandlung, in der Juden mehrfach pathologisierend mit der Pest assoziiert werden:

> »Die Juden sind, wo sie in Menge wohnen, eine Plage und Pest der Christen.« (Arndt 1814: 196)

Arndt erklärte sich mit Entschiedenheit gegen die Aufnahme „fremder Juden", die „nach unserem Lande gelüsten", und setzte in animalisierender Weise die Juden mit Fliegen, Mücken und Ungeziefer gleich:

> »Wie Fliegen und Mücken und anderes Ungeziefer flattert der Jude umher, und lauert und hascht immer nach dem leichten und flüchtigen Gewinn.« (Arndt 1814: 196)

Arndt schürt in seinen Ausführungen die Angst vor einer »verderblichen Überschwemmung vorzüglich von Osten« und konstruiert so das Feindbild des „Ostjuden", d. h. der polnischen Juden, die als »fremder Auswurf« diffamiert und als die »verderblichsten« und »entartetsten« Elemente überhaupt charakterisiert werden. In vielfachen Wendungen bedient sich Arndt der biologistischen Argumentation, wenn er sich etwa wünscht, dass die Juden »unser herrliches und reines Volk nie berührt« hätten oder etwa die Ansicht vertritt, dass »jede zu häufige Mischung der Völker mit fremden Stoffen durchaus ein Verderben« sei, welches »widerstrebende Triebe und Anlagen hervorbringt und die Eigentümlichkeit und Kraft des Charakters eines Volkes zerstört«. Deutlich erkennbar sind erste Ideologeme im Kontext des Terminus der „Rassenvermischung", die laut Arndt zu einer „Herabzüchtung" der reinen und wertvollen Elemente einer Art führe.

Höchst auffallend ist, wie häufig Arndt das Wort „entartet" benutzt, so heißt es etwa, die einwandernden Juden aus dem Osten seien »entarteter und erniedrigter« als die anderen Bewohner Europas. Während den „fremden Juden" der Zutritt nach Deutschland strikt verwehrt werden soll, verfolgt Arndt bzgl. der in Deutschland lebenden bzw. geborenen Juden die Politik rassistischer Assimilierung, die auf einen von ihm propagierten Ethnozid hinausläuft. In paternalistischer Weise wird der „christliche Herrscher eines Staates" als »Vater der Juden« tituliert, der eine Erziehungsaufgabe wahrzunehmen habe, die darauf hinausläuft, die »Erniedrigten und Verdorbenen« zu »Moral und Geistigkeit emporzuheben«. Insofern der sittliche Unterweisungsprozess staatlicherseits erst allmähliche Resultate erziele, lehnt Arndt die sofortige Bewilligung gleicher Bürgerrechte mit den Christen strikt ab. Der Übergang von religiösen sowie kulturalistischen Positionen zum biologistischen Konstrukt des Antisemitismus zeigt sich, wenn es heißt:

> »Was von bösen und nichtswürdigen Trieben und Neigungen seit zweitausend Jahren in dem Volke eingewurzelt und verstockt ist, davon glaube man ja nicht, dass es durch ein paar Edikte eines Staatsministers plötzlich verwandelt werden kann. Es ist durch die langen Zeugungen etwas Angeborenes, und wenigstens drei Menschenalter müssten auch bei den besten Anstalten vergehen, ehe die Juden sich von der Unflätigkeit zu der Stille, von der Faulheit zu der Arbeitsamkeit und von dem Betruge zu der Rechtlichkeit des teutschen Volkes wenden [...].« (Arndt 1814: 197/198)

Dieser „Erziehungsprozess zur sittlichen Reife" – und daran lässt Arndt keinen Zweifel – ist erst dann geglückt, wenn der „verstockte Jude" sich zum Christentum bekenne und so zum Stamm des christlichen Volkes übergehe. Bei Arndt mischt sich so aus dem Mittelalter überkommener christlicher Missionseifer mit völkischem Nationalismus. Die Gleichsetzung von Volk, Nation und christlicher Religion paart sich mit einem Staatsverständnis, das eine nach innen gewendete Homogenität durch einen kollektiv geteilten Glauben als Voraussetzung gleicher Bürgerrechte für unverzichtbar hält. Die Juden seien, so heißt es, unfähig in einem »christlichen Staate« volle Bürger zu sein. Da er durch seine »fremde Religion« nicht imstande sei, alle Bürgerpflichten zu erfüllen, könne „der Jude" folglich auch nicht alle Bürgerrechte besitzen. Staat und Religion verschmelzen zu einer hermetisch geschlossenen Einheit des Völkischen, die Juden nur den Weg der Konversion eröffnet, um die Gleichberechtigung zu erlangen.

Die Gewährung gleicher Bürgerrechte für Juden ist Arndt gemäß ein fataler Fehler, eine Emanzipation kann es nur nach einer moralisch-geistigen Läuterung geben, die den Übertritt in den Schoß der christlichen Kirche voraussetzt. Während sich die Zahl der einheimischen Juden sukzessive durch Übertritte verringern werde, müsse man gleichzeitig alles Erdenkliche unternehmen, um die Aufnahme fremder Juden zu verhindern. Ansonsten drohe Deutschland eine „Judensündflut". Laut Arndt ist durch das »Judenunwesen« Polen bereits verdorben und untergegangen.

Für die dt. Romantik lässt sich der Text als paradigmatisch betrachten, verdeutlicht er doch die ideologische Scharnierfunktion des völkischen Nationalismus, welcher in Gestalt der Verkoppelung von christlicher Religion und erträumtem dt. Nationalstaat Elemente des religiösen Antisemitismus enthält und zugleich kulturalistische Positionen, welche die Inkompatibilität des Judentums mit dem fleißigen und redlichen dt. Volk betonen. Arndts Ansichten offenbaren bereits biologistische Konstrukte, die in der Vorstellung einer generationenübergreifenden Vererbung der »eingewurzelten Verstocktheit« und in der vermeintlichen »Entartung der Juden« zum Ausdruck kommen sowie in der Position, dass der Jude »durch unaufhörlichen Zufluss und Beimischung die reinen und herrlichen Keime des edlen dt. Volkes« verderbe und vergifte. Für den Antisemitismus der dt. Romantik typisch ist ebenso die spezifische Mischung aus Missionsgedanken, christlichem Staatsverständnis, Angst vor „Überfremdung", Betonung der wesensmäßigen Andersartigkeit „der Juden", Überhöhung des Volksbegriffs sowie der tiefe Wunsch nach „ethnischer Homogenisierung". Arndt verkoppelt die Termini Volk, Nation, Staat und Christentum in einer Weise, dass sein völkisch-nationalistisches Konzept auf eine nach außen gerichtete Abschottung hinausläuft sowie nach innen auf die Forderung einer bedingungslosen Assimilation.

Zu den führenden Vertretern der völkischen Schriftsteller gehörte ebenso der Autor Hartwig Hundt-Radowsky (1780–1835), der seine von tiefem Hass geprägte Ablehnung der jüdischen Gleichstellung im Erstlingsroman *Truthähnchen* (1819) zum Ausdruck brachte. Inspiriert durch Grattenauer bemühte Hundt-Radowsky das Genre der Satire bzw. der vermeintlichen Komik. So wird die als »Zwiebel in Israel«, als »Knoblauch im Stamme Juda« bezeichnete Figur des Juden Aaron Schleswicher im Roman mittels des folgenden Dialogs eingeführt, in dem der Ich-Erzähler die ihm fremde Person darum bittet, ihn aus einer misslichen Lage zu befreien:

»Um Jesuswillen, rief ich, befreien Sie mich! Retten Sie mich.
Was hab ich zu duhn mit dem Herrn Jaisus? Was duh ich damit. Was kümmert mich der Herr Jaisus.
Ins Teufels Namen retten Sie mich, ich bitte Sie! [...]
Ich will mich sein erbarmen, wenn er hat Mooß. [...] Was kann denn gaiben der Herr, wenn ich ihn lass raus?« (Hundt-Radowsky 1819a: 98)

Bezeichnend ist, dass Hundt-Radowsky sich in seinem im Jahr 1819 in Würzburg erschienenen Pamphlet *Judenspiegel. Ein Schand- und Sittengemälde alter und neuer Zeit* als »Grattenauer der Zweite« bezeichnete. Der *Judenspiegel* erlangte weite Verbreitung nicht zuletzt deshalb, weil der Autor sein Vorbild an Hass, Boshaftigkeit wie antijüdischen Vernichtungsgelüsten zu übertreffen gedachte. Bezug nehmend auf die Emanzipationsdebatte zwischen Dohm und Grattenauer betonte Hundt-Radowsky, dass „der Jude" aufgrund seines ihm immanenten Wesens nie ein guter Staatsbürger sein könne. Statt »lächerliche Luftschlösser für die Verbesserung der Juden zu bauen«, wie dies Dohm getan habe und leider ebenso etliche Regierungen, die Dohms Ratschlägen gefolgt seien, solle man vielmehr die Juden aus allen Staaten verbannen. Die ehrabschneidende sowie tief verletzende Sprache des Pamphlets wird deutlich, wenn Hundt-Radowsky die geforderte Vertreibung der Juden wie folgt begründet:

> »Ein solcher Kloak von Verbrechen, Schande und Lastern muss nothwendig die ganze sittliche Atmosphäre verpesten, und am Ende die Christen zu einer gleichen Stufe von Verworfenheit herabreissen.« (Hundt-Radowsky 1819b: 68/69)

Insofern Hundt-Radowsky Realist genug war, um eine Vertreibung für nicht durchsetzbar zu halten, präferierte er eine strikte rassistische Segregation und begründete diese mit der Schädlichkeit der „Rassenmischung". Zwar benutzte der Schriftsteller diesen Terminus noch nicht, wie sehr er derartigen Konzeptionen indes den Weg ebnete, belegt die folgende Passage:

> »Heimtückische lauernde Arglist, schmutziger Geiz und Wuchersinn, ein unbesieglicher Hang zu Betrügereien und Ränken, Neid, eitler Hochmuth verbunden mit sklavischer, schmarotzender Kriecherei, Wollust, unerbittliche Rachgier und Grausamkeit, trotziges Prahlen im Glück und verzagte Feigheit im Unglück: dies waren und sind, und werden ewig die Grundbestandtheile des jüdischen Volkscharakters seyn. [...] Alle diese unvertilgbaren Beschaffenheiten des Gemüths und des Körpers eigneten sich wahrlich nicht zwischen den Juden und den anderen Nationen eine freundliche Annäherung oder gar eine Verschmelzung zu bewirken! Eine solche Annäherung oder Verschmelzung würde für jedes nichtjüdische Volk ein gänzliches physisches und sittliches Verderben zur Folge haben. Daher sollte man ja dem Beispiele der alten Völker folgen, sich der lächerlichen Proselitenmacherei enthalten und jedem Juden den Uebertritt zum Christen-

thume wehren, damit nicht das Gift der physischen und moralischen, den Israeliten anklebenden Krankheiten auch den Christen einge-impft werde.« (Hundt-Radowsky 1819b: 51/52)

Bei Hundt-Radowsky findet sich in ausgeprägter Form das Stereo-typ vom Juden, der alle Fäden in der Hand hält. „Der Jude" stellte für den Schriftsteller eine äußerst gefährliche Gestalt dar, da alle Juden fest zusammenhielten und „die Juden" ein „gemeinschaft-liches Volksziel" verfolgten. All ihr Sinnen und Streben trachte danach, sich auf Kosten der Christen zu Macht und Ansehen zu erheben. Bei der Verfolgung dieses Ziels schreckten sie auch nicht davor zurück, sich als Kriegstreiber zu betätigen. Im Kontext des Pejorativums vom Juden als Kriegsgewinnler benutzt Hundt-Ra-dowsky als einer der Ersten das Bild vom Juden als Vampir:

> »Wo ein Krieg geführt werden soll, da sammeln sich die beschnitte-nen Vampyre, wie die Adler um das Aas, verhetzen Fürsten und Völ-ker noch mehr wider einander und machen Anleihen zur Menschen-schlächterei, um sich wucherische Prozente zu gewinnen. Daher kann man in Wahrheit sagen, daß die Juden Herren der Welt, und daß Kai-ser und Könige ihnen dienstbar sind.« (Hundt-Radowsky 1819b: 60)

Im Jahr 1819, zwei Jahre vor dem Druck des *Judenspiegels*, war in Leipzig die dt. Übersetzung der englischen Erzählung *Der Vam-pyr* von John William Polidori (1795–1821) erschienen. Das Motiv des englischen Schriftstellers erfreute sich von nun an großer Be-liebtheit. Ein Jahr nach dem *Judenspiegel* Hundt-Radowskys pub-lizierte Heinrich Ludwig Ritter das Schauspiel *Der Vampyr oder die Todten-Braut*, welches die Grundlage für die romantische Oper *Der Vampyr* von Heinrich Marschner (1795–1861) bildete, die in Leipzig im Jahr 1828 uraufgeführt wurde. Im ersten Teil seines Pamphlets gelangte Hundt-Radowsky zum Ergebnis, „der Jude" sei, betrachte man das „Alte Testament", in seinem ganzen Trei-ben ein sexueller „Wollüstling". Die Figur des Vampirs als blut-saugende Nachtgestalt, die nicht zuletzt für ungehemmte Sexua-lität steht, war bereits Anfang des 19. Jh.s hochgradig ethnisch konnotiert und bemühte vor allem die Sexualisierung „des Ju-den".

Neben den Thesen vom „ewigen Juden", der aufgrund seiner statischen Charakterzüge nicht integrierbar sei, sowie vom zu-tiefst boshaften Wesen des Judenvolkes, das sich über Generatio-nen hinweg in gleicher Weise vererbe, finden sich bei Hundt-

Radowsky deutliche Metaphern des eliminatorischen Antisemitismus. Der ausgeprägte Vernichtungswunsch zeigt sich darin, dass Juden als „Ungeziefer" bezeichnet werden, welches sich ungehemmt fortpflanze, sowie in unverhüllten Tötungsvisionen des Autors:

> »Ein Volk, welches Verbrechen dieser Art sich erlauben kann, sollte nimmer unter Christen geduldet werden. Vor sechzig bis siebzig Jahren wurden in manchen Gegenden Deutschlands die Zigeuner, diese Stammverwandten der Juden und Aeqypter aus den Wäldern, in denen sie ihre Hütten aufgeschlagen hatten, zusammen getrieben, und wie Raubthiere todt geschossen; und nie waren die Zigeuner doch einem christlichen Staate so gefährlich, als die Juden. Ihre Frevel bestanden in kleinen Diebstählen, Wahrsagereien, Kinderraub (aber selten in Kinder- oder Menschenmord).« (Hundt-Radowsky 1819b: 66/67)

Ohne Zweifel hätten die Juden Kinder- und Menschenmorde begangen, so Hundt-Radowsky, der die Legende vom Ritualmord aufgriff und diese als Legitimation für seine Tötungsfantasien benutzte. Entführungen christlicher Kinder, um Proselyten zu machen oder um sie als Knechte zu gebrauchen und zu verkaufen, ließen sich nicht abstreiten, so der Autor.

Damit kein Zweifel an der Glaubwürdigkeit seiner Aussagen aufkommt, betont Hundt-Radowsky noch: »Dies ist leider eine mehr als zu sehr durch Thatsachen bestätigte Wahrheit.«

Zu den völkischen Autoren gehörte auch der dt. Philosoph Jakob Friedrich Fries (1773–1843), dessen polemische Schrift *Über die Gefährdung des Wohlstandes und Charakters der Deutschen durch die Juden* im Jahr 1816 erschien. Wie der preußische Ministerialbeamte Christian Peter Beuth, so forderte auch Fries die Markierung der Juden mittels visueller Symbole an ihren Kleidungsstücken. Der Philosoph schwankt in seiner Schrift zwischen ethnozidaler und genozidaler Eliminatorik hin und her. Während er anfangs zwischen „den Juden" und „der Judenschaft" differenziert, zielen seine Attacken im weiteren Verlauf auf den einzelnen Juden und lassen auch dessen Physis nicht außen vor. Der Hass des Autors kommt dadurch zum Ausdruck, dass er sich der Kriegs- sowie der Pestmetapher bedient sowie gleichfalls „die Juden" als „Blutsauger des Volkes" bezeichnet. Zwar ist das Maß der Eliminatorik bei Fries nicht vergleichbar mit dem Tötungswahn eines Hundt-Radowsky, indes stellt auch Fries die Forderung auf, das Judentum „auszurotten". Im weiteren Verlauf seines Pamphlets benutzt Fries die Technik der Kriminalisierung. Aus dem Sachverhalt, dass sich in der als Rotwelsch bezeichneten dt. Gaunersprache westjiddische Elemente finden lassen, leitet er ab, dass „die Judenkaste" für die Gesamtgesellschaft insgesamt eine »fürchterliche demoralisierende Kraft« darstelle. Auch bei Fries mischen sich Verschwörungstheoreme mit eliminatorischen Fantasien:

> »Das ist also das wichtigste Moment in dieser Sache, daß diese Kaste mit Stumpf und Stiel ausgerottet werde, indem sie offenbar unter allen geheimen und öffentlichen politischen Gesellschaften und Staaten im Staat die gefährlichste ist. Was kann verderblicher seyn als eine Gesellschaft, welche ein an sich so gefährliches Gewerbe treibt [gemeint sind hier: Raub, Diebstahl, Hehlerei, d. Verf.], nun noch über die ganze Erde eng verschworen durch innere erbliche Verbindung […].« (Fries 1816: 18)

Am Ende seiner Abhandlung stellt Fries einen Forderungskatalog auf, der sich an die Regierungen richtet und der die »möglichste Verminderung« der Juden als Ziel angibt. Fries verlangt u. a. ein Verbot der Einwanderung von Juden, die Begünstigung jüdischer Auswanderung, die Verdrängung der Juden vom Lande, eine Einschränkung der Heiratsfreiheit, ein Verbot der Beschäftigung von Christen, eine Schulpflicht jüdischer Kinder in öffentlichen christlichen Schulen sowie die Unterbindung jeglicher jüdischen Gerichtsbarkeit. Zu guter Letzt solle der Staat den Juden »nach alter Sitte wieder ein Abzeichen in der Kleidung« aufnötigen.

Neben den bereits erwähnten Autoren ließe sich eine Fülle weiterer Zeitgenossen der dt. Romantik anführen, wie bspw. Friedrich Ludwig Jahn (1778–1852), bekannt gemeinhin als Turnvater Jahn, Adolph Knigge (1752–1796), der durch seine Schrift *Über den Umgang mit Menschen* berühmt wurde, der Historiker Friedrich Rühs (1781–1820), dessen judenfeindliche Schrift *Über die Ansprüche der Juden auf das deutsche Bürgerrecht* (1815) zur Frühgeschichte des völkischen Antisemitismus zu zählen ist, sowie Heinrich Eugen Marcard (1806–1883), der in seiner Abhandlung *Ueber die Möglichkeit der Judenemanzipation im christlich-germanischen Staat* (1843), nachdem er infrage stellt, dass die Juden »im Inneren Staatsleben je der germanischen Entwicklung förderlich sein können«, zu folgendem Resultat gelangt:

»Deshalb handelt jeder christliche, besonders aber jeder germanische Staat, welcher die Juden emancipirt, feindselig gegen sich selbst, indem er Kräfte in sich aufnimmt und zur Geltung kommen läßt, welche seinen vernünftigen Zwecken, der Fortbildung aus deutschem und christlichem Boden, durchaus zuwider sind, und er bekennt zugleich, daß er selbst aufgehört hat, ein christlicher zu sein.« (Marcard 1843a: 66)

Marcard, der die Gründung einer Antisemitenpartei empfahl und ab 1877 bis zu seinem Tode Mitglied der Fraktion der Deutschkonservativen Partei des dt. Reichstags war, diffamierte als Angehöriger des preußischen Militärjustizdienstes bevorzugt „die Juden" als »militärische Drückeberger« und nahm so bereits Motive vorweg, die im Kontext der antisemitischen Agitation erst während des Ersten Weltkriegs eine größere Rolle spielen sollten.

Die hier aufgeführten Personen sind allesamt als geistige Brandstifter zu betrachten, deren judenfeindliche Pamphlete mit dazu beitrugen, dass sich im Vormärz zum antisemitischen Wort gewalttätige Ausschreitungen gesellten.

4.7 Die romantischen Schriftsteller

In den Jahren 1805 bis 1808 veröffentlichten die Vertreter der Heidelberger Romantik Achim von Arnim und Clemens Brentano die dreibändige literarische Sammlung *Des Knaben Wunderhorn*, eine Art Kompendium dt. Volksliedtexte, das durch Rückgriff auf die „germanische Vergangenheit" dazu dienen sollte, das Nationalgefühl zu wecken, um die „Gesundung der Nation" in die Wege zu leiten. Der literarische Patriotismus der romantischen Schriftsteller wollte einen Beitrag zum kulturellen Kampf gegen die frz. Besatzung dt. Staaten durch Napoleon Bonaparte leisten und schürte das antifrz. Ressentiment. Im ersten Band der Sammlung *Des Knaben Wunderhorn* findet sich das Stück *Die Juden zu Passau*, aus dem ein Ausschnitt wiedergegeben sei:

»Die Juden ließen's [das heilige Sakrament, d. Verf.] zum Tempel, bald tragen auf den Altar, ein Messer sie auszogen, und stachen grimmig drein. Bald sahen sie herausfließen, das Blut ganz mild und reich, Gestalt sich sehen ließe, eim jungen Kindlein gleich. Das brachte großen Schrecken, sie gingen bald zu Rath: Zwo Hostien zu schicken, gen Salzburg in die Stadt. In die Neustadt auch zwo senden, zwo schickten sie gen Prag, zwo hielten sie bei Händen, hätten darüber Frag. Sie meinten und verhofften, Christum auszutilgen gar, drum heizten sie ein Ofen, worin die Hostien warn. Doch seht vor ihren Augen, flogen zwey Engel raus, dazu zwo schöne Tauben, das machte Furcht und Graus.« (Arnim 1891: 59/60)

Der sich auf den Passauer Hostienfrevel des Jahres 1477 beziehende Text verdeutlicht die Kontinuitätslinie der antisemitischen Legende und ihre Wirkmächtigkeit bis hin zur dt. Romantik und darüber hinaus. Im Jahr 1869 findet sich der Liedtext im „Bayern-Buch" des zu seiner Zeit geschätzten Publizisten Joseph Maria Mayer. Da sich sowohl von Arnim als auch Brentano durch ihren heftigen Antisemitismus auszeichneten, ist der Abdruck des Stücks ohne kritische Kommentierung hinsichtlich der juden-feindlichen Hostienfrevellegende als charakteristisch zu betrachten. In der Sammlung *Des Knaben Wunderhorn* findet sich noch ein weiteres eindeutig antisemitisch konnotiertes Gedicht mit dem Titel *Das Leiden des Herren*, welches das Stereotyp des Juden als „Gottesmörder" sowie die Figur des „Ewigen Juden" aufgreift:

>»Erschöpfet will er ruhen aus, vor eines reichen Juden Haus; der Jude stieß ihn spottend weg, er blickt ihn an, geht seinen Weg. Herr Jesus schwieg, doch Gott der bannt den Juden, daß er zieht durchs Land, und kann nicht sterben nimmermehr, und wandert immer hin und her.« (Arnim 1891: 91/92)

Während in der Volksliedtextsammlung die christlich geprägten Motive vom Gottesmord sowie vom Hostienfrevel Relevanz besitzen, mischen sich in von Arnims fantastischer Erzählung *Die Majoratsherren* aus dem Jahr 1820 religiöse und ökonomische Motive. Die Erzählung parallelisiert den antiken Auszug der Hebräer aus Ägypten mit der Auflösung des Ghettos bzw. der rechtlichen Gleichstellung der Juden. Die „Erwürgung der Erstgeburt" stellt im zweiten Buch Mose die zwölfte der ägyptischen Plagen dar, die dem unmittelbar bevorstehenden Exodus vorausgeht. In von Arnims Erzählung gehen der rechtlichen Gleichstellung der Juden die Erwürgung Esthers durch ihre geldgeile jüdische Stiefmutter Vasthi sowie der Selbstmord des Majoratsherren voraus, d. h. die Tode zweier „christlicher Erstgeborener". Während der Exodus aus Ägypten mit dem Tod nichtjüdischer Erstgeborener einhergeht, folgt aus der rechtlichen Gleichstellung der Juden in von Arnims Erzählung der Tod der erstgeborenen Christen. Durch die

Erwürgung des geraubten Christenkindes Esther geht ihr Reichtum an die böse Jüdin Vasthi über. Mit der Emanzipationsgesetzgebung, so lässt von Arnim unschwer erkennen, übernehmen „die Juden" die Macht, wobei „der Jude" in der Schlusspassage der Erzählung der Zerstörer der Ordnung der mittelalterlichen Ständegesellschaft ist, die Inkarnation der Genese des „zersetzenden Kapitalismus".

In der kausalen Verknüpfung von Judentum und kapitalistischer Wirtschaft ist bei Arnim bereits die Argumentationsfigur des modernen Antisemitismus erkennbar, der die Unzufriedenheit diverser sich vom Kapitalismus bedroht fühlender Schichten auf die Juden lenkt.

Ebenso verdeutlichen Achim von Arnims Dramen *Halle* und *Jerusalem*, beide aus dem Jahr 1811, die Position des Schriftstellers hinsichtlich der Emanzipationsgesetzgebung der preußischen Regierung. Von Arnim lehnt diese auch hier entschieden ab und erklärt zugleich die Konversion der Juden zum Christentum zur nicht verhandelbaren Voraussetzung ihrer rechtlichen Gleichstellung. In boshafter Weise, um Lessing zu brüskieren, gibt von Arnim im Drama *Halle* der Figur des reichen Handelskaufmanns den Namen Nathan. »Köstlich sind die Judenauftritte«, so ließ Jakob Grimm in einem Brief am 22. Januar 1811 von Arnim wissen. Die „Köstlichkeit" besteht darin, dass der Jude Nathan die Entwendung von 1 000 Talern nicht überlebt, es bricht ihm unverzüglich sein „Wucherer-Herz". Die Figur des Ahasverus, des „ewigen Juden", mutiert bei Arnim zum Judenmissionar, was indes auf Kritik etlicher traditioneller Judenfeinde stieß:

> Ahasverus [an die Juden gewandt, d. Verf.]: »Schweigt, was fragt ihr, wer ich bin? Wißt ich bin der ewge Jude, der zum zehntenmal zur Reise um den Erdball ist gezwungen, euch zu bessern, zu bekehren, daß ihr lernt aus meinem Jammer an den wahren Heiland glauben, den mein hartes Herz verspottet, dem ich in's Gesicht gespien, als er trug am schweren Kreuze, den ich von dem Sitz gestoßen, als er keuchend von der Last, vor dem Haus sich niedersetzte, wo ich trieb mein Schusterhandwerk. Bis ihr Juden all getaufet, kann ich keine Ruhe finden, muß durch alle Länder ziehen, seh euch martern, quälen, schinden, wie ihr dabei lächerlich.« (Arnim 1811: 114)

Brentanos literarischen Antisemitismus illustriert dessen Märchen *Gockel und Hinkel*, das 1837 erschien. Im Gockel-Märchen werden „die Juden" nahezu für alle nationalen wie privaten Desaster verantwortlich gemacht; sie sind es, die Schuld haben am Unglück der Hauptfigur Gockel von Hennegau. Als boshafte und miteinander verschworene Kreaturen halten sich die Juden nicht nur an Gockel schadlos, sondern planen gar, die ganze Welt zu beherrschen. In seinem Kunstmärchen verwendet Brentano die antisemitisch stereotypisierte Figur des Hoffaktors und lässt die Leute in der Kirche beim Beten wie folgt Fürsprache halten:

> »Alle beteten, Gott möge doch die Stadt von dem bösen Hoffaktor befreien, er sei schuld, dass der Fürst die Semmeln so klein backen lasse. Ein anderer betete, Gott möge doch den geizigen Kommerzienrat vertreiben, er sei schuld, dass der Fürst das Salz so teuer verkaufe. Ein dritter betete, Gott möge die Stadt doch von dem habsüchtigen Hoflieferanten befreien, er sei schuld, dass der Fürst das Fleisch so teuer werden lasse.« (Brentano 1985: 175)

Zwar lesen sich heutzutage im Lichte des politisch-satirischen Couplets von Friedrich Hollaender (1896–1976) *An allem sind die Juden schuld* aus dem Jahr 1931 derartige Passagen nahezu als Persiflage auf den Antisemitismus der Betenden, indes war die Anklage der Juden im satirischen Gockel-Märchen von Brentano durchaus ernst gemeint, da die Gestalt des Hoffaktors auch für Brentano seinerzeit die Inkarnation des „Jüdisch-Seins" verkörperte.

Belegt ist ebenso der Antisemitismus der Brüder Grimm, der sich nicht nur in ihren Briefen offenbart, sondern ebenso literarischen Niederschlag in ihren Kinder- und Hausmärchen findet. Im Märchen *Der Jud' im Dorn* ist „der Jude" ein Dieb und wird am Ende der Erzählung als überführter Spitzbube vom Richter an den Galgen geführt. Die Bezeichnung „der Jude" stellt hier eine Markierung dar, die als Pars pro Toto im Sinne der Aussage „alle Juden sind Spitzbuben" gemeint ist. Der Jude verfügt im Märchen der Brüder Grimm über einen Ziegenbart, eine für die damalige Zeit übliche Variante der Physiognomisierung, die auch den Hep-Hep-Ruf der antisemitischen Krawalle begründet haben soll.

Erwähnenswert ist auch der romantische Schriftsteller Wilhelm Hauff (1802–1827), dessen Novelle *Jud Süss* aus dem Jahr 1827 als literarische Vorlage für den gleichnamigen Nazi-Propagandafilm diente. Der Antisemitismus fängt bereits beim Titel an, insofern das Opfer des württembergischen Justizskandals nicht mit seinem bürgerlichen Namen Joseph Süß Oppenheimer benannt wird, sondern stets im Stile der antijüdischen Namenspolemik „Jud Süß" heißt. Dieser Sachverhalt wiegt umso schwerer, als Hauff die Figur der „schönen Jüdin" benutzt und selbigen Charakter als Lea Oppenheimer einführt. Im Unterschied zu „Jud Süß", der als „fürchterlicher Mann" charakterisiert wird, über lauernde, glänzende wie funkelnde Augen verfügt sowie als machtgierig, skrupellos und unverfroren dargestellt wird, stellt Lea Oppenheimer eine sanftmütige und aufopferungsvolle Person dar. Wie der Kreuzritter davon träumte das entführte Haremsfräulein aus dem Serail zu entführen, so träumte der Leser Hauffs davon, die schöne Jüdin Lea zum Christentum zu bekehren. Als willkommenes und williges Missionsobjekt männlicher Begierde steht Lea Oppenheimer Bürgerlichkeit zu, ihre rechtliche Gleichstellung folgt indes einzig und allein aus der Potentialität ihrer Konversion, während sie „Jud Süß", der noch am Galgen stehend einen Übertritt zum Christentum ablehnte, verwehrt wird. „Jud Süß" enthüllt so die Haltung Hauffs zur Emanzipationsgesetzgebung. Emanzipation ja, aber nur, wenn zuvor die Assimilation erfolgt. Für die Gewährung der rechtlichen Gleichstellung ist der ethnische Suizid durch Übertritt zum Christentum unverzichtbar, so die Botschaft der im Jahr 1827 zu einem Zeitpunkt erschienenen Erzählung, als in Württemberg die rechtliche Gleichstellung noch immer nicht erreicht war. Genau ein Jahr nach Druck der Novelle und dem Tode Hauffs erließ Württemberg im Jahr 1828 ein „allgemeines Judengesetz" und war damit eines der letzten Länder, das die rechtliche Gleichstellung vollzog, es folgten noch Sachsen im Jahr 1838 sowie Hannover im Jahr 1842.

Arnim, Brentano, die Brüder Grimm, Hauff und etliche andere etablierten den literarischen Antisemitismus der dt. Romantik, der sich in gebildeten Schichten großer Beliebtheit erfreute und sich über Volkslieder wie Märchen ebenso in breiten Teilen der dt. Bevölkerung verankerte.

4.8 Offene Gewalt: Die Hep-Hep-Krawalle

Im Jahr 1819 ereigneten sich in zahlreichen dt. Städten antisemitische Ausschreitungen, nach dem judenfeindlichen Zuruf der Akteure „Hep-Hep-Krawalle" genannt. Herkunftserklärungen des Schmährufs bemühen entweder die Bärte orthodoxer Juden und vermuten einen Transfer des Anrufs der Ziegenböcke auf die Attackierten, denen man einen „Ziegenbart" attestierte oder die Anfangsbuchstaben des lateinischen Satzes »Hierosolyma est perdita!« (»Jerusalem ist gefallen«), ein Ausruf der Kreuzfahrer während des ersten Kreuzzugs. Die Krawalle begannen Anfang August 1819 in Würzburg und breiteten sich von dort rasch in den bayerischen sowie württembergischen Raum aus und erreichten darauf die großen Städte des Rheinlands, ebenso Frankfurt wie Hamburg. Als Ursache der Hep-Hep-Ausschreitungen lässt sich ein kausales Bündel aus vier Faktoren bestimmen. *Erstens:* Die gesellschaftlichen Strukturveränderungen wurden von breiten Teilen der Bevölkerung als existenzielle Bedrohung wahrgenommen. Die Etablierung der bürgerlich-kapitalistischen Gesellschaft und die damit einhergehende Gewerbefreiheit bewirkten Verunsicherungen aufseiten der Handwerker, welche die Auflösung der Zünfte als eine Gefährdung ihrer sozialen Existenz empfanden. Die Kaufleute wiederum betrachteten den Freihandel mit Argwohn und befürchteten ökonomische Verluste. Bereits in der Vormärzphase machten breite Bevölkerungskreise „die Juden" für den sozioökonomischen Wandel verantwortlich und betrachteten diese als die eigentlichen „Drahtzieher" wie Nutznießer der von ihnen beargwöhnten wirtschaftlichen Prozesse. *Zweitens:* Im Vorfeld der Ausschreitungen waren etliche judenfeindliche Schriften wie die von Grattenauer erschienen, hatten sich antisemitische Vereine wie die Deutsche Tischgesellschaft gegründet, deren Schärfe wie hassgetränkter Tenor auf Dauer nicht ohne Wirkung blieben und letztendlich zu aggressiven Taten anstachelten. *Drittens:* Die Ausschreitungen ereigneten sich im unmittelbaren Umfeld der Emanzipationsgesetzgebung, die von den Akteuren aufs Heftigste abgelehnt wurde. Die rechtliche Gleichstellung der Juden wurde von den Unruhestiftern als Verlust ihrer Privilegien, als krisen- wie konkurrenzverschärfend antizipiert und auf das Entschiedenste bekämpft. *Viertens:* Als unmittelbarer Auslöser der Ausschreitungen kamen die im Kontext schwerer Missernten der Jahre 1816/1817 herrschende wirtschaftliche Teuerung und Not hinzu, die in Gestalt steigender Brotpreise vor allem die unteren Bevölkerungsschichten trafen. Die Hep-Hep-Krawalle belegen so eine zentrale ideologische Funktion des Antisemitismus. Als „Sündenbock" bzw. „Blitzableiter" gibt man „den Juden" die Schuld an einem als lebensbedrohend wahrgenommenen sozialen Wandel und macht sie für akute Missstände kausal verantwortlich. Die Hep-Hep-Krawalle illustrieren zugleich die Dialektik des Antisemitismus, der sich von oben wie von unten speist, strukturell wie institutionell verankert ist und dessen stichwortliefernde Akteure in Gestalt von Intellektuellen, Staatsbeamten wie Politikern aus der Mitte der Gesellschaft kommen. Die populistische Agitation in Gestalt hassgetränkter Pamphlete sowie literarischer Schriften gehobener Kreise stiftete im Jahre 1819 im Kontext wirtschaftlicher Krisen gewaltbereite Schichten zur Tat an.

4.9 Die Revolution von 1848 und die „Judenfrage"

Die Revolution von 1848 war im Vorfeld sowie in ihrem Verlauf von antijüdischen Ausschreitungen begleitet. Auf einem historischen Stich, der die antijüdischen Ausschreitungen in Preßburg, dem heutigen Bratislava, am 24. April 1848 darstellt, sieht man im Viertel unterhalb der Festung „Judenschläger" wüten, welche mit langen Schlagstöcken bewaffnet die dortigen Juden verprügeln, während der Mob ihre Wohnungen plündert, Kanapees und Spiegel aus den oberen Stockwerken schmeißt und verängstigte jüdische Frauen ihre Kinder verzweifelt umklammert halten. In der Phase der Märzrevolution wurden in nahezu ganz Baden derlei Übergriffe beobachtet ebenso im Fränkischen und Württembergischen sowie in Ostwestfalen und Oberschlesien. Das hohe Maß der Gewalt der Akteure führte im Elsass gar zu einer größeren Fluchtbewegung der Juden.

Auf einem antijüdischen Flugblatt aus dem Revolutionsjahr 1848 sieht man einen mit Degen und Bajonetten bewaffneten „jüdischen Trupp", der mit erfreuten Gesichtern hinter einer Fahne marschiert, auf der groß das Wort „Profit" zu erkennen ist und welche die Losung enthält „Gleiche Rechte mit den Christen". Auf der Fahne ist eine Kutsche mit einem Geldsack abgebildet, die von einer Person gefahren wird, welche eine Krone trägt. Der „jüdische König" schwingt die Peitsche, während zwei entkleidete „Christen" Zugpferden gleich die Kutsche ziehen müssen. Im „Judenviertel" jubeln die Menschen derweil dem „Emanzipationszug" zu, von denen einige Personen mit frz. Dreizack ausstaffiert sind, wieder andere mit Kopfbedeckungen osteuropäischer chassidischer Juden. Die Karikatur des antijüdischen Flugblatts illustriert das Zusammenspiel diverser Motivstrukturen des Antisemitismus. Neben klassischen ökonomischen Motiven ist es der Neid gegen den sozialen Aufstieg eines Teils der Juden, die Ablehnung ihrer Gleichstellung gepaart mit verschwörungstheoretischen Elementen einer „jüdischen Machtübernahme", der Kollaboration mit den Franzosen sowie der vermeintlichen Unterjochung der Christen. Auch in der Revolutionszeit war der Antisemitismus indes noch stark religiös geprägt, sodass sich etliche Ausschreitungen zur Osterzeit ereigneten.

Die aktive Beteiligung der Juden in der 1848er-Revolution als willkommene Barrikadenkämpfer sowie ihre Präsenz in den politischen Körperschaften der sich etablierenden Landesparlamente verdeutlicht den Wandel der Zeit sowie die bereits erzielten Resultate der rechtlichen Gleichstellung. Im Frankfurter Vorparlament waren die Juden mit fünf Abgeordneten vertreten, in der Nationalversammlung mit neun. Im Vormärz erlangten die jüdischen Politiker Ludwig Bamberger, Johann Jacoby und Gabriel Riesser größere Bekanntheit. Wie weit die Verhältnisse fortgeschritten waren belegt der Sachverhalt, dass die Forderung nach rechtlicher Gleichstellung der Juden in weiten Teilen der Abgeordneten Konsens war, was sowohl für die Landtage als auch für die Paulskirchenversammlung galt. Im Dezember 1848 waren sich die Abgeordneten der Frankfurter Nationalversammlung mit wenigen Ausnahmen darüber einig, dass „der Genuss der bürgerlichen und staatsbürgerlichen Rechte" nicht durch das religiöse Bekenntnis beschränkt werden dürfe. Preußen übernahm diese Regelung in der sog. „oktroyierten Verfassung"; die meisten deutschen Staaten folgten dieser Regelung. Die dadurch ausgelösten Hoffnungen der Juden wurden jedoch durch die Niederlage der 1848er-Revolution und die reaktionäre Wende zunichtegemacht. Nur ein Teil der dt. Staaten, welche dies ursprünglich beabsichtigt hatten, realisierte die rechtliche Gleichstellung. In Österreich wurden gar bereits garantierte Rechte, wie der Zugang der Juden zu Staatsämtern, rückgängig gemacht.

4.10 Richard Wagner:
Vom Barrikadenkämpfer zum Terminator

Kaum ein anderer Barrikadenkämpfer verdeutlicht die restaurative Phase nach der gescheiterten 1848er-Revolution mehr als der sich einst als Revolutionär dünkende Richard Wagner (1813–1883), in dessen im Jahr 1850 erschienener Schrift *Das Judenthum in der Musik* es heißt:

>»Als wir für Emanzipation der Juden stritten, waren wir aber doch eigentlich mehr Kämpfer für ein abstraktes Prinzip, als für einen konkreten Fall: wie all' unser Liberalismus ein nicht sehr hellsehendes Geistesspiel war, indem wir für die Freiheit des Volkes uns ergingen, ohne Kenntnis dieses Volkes, ja mit Abneigung gegen jede wirkliche Berührung mit ihm, so entsprang auch unser Eifer für die Gleichberechtigung der Juden viel mehr aus der Anregung eines allgemeinen Gedankens, als aus einer realen Sympathie; denn bei allem Reden und Schreiben für Judenemanzipation fühlten wir uns bei wirklicher, tätiger Berührung mit Juden von diesen stets unwillkürlich abgestoßen.« (Wagner 1920: 67)

Von „realer Sympathie" kann zwei Jahre nach der gescheiterten Revolution in Wagners Pamphlet wahrlich keine Rede mehr sein, stattdessen tritt eine aggressive wie zugleich neuartige Variante des Antisemitismus in Erscheinung. Neben die zu Wagners Zeiten bereits geläufigen Diffamierungsmuster des „Geldjuden" sowie des „Börsenjuden" tritt das Pejorativum vom „Kunstjuden", den Wagner als »kunstfreundlichen Dämon« konstruiert, der die »Verjüdung der modernen Kunst« so weit vorangetrieben habe, dass alldiejenigen, die über einen »instinktmäßigen Widerwillen gegen das jüdische Wesen« verfügen, gefordert seien, sich zu einem »Befreiungskampfe« zusammenzuschließen, um »den Dämon aus dem Felde zu schlagen«.

„Der Jude" bleibt für Wagner immer ein Ausländer, der die dt. Sprache stets nur als eine ihm „fremde Sprache" beherrscht, sodass die Eigenschaft seiner Sprechweise diesen »fast unfähig zur künstlerischen Kundgebung seiner Gefühle und Anschauungen durch die Rede« macht. Die Möglichkeit, deutsch zu reden, beschränke sich beim Juden auf das reine Nachplappern:

»und zwar ganz peinlich genau und täuschend ähnlich, wie Papageien menschliche Wörter und Reden nachpapeln, aber ebenso ohne Ausdruck und wirkliche Empfindung, wie diese närrischen Vögel es tun.« (Wagner 1920: 75)

Die Unfähigkeit des Juden, sich einem Publikum künstlerisch kundzutun, gelte ebenso für den Gesang wie für die bildende Kunst und die Musik im Allgemeinen. Wagner verbindet seine Attacken auf „den Juden" als „künstlerisches Mängelwesen" mit den althergebrachten Vorwürfen vom „Geldgewinn ohne eigentliche Arbeit", von der Vorliebe für den „Wucher" sowie vom „Kunstwarenwechsel", der die wahre Kunst zersetze. Die von tiefem Hass geprägte Schrift schreckt in ihrer Intention, verletzend zu wirken, nicht vor einer Parasitierung der Juden (»wimmelnde Viellebigkeit von Würmern«) zurück. Wagners Pamphlet schließt mit dem aggressiven Aufruf zum ethnozidalen Suizid, der zugleich eine Verbindung zum christlich-geprägten Antisemitismus herstellt:

»Gemeinschaftlich mit uns Mensch werden, heißt für den Juden aber zu allernächst soviel als: aufhören, Jude zu sein. [...] Nehmt rücksichtslos an diesem, durch Selbstvernichtung wiedergebärenden Erlösungswerke teil, so sind wir einig und ununterschieden! Aber bedenkt, daß nur eines eure Erlösung von dem auf euch lastenden Fluche sein kann: die Erlösung Ahasvers, – der Untergang!« (Wagner 1920: 85)

Der Sachverhalt, dass Wagner die Schrift *Das Judenthum in der Musik* im Jahr 1869 neu publizierte, illustriert, dass der Antisemitismus alles andere als eine Randerscheinung bei ihm war. Während im ersten Teil der Neupublikation sich der bisherige Aufsatz bis auf sprachliche Verbesserungen weitgehend unverändert findet, illustriert der zweite, neue Teil die antisemitische Radikalisierung Wagners. Dieser Teil dient vor allem Wagners Behauptung, das Pamphlet von einst sei Ursache dafür, dass er seitdem systematisch verfolgt und verleumdet werde. Das Judentum habe ihn bestrafen wollen, die »von den Juden dirigierte Presse« habe den Verfasser mit Anfeindungen überzogen und öffentlich denunziert. Zwar habe er nie geleugnet, der Autor der Schrift zu sein, das verwendete Pseudonym K. Freigedank habe indes nicht unerheblich zur Verwirrung beigetragen. Die Neupublikation unter seinem eigenen Namen sei erforderlich, um den Grund für die

Anfeindungen offenzulegen, zumal die feindselige »Agitation der Juden« ihr Motiv verheimlicht habe. Auffallend ist, wie häufig der Terminus „Verfolgung" im zweiten Teil auftaucht, was illustriert, dass der Antisemitismus in der Struktur der Psychologie des antisemitischen Akteurs durchaus mit paranoiden Wahnvorstellungen einhergehen kann. Wagner sieht sich als Opfer eines europaweit gegen ihn verschworenen Judentums, das seinen ganzen Einfluss einsetzt, um seinem Ruf zu schaden. In einer Zeit, als der Prozess der Emanzipationsgesetzgebung noch immer nicht abgeschlossen war, viele soziale Positionen den Juden verwehrt blieben, konnotiert Wagner diese in einer Weise mit Macht, dass die Verhältnisse zwischen der nichtjüdischen Mehrheitsgesellschaft und dem jüdischen Bevölkerungsanteil in grotesker Weise auf den Kopf gestellt werden. Eine für den Antisemitismus typische Inversion erfährt auch die Täter-Opfer-Dialektik. Der Verleumder, der den Juden in seinem Pamphlet bescheinigt, diese seien zur Kunst gänzlich ungeeignet, stilisiert sich zugleich als Opfer jüdischer Verschwörung. Sprachlich auffallend sind die in der rechtspopulistischen Szene bis heute beliebten Wortkreationen Wagners, welche die „Fremdgruppe" stets in neuen Varianten in diffamierender Weise zu markieren beabsichtigen, so ist bspw. die Rede von „Judenagitation", „musikalischer Judentaufe", „Judenmusikweltstadt" und „Judenmusikschönheit". Auffallend ist ebenso die biologistische Verwendung des Terminus „Jude" an sich. Christen jüdischer Herkunft sowie eine Person, deren jüdische Mutter bereits zum Christentum konvertierte, all sie bleiben bei Wagner Juden, sodass sich für ihn ihr vermeintlich feindseliges Verhalten aus diesem Sachverhalt erklärt. Wie die „Limpieza de sangre-Politik" so fahndet auch Wagner nach einem sechzehntel Anteil „jüdischen Blutes", das er als alles erklärende Größe bemüht. Die groteske Umkehr der sozialen Verhältnisse seiner Zeit wird noch einmal gesteigert, wenn Wagner die Behauptung vom »vollständigen Sieg des Judentums auf allen Seiten« aufstellt. Die Radikalisierung Wagners verdeutlicht der Sachverhalt, dass sich zur rassistischen Assimilation von einst in der Neupublikation die »gewaltsame Auswerfung des fremden Elementes« gesellt:

> »Denn über Eines bin ich mir klar: so wie der Einfluss, welchen die Juden auf unser geistiges Leben gewonnen haben, und wie er sich in der Ablenkung und Fälschung unsrer höchsten Kulturtendenzen kundgibt, nicht ein bloßer, etwa nur physiologischer Zufall ist, so

muss er auch als unleugbar und entscheidend anerkannt werden. Ob der Verfall unsrer Kultur durch eine gewaltsame Auswerfung des zersetzenden fremden Elementes aufgehalten werden könne, vermag ich nicht zu beurteilen, weil hierzu Kräfte gehören müssten, deren Vorhandensein mir unbekannt ist. Soll dagegen dieses Element uns in der Weise assimiliert werden, daß es mit uns gemeinschaftlich der höheren Ausbildung unsrer edleren menschlichen Anlagen zureife, so ist es ersichtlich, daß nicht die Verdeckung der Schwierigkeiten der Assimilation, sondern nur die offenste Aufdeckung derselben hierzu förderlich sein kann.« (Fischer 2015: 155)

Neben der bereits in der Altauflage existenten Aufforderung zum ethnozidalen Suizid stellt Wagner in der Neupublikation somit die »gewaltsame Auswerfung« als »finale Lösung« und kreiert dabei in bewusster Absicht eine Wortschöpfung, deren Deutung große Interpretationsspielräume lässt. Der Hinweis darauf, dass die umsetzungsbereiten Kräfte noch nicht existieren, lässt erkennen, welche der beiden Varianten Wagner präferiert. Die Losung der radikalen Rechten „Schmeißt die Juden raus!" generiert zur Wunschvorstellung des Komponisten, der eine diesbezügliche antisemitische Bewegung nahezu herbeiredet.

Die Fassung der Neupublikation stellt indes nicht die letzte Phase der antisemitischen Radikalisierung Wagners dar. Die Aufsätze *Heldentum und Christentum* (1880) sowie *Erkenne dich selbst* (1881) markieren die endgültige Wende zum terminatorischen Rasselehrer. Zwischenzeitlich war Wagner dem Franzosen Arthur Comte de Gobineau begegnet und auf Anhieb von dessen Werk beeindruckt, dem er eine »erschreckende Überzeugungskraft« bescheinigte. In *Heldentum und Christentum*, welches sich der Arbeit *Religion und Kunst* anschloss, verwendet Wagner im Jahr 1880 erstmals den Rassebegriff, wenn er schreibt:

»Wir können uns der Anerkennung der Richtigkeit dessen nicht verschließen, daß das menschliche Geschlecht aus unausgleichbar ungleichen Rassen besteht, und daß die edelste derselben die unedleren wohl beherrschen, durch Vermischung sie aber nicht gleich, sondern sich selbst nur unedler machen konnte.« (Wagner 1935: 143)

Wagner spricht hier von »arischer Rasse« sowie vom »Vorzug der weißen Rasse« und kommt immer wieder auf Gobineaus Gedanken zurück, dass das Blut »edelster Rassen« durch Vermischung sich verderbe und dies unweigerlich zum Verfall führe. Ein Jahr darauf ist Wagner in *Erkenne dich selbst* der Ansicht, den vermeintlichen „Rassenantagonismus" sowie die Bedeutung des „Rassen-instinktes" klar erkannt zu haben; „der Jude" ist für ihn nunmehr der »plastische Dämon des Verfalls der Menschheit«. Die Antwort auf die Lösung der „Judenfrage" kann jetzt nur noch die „große Lösung" sein:

> »Wenn der Dämon, der jene Rasenden im Wahnsinne des Parteikamp-fes um sich erhält, kein Wo und Wann zu seiner Bergung mehr unter uns mehr aufzufinden vermag, wird es auch – keinen Juden mehr ge-ben. Uns Deutschen könnte, gerade aus der Veranlassung der gegen-wärtigen, nur eben unter uns wiederum denkbar gewesenen Bewe-gung, diese große Lösung eher als jeder anderen Nation ermöglicht sein, sobald wir ohne Scheu, bis auf das innerste Mark unsres Beste-hens, das ›Erkenne-dich-selbst‹ durchführen. Dass wir, dringen wir hiermit nur tief genug vor, nach der Überwindung aller falschen Scham, die letzte Erkenntnis nicht zu scheuen haben würden, sollte mit dem Voranstehenden dem Ahnungsvollen angedeutet sein.«
> (Wagner 1935: 142)

Sah Wagner im Jahr der Neupublikation von *Das Judenthum in der Musik* die Kräfte für die „gewaltsame Auswerfung" noch nicht, so sind diese in Gestalt der antisemitischen Bewegung sowie ei-ner antisemitischen Parteienlandschaft zwölf Jahre später bereits in einer Weise präsent, dass die „gewaltsame Auswerfung" nun-mehr zur „großen Lösung" transformiert, nach deren Verwirkli-chung es „keinen Juden" in dt. Ländern mehr geben werde, wofür es nur noch der Ablegung der „falschen Scham" bedürfe. Der Kom-ponist hat in seinen späten Jahren diese „letzte Erkenntnis" er-klommen und somit den Weg beschritten vom radikalen Barrika-denkämpfer mit demokratischem Duktus über den Protagonisten rassistischer Assimilation hin zum Terminator, dessen elimina-torischer Antisemitismus die Juden samt und sonders rauszu-schmeißen gedenkt und für diejenigen, die sich nicht vertreiben lassen wollen, verbal die „große Lösung" der Extermination be-reithält.

4.11 Zusammenfassung

Die historische Phase von ca. 1780 bis zur Mitte des 19. Jh.s lässt sich im Kontext unseres Themas als Epoche der „Judenemanzipa-tion" bezeichnen, wenngleich der Begriff vermutlich erst ab 1817 aufkam. Es ist die Zeit sich entwickelnder kapitalistischer Verhältnisse und eines damit einhergehenden Erstarkens des Bürgertums, welches gegen die feudal-absolutistische Ständegesellschaft mittels der Französischen Revolution erfolgreich aufbegehrte. Die Etablierung des Nationalstaates setzte die Befreiung der Juden aus Verhältnissen, welche die Termini „Kammerknechte", „Judenabgaben" und „Judenregal" spiegeln, auf die Tagesordnung. Einer der ersten Autoren, der dies erkannte und konzeptionell durchdachte, war der Jurist Christian Konrad Wilhelm von Dohm, dessen diesbezügliche Schrift sowohl die preußische wie die französische Entwicklung maßgeblich beeinflusste. Die Haltung zur Judenemanzipation polarisierte die Öffentlichkeit wie insbesondere das intellektuelle Feld und führte zu vier Positionen, welche sich zum Teil diametral und unversöhnlich gegenüberstanden.

Erstens: Die liberal-revolutionäre Konzeption führte in Gestalt der Französischen Revolution zu einem singulären Akt, der den Juden die bürgerliche Gleichstellung von heute auf morgen gewährte. *Zweitens:* Die aufgeklärt-etatistische Richtung, welche der preußische Jurist Dohm vertrat, favorisierte eine Art „Erziehungsauftrag" und plante die sukzessive Gewährung von Rechten in Abhängigkeit von einer „Verbesserung" der Juden. *Drittens:* Die reaktionär-etatistische Strömung nahm die Haltung ein, eine bürgerliche Gleichstellung sei einzelnen Individuen nur nach vorheriger Konversion zum Christentum zu gestatten. Ihre Anhänger hielten an der „Judenmission" fest und gewährten den Religionswechsel als Entréebillet in die bürgerliche Gesellschaft. Christen jüdischer Herkunft sollten Zugänge zu gesellschaftlichen Kreisen, Vereinen, Männerbünden etc. geöffnet werden. *Viertens:* Die reaktionär-völkische Linie lehnte wie die reaktionär-etatistische Strömung die „aufgeklärte Judenemanzipation" nicht nur entschieden ab, sondern öffnete sich in wachsendem Maß biologistischen Positionen, sodass selbst konvertierten Juden die gesellschaftliche Akzeptanz entschieden versagt bleiben sollte.

Während der Hauptkonflikt zwischen den Befürwortern und den Gegnern der Judenemanzipation zu verorten ist, illustriert der Disput zwischen von Arnim und Adam Heinrich Müller über die Statuten der Deutschen Tischgesellschaft den Dissens zwischen der reaktionär-etatistischen Strömung und der reaktionärvölkischen Linie. In diesem Streit unterlag von Arnim, sodass die männerbündische Vereinigung, die gegen die Gleichstellung der

Juden seitens des Kanzlers Hardenberg opponierte, in ihren Statuten auch die Mitgliedschaft von Christen jüdischer Herkunft, von „getauften Juden" und deren Nachkommen ausschloss. Wie hochgradig allerdings auch von Arnims Positionen biologistisch-rassistisch geprägt waren, zeigt sich im Gerede des Schriftstellers vom „heimlichen Juden", dessen Gefährlichkeit darin bestünde, sein Judentum zu verbergen und der beabsichtige, sich in christliche Gesellschaften einzuschleichen, um die Macht zu übernehmen. Während Christian Konrad Wilhelm von Dohm die kulturelle Anpassung („Assimilation") der Juden forderte, fürchteten von Arnim wie Adam Heinrich Müller auch den „angepassten Juden", der sich nicht mehr als Jude zu erkennen gebe und eine Bedrohung für die christliche Gesellschaft darstelle.

Die Epoche der „Judenemanzipation" bildet in Gestalt der kulturhistorischen Strömung der Romantik eine wichtige Schnittstelle zwischen dem christlich geprägten Antisemitismus des Mittelalters und biologistisch-rassistischen Konzeptionen der zweiten Hälfte des 19. Jh.s. Romantische Schriftsteller wie von Arnim, Brentano, Arndt, Hauff, die Brüder Grimm wie ebenso der Opernkomponist Richard Wagner verankerten das völkische Denken sowohl in intellektuell-akademischen Kreisen wie in breiten Schichten der Bevölkerung. Das Bild „des Juden" wandelte sich so von einem Vertreter der mosaischen Religion zu einem Wesen, dem wegen seiner biologisch determinierten Eigenschaften hochgradig zu misstrauen sei und der eine gänzlich inkompatible Größe hinsichtlich der kulturellen Werte der sich noch als christlich definierenden Gesellschaft darstelle.

Paradigmatisch für die Scharnierfunktion der dt. Romantik ist der Männerbund der Deutschen Tischgesellschaft, der als Vorläufer antisemitischer Parteien des dt. Wilhelminismus zu begreifen ist und in dem sich die konservativ-reaktionären Gegner der preußischen Judenemanzipation organisierten. Die Deutsche Tischgesellschaft illustriert die „Schattenseite der Judenemanzipation", die sich in wachsendem Maß formierenden Kreise der Judengegner, in deren Gedankengut sich christliche Stereotype vom Gottesmörder, Hostienfrevel und Ritualmord bereits mit säkularen Mustern völkischer Prägung mischten. Die neue Qualität des Antisemitismus der Tischgenossen zeigt sich daran, dass ihre Judenfeindschaft politischer Antisemitismus sowie völkischer Antisemitismus als auch Antisemitismus mit deutlich ausgeprägtem eliminatorischem Sprachduktus war und ebenso auf organisierte Weise gegen die Judenemanzipation Front gemacht wurde. Im Unterschied zum christlichen Antisemitismus bezieht sich die Eliminatorik der Tischgenossen nicht mehr auf den jüdischen Kultus wie etwa Luthers Aufruf zur Zerstörung von Synagogen („Ethnozid"), sondern zielt unmittelbar auf die Körperlichkeit „des Juden" wie etwa Beuths Fantasie des Verblutens jüdischer Kinder („Genozid"). Der eliminatorische Hass der Tischgenossen lässt sich bereits als verbaler Vorbote der Shoah deuten, insofern ihre ausgeprägten Gewaltfantasien auf die physische Existenzvernichtung der Juden abzielten.

Im Gefolge der Französischen Revolution erließen zahlreiche dt. Staaten Emanzipationsgesetze und folgten der aufgeklärt-etatistischen Richtung, nichtsdestotrotz erwies sich die „Wühlarbeit" der Emanzipationsgegner mittelfristig als erfolgreich, was die mit dem Wiener Kongress des Jahres 1815 verbundene Restaurationsphase belegt. Bereits die Wiener Schlussakte ermöglichte eine Rückgängigmachung der bürgerlichen Gleichstellung der Juden, von der zahlreiche dt. Staaten Gebrauch machten, sodass in der Vormärzphase ein wahrer Flickenteppich an „Judenordnungen" existierte. Die Hoffnungen der Juden erfuhren durch das Scheitern der Revolution von 1848 in Deutschland eine abermalige Enttäuschung; bereits erlangte Errungenschaften wurden rückgängig gemacht oder erfuhren erneute entwürdigende Beschränkungen. Auf längere Sicht betrachtet ließ sich die Judenemanzipation indes nicht verhindern. Im Jahr 1869 verabschiedete der Norddeutsche Bund das *Gesetz betreffend die Gleichberechtigung der Konfessionen in bürgerlicher und staatsbürgerlicher Beziehung* und stellte damit die Juden gleich. Der Kampf um die gleichen Rechte der Juden, für gesellschaftliche Anerkennung und gegen den Antisemitismus war damit jedoch alles andere als an seinem Endpunkt angelangt.

RESÜMEE

Der deutlich an Boden gewinnende Antisemitismus muss von der Politik, von der Zivilgesellschaft als auch von jedem einzelnen Bürger und jeder einzelnen Bürgerin entschieden bekämpft werden. Um hierfür geeignete Konzepte und Strategien zu entwickeln, ist es erforderlich, den Antisemitismus zu entmystifizieren. Zwar gibt es den Antisemitismus schon seit der Antike, dies heißt jedoch nicht, dass der Antisemitismus als soziales Phänomen ewig sein müsse. Historisch wie geografisch gesehen gab es nicht nur Länder ohne Antisemitismus, Perioden kultureller Symbiosen, sondern ebenso Phasen mit keinem bzw. geringem Antisemitismus sowie andererseits Zeitabschnitte extremer Gewalttätigkeit. Entmystifizierung des Antisemitismus bedeutet das Wesen der Judenfeindschaft präzise zu erfassen sowie eine Abgrenzung vorzunehmen von Definitionen, die lediglich Teilaspekte benennen, diese für das Ganze ausgeben und so eine adäquate methodische wie funktionale Beschreibung des Kerns verfehlen. Der Antisemitismus ist weder ein Vorurteil noch eine Phobie, der Antisemitismus ist keine bestimmte Wahrnehmung von Juden, er lässt sich nicht auf Einstellungen oder „kulturelle Codes" reduzieren und ist folglich auch nicht mithilfe der empirischen Meinungsforschung adäquat zu erfassen. Der Antisemit ist in der Regel keine psychisch gestörte Persönlichkeit, der Antisemit benutzt den Antisemitismus vielmehr in der Regel intentional, um seinen Interessen bewusst Geltung zu verschaffen, und bewegt sich innerhalb gesellschaftlicher Strukturen und Institutionen, die sein Agieren unterstützen oder zumindest weder unterbinden noch ahnden. Der Antisemitismus kommt aus der Mitte der Gesellschaft.

Entmystifizierung des Antisemitismus bedeutet nicht zuletzt zu begreifen, dass der Antisemitismus eine Form von Rassismus ist. Eine Definition des Antisemitismus als eine Variante von Rassismus setzt folglich eine Klärung des Terminus „Rassismus" voraus. Der Rassismus ist ein Macht- und Herrschaftsverhältnis, das sowohl strukturelle, institutionelle wie ideologische Bestandteile umfasst. Der Rassismus etabliert oder verfestigt ein soziales Ungleichheitsverhältnis und sorgt für eine Vorteilsaneignung in ökonomischer, sozialer wie kultureller Hinsicht. Darüber hinaus bewirkt der Rassismus Sekundäreffekte bzgl. der psychologischen Konstitution rassistisch agierender Subjekte, die sich auf Kosten der Diskriminierten eine „Ich-Stärke", ein „Überlegenheitsgefühl" oder eine „Triebableitung" verschaffen. Auf Basis eines beliebigen Differenzkriteriums, das eine biologische, soziale, ethnische, kulturelle oder religiöse Größe sein kann, stellt der Rassismus eine konstruierte „Wir-Gruppe" sowie eine „Fremdgruppe" antagonistisch gegenüber. Die Antagonisierung der beiden Gruppen verfolgt die Intention der Vorteilsproduktion bzw. -wahrung. Das Differenzkriterium kann sowohl eine reale wie eine imaginäre Größe („jüdisches Blut") sein. Insofern das Vorliegen des sozialen Tatbestands Rassismus gänzlich unabhängig von der Art des zugrunde gelegten Differenzkriteriums ist, kann in legitimer Weise von einem Antisemitismus in der Antike bzw. im Mittelalter gesprochen werden. Der christliche Antisemitismus, der keine biologische Größe, sondern die Religionszugehörigkeit als primäres Differenzkriterium benutzte, diffamierte, unterdrückte und tötete im Kontext der Kreuzzüge oder bei Pogromen, die häufig durch Ritualmord- wie Hostienfrevellegenden ausgelöst wurden, gleichwohl die Juden.

Der Antisemitismus darf folglich definitorisch nicht auf „Rassenlehren" verengt werden, wie dies beim dualistischen Konzept („Antijudaismus" – „Antisemitismus") der Fall ist, das den Antisemitismusbegriff nur für die Phase ab Mitte des 19. Jh.s benutzt. Eine Kritik an der von mir favorisierten Verwendung des Terminus „Antisemitismus" als phasenübergreifende Benennung, die geltend macht, Rassismus liege nur vor, wenn als Differenzkriterium ein biologisches Merkmal zugrunde gelegt werde, der (pseudo-)biologische Terminus „Rasse" vor der Mitte des 19. Jh.s noch gar nicht existiert habe und „Rassentheorien" erst im Wissenschaftsbetrieb des 19. Jh.s aufgekommen seien, läuft folglich ins Leere, da ein derart verengter Rassismusbegriff von uns nicht geteilt, sondern kritisiert wird. Eine derartige Verengung erfasst den Rassismus nicht und klammert definitorisch etliche Formen von vornherein aus. Deutlich wird an dieser Stelle, dass der Streit um die Termini „Antijudaismus" und „Antisemitismus" bzw. um die Benutzung des Begriffs „Antisemitismus" als epochenübergreifende Bezeichnung nicht nur eine Debatte um historische Kontinuitäten wie Diskontinuitäten des sozialen Phänomens darstellt, sondern ebenso eine Kontroverse bzgl. des Terminus „Rassismus" ist. Vorgebrachte Einwände sowohl gegen eine epochenübergreifende Benutzung der Begrifflichkeit „Antisemitismus" als auch gegen ein Verständnis von Antisemitismus als Spielart des Rassismus stützen sich maßgeblich auf ein verengtes und falsches Rassismus-Verständnis.

Die Betrachtungsweise des Antisemitismus als Variante des Rassismus intendiert unsere anfänglich benutzte Arbeitsdefinition („Feindschaft gegen Juden und Jüdinnen") zugunsten eines analytischen Verständnisses zu erweitern, welches strukturelle wie institutionelle Aspekte, Einstellungen und Verhaltensweisen, gesetzliche Diskriminierung, gewaltförmige Erscheinungen (Segregation, Pogrom, Beraubung, wirtschaftliche Verdrängung, Enteignung, Vertreibung, Deportation, Genozid) sowie den alltäglichen Antisemitismus ebenso umfasst wie ideologische Aspekte und rassistische Wissenskonstrukte, etwa in Gestalt der Behauptung eines spezifischen „jüdischen Körpers". Als Struktur ist der Antisemitismus tief in die gesellschaftlichen Verhältnisse und in ihre Institutionen eingeschrieben, was sich beispielhaft an der feudalen Ständegesellschaft erläutern lässt, in der die Juden nicht als gleichberechtigt, sondern lediglich als geduldet galten. Juden waren im umfassenden Sinne „Außenseiter", insofern es ihnen zumeist verboten war, Ämter zu bekleiden und sie keineswegs über gleiche Rechte in der sich christlich definierenden Gemeinschaft verfügten. So war es ihnen seit dem allgemeinen Landfrieden des Jahres 1103 verboten, Waffen zu tragen, was zuvor nur für Priester, Unfreie und Knechte galt. Insofern die Rechtsfähigkeit eines mittelalterlichen Subjekts von der Eigenschaft Waffenträger zu sein abhing, stellte diese Anordnung eine strukturelle Verschlechterung der sozialen Lage der Juden dar, die sich durch den Erlass symbolisch auf die Stufe von Unfreien und Knechten gestellt sahen und sich im Konfliktfall nicht mit einer Waffe in der Hand verteidigen konnten. Von struktureller Relevanz war auch der Sachverhalt, dass sowohl die christlichen Zünfte wie Gilden den Juden den Zutritt verwehrten, wodurch in der feudalen Gesellschaft Juden zwangsläufig zum Außenseitertum verurteilt wurden, insofern das Lehnswesen auf einem Treueid des Vasallen in Gestalt eines christlichen Schwures basierte, den Juden nicht zu leisten vermochten.

Antisemitismus als Rassismus begreifen und ihn zu entmystifizieren heißt ihn als soziales Macht- und Herrschaftsverhältnis zu betrachten, das als äußerst heterogenes Ensemble sowohl Strukturen, Institutionen, Entscheidungen, Gesetze, administrative Maßnahmen, architektonische Ensembles (z. B. Kirchenbauten auf dem Platz von Synagogen, die sog. „Judensau" an Kirchenportalen), gewaltförmige Praxen, Einstellungen, Meinungen, Normen, Wertesysteme, Wissensproduktionen, Diskurse, Ideologeme sowie die Alltäglichkeit seiner Äußerung in Wort und Tat umfasst. Es gilt folglich, Verhalten wie Verhältnisse gleichermaßen umfassend zu analysieren. Rassistisches Handeln individueller wie kollektiver Akteure stellt dabei primär intendiertes Handeln dar, wobei beim Alltagsrassismus ebenso nicht beabsichtigtes Agieren vorliegen kann. Integral zu berücksichtigen ist ferner, dass die ideologische Seite des Antisemitismus sich tendenziell verselbstständigen und jenseits von Strukturen und Institutionen ein agiles wie dauerhaftes Eigenleben in Gestalt etwa von „kulturellen Codes" entfalten kann.

Der Antisemitismus ist eine der ältesten Formen des Rassismus, da dieser bereits in Gestalt der antiken Judenfeindschaft existierte. Die Analyse seiner Muster und historischen Verlaufsprozesse ist von hoher Relevanz, um diese Art des Rassismus überall, wo sie im 21. Jh. auftritt, sei es in Europa, den USA oder in arabischen, afrikanischen und asiatischen Ländern, entschieden bekämpfen zu können. Die Analyse des Antisemitismus trägt dazu bei, das Wesen des Rassismus an sich zu begreifen, zumal seine Narrative historisch vielfach auf andere Opfergruppen, wie u. a. auf Sinti und Roma, transferiert wurden, die man etwa bezichtigte, „den Juden" bei der Kreuzigung Jesu assistiert zu haben. Antisemitismus als Form des Rassismus zu begreifen bedeutet sich zu lösen von einer verengten Fokussierung auf den Aspekt des Ideologischen bzw. der Weltanschauung oder Einstellung. In einem Online-Artikel der Bundeszentrale für politische Bildung mit dem Titel *Was heißt Antisemitismus?* heißt es:

»Es handelt sich beim Antisemitismus […] um ein spezifisches Phänomen: eine antimoderne Weltanschauung, die in der Existenz der Juden die Ursache sozialer, politischer, religiöser und kultureller Probleme sieht. Entsprechend wurden und werden bestimmte moderne politische Strömungen und Ordnungen (Liberalismus, Kommunismus, Demokratie, übernationale Organisationen) oder wirtschaftliche Entwicklungen (Finanzkapitalismus, Globalisierung) als Erfindungen ›jüdischen Geistes‹ betrachtet, die den anderen Nationen als etwas Fremdes aufgezwungen werden.« (Quelle: www.bpb.de/politik/extremismus/antisemitismus/37945/antisemitismus, Werner Bergmann)

Der ideologische Aspekt des Antisemitismus als eine Art Weltanschauung, die sämtliche soziale Friktionen den Juden anlastet, ist hier zwar durchaus treffend beschrieben, der Antisemitismus darf indes nicht auf Wertungen, Sichtweisen, Meinungen und Ansichten reduziert werden. Der Antisemitismus ist deutlich mehr als eine Weltanschauung, als ein ideologisches Phänomen und kann folglich nur unzureichend mit den Methoden der empirischen Meinungsforschung erfasst werden.

Das European Monitoring Center against Racism and Xenophobia (EUMC) in Wien definiert Antisemitismus wie folgt:

>»Der Antisemitismus ist eine bestimmte Wahrnehmung von Juden, die sich als Hass gegenüber Juden ausdrücken kann. Der Antisemitismus richtet sich in Wort oder Tat gegen jüdische oder nicht-jüdische Einzelpersonen und / oder deren Eigentum, sowie gegen jüdische Gemeindeinstitutionen oder religiöse Einrichtungen.«

Ergänzend fügt das EUMC hinzu:

>»Darüber hinaus kann auch der Staat Israel, der dabei als jüdisches Kollektiv verstanden wird, Ziel solcher Angriffe sein. Oft enthalten antisemitische Äußerungen die Anschuldigung, die Juden betrieben eine gegen die Menschheit gerichtete Verschwörung und seien dafür verantwortlich, dass ›die Dinge nicht richtig laufen‹. Der Antisemitismus manifestiert sich in Wort, Schrift und Bild sowie in anderen Handlungsformen, er benutzt negative Stereotype und unterstellt negative Charakterzüge.« (Quelle: european-forum-on-antisemitism. org/definition-of-antisemitism/deutsch-german)

Auffallend ist, dass auch bei dieser Definition strukturelle wie institutionelle Aspekte des Phänomens außen vor bleiben. Das Problem der Definition liegt u. a. in den „weißen Flecken", in der „Blackbox" der gesellschaftlichen Fundierung des sozialen Phänomens. Die EUMC fasst zwar unter Antisemitismus nicht nur Meinungen und Einstellungen, sondern ebenso physische Handlungen, indes bleibt der Antisemitismus staatlicherseits gänzlich unerwähnt. Beide zitierten Definitionen rücken in den Mittelpunkt ihrer Begriffsbestimmung den antisemitischen Einzelakteur und dessen Meinungen, bei der EUMC darüber hinaus ebenso dessen Handlungen und Taten. Gesellschaftliche Strukturen sowie staatliches bzw. institutionelles Agieren bleiben auf diese Weise ausgeblendet.

Antisemitismus als Form des Rassismus zu begreifen zielt nicht nur darauf ab, die definitorische Verengung auf das Ideologische zu überwinden, sondern ebenso darauf, das soziale Phänomen zweidimensional, d. h. sowohl in methodischer als auch in funktionaler Hinsicht zu definieren. Auffallend ist, dass die angeführten Definitionen sich zur Frage nach dem „Warum" des Antisemitismus kaum oder gar nicht äußern. Eine adäquate Antisemitismus-Definition sollte Antisemitismus daher *erstens* als Form des Rassismus begreifen, *zweitens* als soziales Phänomen fassen, welches individuelle wie kollektive Meinungen ebenso einschließt wie Handlungen und gesellschaftliche Verhältnisse in Gestalt von Strukturen und Institutionen sowie *drittens* den Antisemitismus sowohl methodisch wie funktional, d. h. zweidimensional definieren. In diesem Sinne soll Antisemitismus abschließend wie folgt definiert werden:

»Antisemitismus ist eine Form des Rassismus und stellt ein spezifisches Macht- und Herrschaftsverhältnis dar, welches die Gesellschaft in die Gruppe der Nichtjuden und die Gruppe der Juden spaltet, wobei die Kollektive antagonistisch und unversöhnlich gegenübergestellt werden und „dem Juden" die Schuld an nahezu allem gegeben wird mit dem Ziel der Vorteilsaneignung in ökonomischer, sozialer, kultureller wie psychologischer Hinsicht. Der Antisemitismus besteht aus Narrativen und Diskursen, strukturellen wie institutionellen Aspekten, unmittelbarer Gewalttätigkeit, welche vom physischen Übergriff bis hin zur Vertreibung und Vernichtung reichen kann, aus alltäglicher Diskriminierung gegen Juden und Jüdinnen bzw. gegen Personen, die als Juden konstruiert werden, sowie aus verbalen oder körperlichen Handlungen, die sich ebenso gegen jüdische Einrichtungen oder Symbole wie gegen den jüdischen Staat richten können.«

Antisemitismus als Rassismus begreifen wirft zugleich Fragen auf nach der Reichweite wie nach den Grenzen der Vergleichbarkeit verschiedener Formen des Rassismus. Die Komparatistik verschiedener Rassismen kann dazu beitragen, Anleihen bzw. ideologemische Transfers aus anderen Rassismen zu erkennen, gemeinsame Charakteristika herauszuarbeiten ebenso wie die Spezifik des Antisemitismus präziser zu erfassen. Vergleiche sind also in vielfältiger Weise nützlich und eröffnen nicht zuletzt neue didaktische Zugänge im Kampf gegen das soziale Phänomen. So wichtig es ist, Parallelen herauszuarbeiten, um die Mechanismen der Fremdheitsproduktion besser zu verstehen und zu durchschauen, so wichtig ist und bleibt es, stets auch Besonderheiten, Spezifika und Singularitäten klar zu benennen. Die Singularität des Antisemitismus folgt weder aus der Mächtigkeit noch aus Verschwörungstheorien, sondern aus den eliminatorischen Tendenzen, die insbesondere den Übergang zum modernen Antisemitismus, den sog. Rassenantisemitismus, auszeichnen und die schließlich zur Leitmaxime des dt. Nationalsozialismus, des dt. Staates und der dt. Politik wie von Tätern und Mittätern wurden und in der Singularität der Shoah kulminierten. Dieser Tatbestand markiert nicht nur die eindeutige Grenze der Vergleichbarkeit, sondern weist ebenso darauf hin, dass die Verwendung des Oberbegriffs Antisemitismus nicht dazu führen darf, direkte Wege von Haman oder Luther nach Hitler zu suggerieren. Während bei der Komparatistik der Rassismen Gemeinsamkeiten wie Unterschiede präzise herausgearbeitet und benannt werden müssen, entlastet der Terminus Antisemitismus nicht von der Aufgabe, Kontinuitätslinien wie Diskontinuitäten in der Geschichte der Judenfeindschaft präzise zu benennen, unterschiedliche Motive, heterogene Akteure wie qualitative Wandlungsprozesse überkommener judenfeindlicher Diskurse exakt zu analysieren. Ich hoffe, in dieser Hinsicht einen kleinen Beitrag geleistet zu haben.

Literaturverzeichnis

Aldag, Peter: Das Judentum in England, Berlin 1943.

Almog, Shmuel: Antisemitism through the Ages, Oxford 1988.

Althaus, Hans Peter: Mauscheln. Ein Wort als Waffe, Berlin 2002.

Althoff, Gerd u. a.: Menschen im Schatten der Kathedrale, Darmstadt 1998.

Anderson, Andrew Runni: Alexander's Gate, Gog and Magog, and the inclosed Nations, Cambridge 1932.

Arndt, Ernst Moritz: Deutsche Volkwerdung, Breslau 1934.

Arndt, Ernst Moritz: Volk und Staat, Leipzig 1933.

Arndt, Ernst Moritz: Blick aus der Zeit auf die Zeit, Germanien 1814.

Arnim, Achim von: Texte der deutschen Tischgesellschaft, Tübingen 2008.

Arnim, Achim von: Die Erzählungen und Romane, Bd. 2, Leipzig 1981.

Arnim, Achim von; Brentano, Clemens: Des Knaben Wunderhorn, Halle 1891.

Arnim, Achim von: Halle und Jerusalem, Heidelberg 1811.

Bahr, Hermann: Der Antisemitismus. Ein internationales Interview, Weimar 2005.

Battenberg, Friedrich J.: Die Juden in Deutschland vom 16. bis zum Ende des 18. Jahrhunderts, München 2001.

Bautz, Franz J.: Geschichte der Juden. Von der biblischen Zeit bis zur Gegenwart, München 1983.

Beek, Martinus Adrianus: Geschichte Israels, Stuttgart 1961.

Behr, Hartwig: Vom Leben und Sterben – Juden in Creglingen, Würzburg 2001.

Beller, Steven: Antisemitismus, Stuttgart 2009.

Ben-Sasson, Haim Hillel: Geschichte des jüdischen Volkes (3 Bde.), München 1978.

Benz, Wolfgang: Antisemitismus. Präsenz und Tradition eines Ressentiments, Schwalbach 2016.

Benz, Wolfgang: Handbuch des Antisemitismus, Berlin 2011 ff.

Benz, Wolfgang: Was ist Antisemitismus? München 2004a.

Benz, Wolfgang (Hrsg.): Die Judenfrage, München 2003.

Benz, Wolfgang; Bergmann, Werner (Hrsg.): Vorurteil und Völkermord. Entwicklungslinien des Antisemitismus, Freiburg 1997a.

Benz, Wolfgang (Hrsg.): Jahrbuch für Antisemitismusforschung 6, Frankfurt a. M. 1997b.

Benz, Wolfgang: Feindbild und Vorurteil. Beiträge über Ausgrenzung und Verfolgung, München 1996b.

Benz, Wolfgang: Antisemitismus in Deutschland. Zur Aktualität eines Vorurteils, München 1995.

Bergdolt, Klaus: Der schwarze Tod in Europa. Die große Pest und das Ende des Mittelalters, München 2011.

Berger, David (Hrsg.): History and Hate. The Dimensions of Anti-Semitism, Philadelphia 1986.

Bergmann, Werner; Wyrwa, Ulrich: Antisemitismus in Zentraleuropa, Darmstadt 2011.

Bergmann, Werner (Hrsg. u. a.): Antisemitismusforschung in den Wissenschaften,
Berlin 2004.

Bergmann, Werner: Geschichte des Antisemitismus, München 2002.

Bering, Dietz: War Luther Antisemit? Das deutsch-jüdische Verhältnis als Tragödie der Nähe,
Berlin 2014.

Best, Renate (Hrsg.): Saul Ascher. Ausgewählte Werke, Köln 2010.

Beuys, Barbara: Heimat und Hölle. Jüdisches Leben in Europa durch zwei Jahrtausende, Reinbek bei Hamburg 1996.

Bienert, Walther: Martin Luther und die Juden, Frankfurt a. M. 1982.

Böhm, Franz (Hrsg. u. a.): Judentum. Schicksal, Wesen und Gegenwart (2 Bde.), Wiesbaden 1965.

Bossong, Georg: Die Sepharden. Geschichte und Kultur, München 2008.

Brakelmann, Günter; Rosowski, Martin (Hrsg.): Antisemitismus. Von religiöser Judenfeindschaft zur Rassenideologie, Göttingen 1989.

Braun, Christina von (Hrsg. u. a.): Das bewegliche Vorurteil. Aspekte des internationalen Antisemitismus, Würzburg 2004.

Braun, Christina von (Hrsg. u. a.): Der ewige Judenhass, Stuttgart 1990.

Brenner, Michael; Meyer, Michael A. (Hrsg. u. a.): Deutsch-Jüdische Geschichte in der Neuzeit (4 Bde.), München 1996 ff.

Brentano, Clemens: Erzählungen und Märchen, Dortmund 1985.

Brentano, Clemens: Gockel, Hinkel und Gackeleia, Linz 1905.

Brewitz, Walther: Von Abraham bis Rathenau. Viertausend Jahre jüdischer Geschichte, Berlin 1937.

Bringmann, Klaus: Geschichte der Juden im Altertum. Vom babylonischen Exil bis zur arabischen Eroberung, Stuttgart 2005.

Bruer, Albert: Aufstieg und Niedergang. Eine Geschichte der Juden in Deutschland, Köln 2006.

Bruer, Albert: Geschichte der Juden in Preußen (1750–1820), Frankfurt a. M. 1998.

Brüggemeier, Franz-Josef (Hrsg. u. a.): Menschen im Jahr 1000, Freiburg 1999.

Brumlik, Micha: Deutscher Geist und Judenhass, München 2000.

Brunner, Constantin: Der Judenhass und die Juden, Berlin 2004.

Bühl, Achim: Rassismus. Anatomie eines Machtverhältnisses, Wiesbaden 2016.

Bühl, Achim: Islamophobie und Antisemitismus, in: Blätter für dt. und intern. Politik 3/2010, S. 17–21.

Bühl, Achim: Antisemitismus von Beschneidungsverboten, in: Blickpunkt.E. Materialien zu Christentum, Judentum, Israel und Nahost, 10/2012, S. 18–19.

Buttaroni, Susanna (Hrsg. u. a.): Ritualmord. Legenden in der europäischen Geschichte, Wien 2003.

Büsch, Otto u. a.: Moderne Preußische Geschichte, Berlin 1981.

Caro, Georg: Sozial- und Wirtschaftsgeschichte der Juden im Mittelalter und der Neuzeit. Das spätere Mittelalter, Leipzig 1920.

Caro, Georg: Sozial- und Wirtschaftsgeschichte der Juden im Mittelalter und der Neuzeit. Das frühere und das hohe Mittelalter, Leipzig 1908.

Clauss, Manfred: Das alte Israel, München 1999.

Claussen, Detlev: Vom Judenhass zum Antisemitismus, Darmstadt 1987a.

Claussen, Detlev: Grenzen der Aufklärung. Zur gesellschaftlichen Geschichte des modernen Antisemitismus, Frankfurt a. M. 1987b.

Cohen, Arthur A.: Der natürliche und der übernatürliche Jude. Das Selbstverständnis des Judentums in der Neuzeit, Freiburg 1966.

Czermak, Gerhard: Christen gegen Juden. Geschichte einer Verfolgung, Nördlingen 1989.

Deeg, Peter: Hofjuden, Nürnberg 1939.

Detmers, Achim u. a. (Hrsg.): Bundeseinheit und Gottesvolk, Wuppertal 2005.

Diekmann, Irene A.: Das Emanzipationsedikt von 1812 in Preußen. Der lange Weg der Juden zu „Einländern" und „preußischen Staatsbürgern", Berlin 2013.

Dirnbeck, Josef: Die Inquisition. Eine Chronik des Schreckens, München 2001.

Dischereit, Esther: Übungen jüdisch zu sein, Frankfurt a. M. 1998.

Dohm, Christian Wilhelm: Ueber die bürgerliche Verbesserung der Juden, Berlin 1781.

Drewitz, Ingeborg: Berliner Salons. Gesellschaft und Literatur, Berlin 1984.

Dubnow, Simon: Die Alte Geschichte des jüdischen Volkes. Orientalische Periode, Berlin 1925.

Eisenmenger, Johann Andreas: Entdecktes Judentum, Dresden 1893.

Elbogen, Ismar; Sterling, Eleonore: Die Geschichte der Juden in Deutschland, Wiesbaden 1982.

Elwenspoek, Curt: Jud Süß Oppenheimer. Der große Finanzier und galante Abenteurer des 18. Jahrhunderts, Stuttgart 1926.

Endres, Elisabeth: Die gelbe Farbe. Die Entwicklung der Judenfeindschaft aus dem Christentum, München 1989.

Erb, Rainer (Hrsg.): Die Legende vom Ritualmord. Zur Geschichte der Blutbeschuldigung gegen Juden, Berlin 1993.

Erb, Rainer; Bergmann, Werner: Die Nachtseite der Judenemanzipation. Der Widerstand gegen die Integration der Juden in Deutschland 1780–1860, Berlin 1989.

Erb, Rainer (Hrsg.): Antisemitismus und jüdische Geschichte, Berlin 1987.

Fasel, Peter: Revolte und Judenmord. Hartwig von Hundt-Radowsky (1780–1835), Berlin 2010.

Feuchtwanger, Lion: Jud Süss, Berlin 1931.

Fiorentino, Giovanni: Italienische Renaissance-Novellen, Dortmund 1985.

Fischer, Horst: Judentum, Staat und Heer in Preußen im frühen 19. Jh., Tübingen 1968.

Fischer, Jens Malte: Richard Wagners „Das Judentum in der Musik", Würzburg 2015.

Fohrer, Georg: Geschichte Israels, Heidelberg 1979.

Freund, Ismar: Die Emanzipation der Juden in Preußen. Erster Band: Darstellung, Berlin 1912a.

Freund, Ismar: Die Emanzipation der Juden in Preußen. Zweiter Band: Urkunden, Berlin 1912b.

Fries, Jakob Friedrich: Ueber die Gefährdung des Wohlstandes und Charakters der Deutschen durch die Juden, Heidelberg 1816.

Fuchs, Eduard: Die Juden in der Karikatur. Ein Beitrag zur Kulturgeschichte, München 1921.

Gall, Lothar: Hardenberg. Reformer und Staatsmann, München 2016.

Garz, Detlef u. a.: Über den Mangel an Charakter des deutschen Volkes, Oldenburg 2006.

Gay, Ruth: Geschichte der Juden in Deutschland. Von der Römerzeit bis zum Zweiten Weltkrieg, München 1993.

George, J. R.: Jud Süß, Berlin 1941.

Geppert, Hans: Achim von Arnims Romanfragment „Die Kronenwächter", Tübingen 1979.

Gerber, Barbara: Jud Süß. Aufstieg und Fall im frühen 18. Jh., Hamburg 1990.

Gidal, Nachum T.: Die Juden in Deutschland. Von der Römerzeit bis zur Weimarer Republik, Köln 1997.

Gilbert, Martin: Das jüdische Jahrhundert, München 2001.

Gilman, Sander L.: Jewish Frontiers. Essays on Bodies, Histories, and Identities, New York 2003.

Gilman, Sander L. (Hrsg. u. a.): „Der schejne Jid". Das Bild des „jüdischen Körpers" in Mythos und Ritual, Wien 1998.

Gilman, Sander L.: Rasse, Sexualität und Seuche, Hamburg 1992.

Gilman, Sander L. (Hrsg. u. a.): Anti-Semitism in Times of Crisis, New York 1991.

Ginzel, Günther B. (Hrsg.): Antisemitismus. Erscheinungsformen der Judenfeindschaft gestern und heute, Bielefeld 1991.

Giroud, Françoise: Cosima Wagner. Mit Macht und mit Liebe, München 1998.

Glatzer, Nahum Norbert: Geschichte der talmudischen Zeit, Neukirchen-Vluyn 1981.

Gollaher, David: Das verletzte Geschlecht. Die Geschichte der Beschneidung, Berlin 2002.

Gow, Andrew Colin: The Red Jews. Antisemitism in an Apocalyptic Age 1200–1600, Leiden 1995.

Grab, Walter: Der deutsche Weg der Juden-Emanzipation 1789–1938, München 1991.

Graetz, Heinrich: Geschichte der Juden, Leipzig 1890.

Grattenauer, C. W. F.: Wider die Juden. Ein Wort der Warnung an alle unsere christliche Mitbürger (Pseudonym: Johann Wilhelm Schmidt), Berlin 1803.

Graus, František: Pest – Geissler – Judenmorde. Das 14. Jh. als Krisenzeit, Göttingen 1987.

Gregorovius, Ferdinand: Wanderjahre in Italien, Leipzig 1864.

Greive, Hermann: Geschichte des modernen Antisemitismus in Deutschland, Darmstadt 1988.

Grözinger, Elvira: Die schöne Jüdin. Klischees, Mythen und Vorurteile über Juden in der Literatur, Berlin 2003.

Gronke, Horst (Hrsg. u. a.): Antisemitismus bei Kant und anderen Denkern der Aufklärung, Würzburg 2001.

Gross, Raphael (Hrsg. u. a.): Im Licht der Menora. Jüdisches Leben in der römischen Provinz,
Frankfurt a. M. 2014.

Grossmann, Juna: Schonzeit vorbei. Über das Leben mit dem alltäglichen Antisemitismus, München 2018.

Günther, Meike: Der Feind hat viele Gesichter. Antisemitische Bilder von Körpern, Berlin 2012.

Haasis, Hellmut G.: Joseph Süß Oppenheimer, genannt Jud Süß. Finanzier, Freidenker, Justizopfer, Reinbek bei Hamburg 1998.

Hahn, Hans-Joachim (Hrsg. u. a.): Beschreibungsversuche der Judenfeindschaft. Zur Geschichte der Antisemitismusforschung vor 1944, Berlin 2015.

Härtl, Heinz (Hrsg. u. a.): „Die Erfahrung anderer Länder". Beiträge eines Wiepersdorfer Kolloquiums zu Achim und Bettina von Arnim, Berlin 1994.

Hauff, Wilhelm: Gesammelte Werke, Stuttgart 1970.

Hauff, Wilhelm: Werke, Bd. 3, Zürich 1961.

Haumann, Heiko: Geschichte der Ostjuden, München 1998.

Heiden, Anne von der: Der Jude als Medium. „Jud Süß", Zürich 2005.

Heil, Johannes: „Gottesfeinde" – „Menschenfeinde". Die Vorstellung von jüdischer Weltverschwörung (13.–16. Jahrhundert), Essen 2006.

Heil, Johannes: „Antijudaismus" und „Antisemitismus", in: Benz, Wolfgang (Hrsg.): Jahrbuch für Antisemitismusforschung 6, Berlin 1997, S. 92–114.

Heilbron, Christian (Hrsg. u. a.): Neuer Antisemitismus? Fortsetzung einer globalen Debatte, Frankfurt a. M. 2019.

Heine, Heinrich: Heines Werke in fünf Bänden, Berlin 1976.

Heise, Werner: Die Juden in der Mark Brandenburg bis zum Jahre 1571, Berlin 1932.

Henschel, Gerhard: Neidgeschrei. Antisemitismus und Sexualität, Hamburg 2008.

Hentges, Gudrun (Hrsg. u. a.): Antisemitismus, Heilbronn 1995.

Herhold, Volker: Antisemitismus in der Antike. Kontinuitäten und Brüche eines historischen Phänomens, Gutenberg 2007.

Hertz, Deborah: Die jüdischen Salons im alten Berlin, München 1995.

Herzfeld, Erika: Juden in Brandenburg-Preußen, Berlin 2001.

Herzig, Arno (Hrsg. u. a.): Die Geschichte der Juden in Deutschland, Hamburg 2007.

Herzig, Arno: Jüdische Geschichte in Deutschland, München 1997.

Heyden-Rynsch, Verena von der: Europäische Salons, München 1992.

Hirsch, Rudolf; Schuder, Rosemarie: Der gelbe Fleck. Wurzeln und Wirkungen des Judenhasses in der deutschen Geschichte, Köln 2006.

Hoffmann, Andrea (Hrsg. u. a.): Die kulturelle Seite des Antisemitismus zwischen Aufklärung und Shoah, Tübingen 2006.

Hollstein, Dorothea: „Jud Süß" und die Deutschen. Antisemitische Vorurteile im national sozialistischen Spielfilm, Frankfurt a. M. 1983.

Horch, Hans Otto (Hrsg. u. a.): Conditio Judaica. Judentum, Antisemitismus und deutschsprachige Literatur vom 18. Jh. bis zum Ersten Weltkrieg, Tübingen 1989.

Horch, Hans Otto (Hrsg. u. a.): Judentum, Antisemitismus und europäische Kultur, Tübingen 1988.

Hsia, Po-chia R.: Trient 1475. Geschichte eines Ritualmordprozesses, Frankfurt a. M. 1997.

Humboldt, Wilhelm von: Ausgewählte Schriften, Berlin 1910.

Hundt-Radowsky, Hartwig: Neuer Judenspiegel oder Apologie der Kinder Israels, Cannstadt 1828.

Hundt-Radowsky, Hartwig: Die Judenschule, oder gründliche Anleitung, in kurzer Zeit ein
vollkommener schwarzer oder weißer Jude zu werden, Stuttgart 1822.

Hundt-Radowsky, Hartwig: Truthähnchen, Merseburg 1819a.

Hundt-Radowsky, Hartwig: Judenspiegel, Würzburg 1819b.

Jahr, Christoph (Hrsg. u. a.): Feindbilder in der deutschen Geschichte, Berlin 1994.

Jensen, Uffa: Gebildete Doppelgänger. Bürgerliche Juden und Protestanten im 19. Jahrhundert, Göttingen 2005.

Josephus, Flavius: Kleinere Schriften („Gegen Apion"), Wiesbaden 1993.

Jüdisches Museum der Stadt Wien (Hrsg.): Die Macht der Bilder. Antisemitische Vorurteile und Mythen, Wien 1995.

Julius, Anthony: Trials of the Diaspora. A History of Anti-Semitism in England, Oxford 2010.

Justinus: Dialog mit dem Juden Tryphon, Wiesbaden 2005.

Kahler, Erich von: Judentum und Judenhass, Wien 1991.

Kant, Immanuel: Die Religion innerhalb der Grenzen der bloßen Vernunft und Streit der Facultäten (Kant's sämtliche Werke, Bd. 10), Leipzig 1838.

Kant, Immanuel: Die Religion innerhalb der Grenzen der bloßen Vernunft (Werke in zwölf Bänden), Bd. VIII, Frankfurt a. M. 1964.

Kampmann, Wanda: Deutsche und Juden. Die Geschichte der Juden in Deutschland vom Mittelalter bis zum Beginn des Ersten Weltkriegs, Heidelberg 1963.

Katz, Jacob: Vom Vorurteil bis zur Vernichtung. Der Antisemitismus 1700–1933, München 1989.

Katz, Jacob: Exclusiveness and Tolerance. Studies in Jewish-Gentile Relations in Medieval and Modern Times, New York 1969.

Kaufmann, Thomas: Luthers Juden, Stuttgart 2014.

Kaufmann, Thomas: Luthers „Judenschriften", Tübingen 2011.

Kertzer, David I.: Die Päpste gegen die Juden. Der Vatikan und die Entstehung des modernen Antisemitismus, München 2004.

Keuck, Thekla: Hofjuden und Kulturbürger, Göttingen 2011.

Klatzkin, Jakob; Elbogen, Imanuel (Hrsg.): Encyclopaedia Judaica, Berlin 1928 ff.

Klemig, Roland u. a.: Juden in Preußen. Ein Kapitel deutscher Geschichte, München 1989.

Knaack, Jürgen: Achim von Arnim – Nicht nur Poet, Darmstadt 1976.

Kotowski, Elke-Vera (Hrsg. u. a.): Handbuch zur Geschichte der Juden in Europa (2 Bde.), Darmstadt 2001.

Krah, Franziska: „Ein Ungeheuer, das wenigstens theoretisch besiegt sein muss." Pioniere der Antisemitismusforschung in Deutschland, Frankfurt a. M. 2016.

Kreis, Rudolf: Antisemitismus und Kirche, Hamburg 1999.

Kübler, Mirjam: Judas Iskariot. Das abendländische Judasbild und seine antisemitische Instrumentalisierung im Nationalsozialismus, Waltrop 2007.

Lange, Nicholas de: Illustrierte Geschichte des Judentums, Frankfurt a. M. 2000.

Lapide, Pinchas E.: Rom und die Juden, Freiburg 1967.

Laqueur, Walter: Gesichter des Antisemitismus. Von den Anfängen bis heute, Berlin 2008.

Lemm, Robert: Die Spanische Inquisition, München 1996.

Leschnitzer, Adolf: Saul und David. Die Problematik der deutsch-jüdischen Lebensgemeinschaft, Heidelberg 1954.

Liebeschütz, Hans: Synagoge und Ecclesia. Religionsgeschichtliche Studien über die Auseinandersetzung der Kirche mit dem Judentum im Hochmittelalter, Heidelberg 1983.

Liebeschütz, Hans (Hrsg. u. a.): Das Judentum in der deutschen Umwelt 1800–1850, Tübingen 1977.

Litt, Stefan: Geschichte der Juden Mitteleuropas 1500–1800, Darmstadt 2009.

Luther, Martin: Die Werke Martin Luther's, ausgewählt von G. Pfizer, Frankfurt a. M. 1840.

Luther, Martin: Vom Schem Hamephorasch und vom Geschlechte Christi, Berlin 2017.

Luther, Martin: Von den Juden und ihren Lügen, Berlin 2016.

Marcard, Heinrich Eugen: Ueber die Möglichkeit der Juden-Emanzipation im christlich- germanischen Staat, Minden 1843a.

Marcard, Heinrich Eugen: Darf ein Jude Mitglied einer Obrigkeit sein, die über christliche Unterthanen gesetzt ist? Minden 1843b.

Margaritha, Antonius: Der gantz Jüdisch Glaub, Frankfurt a. M. 1544.

Marr, Wilhelm: Lessing contra Sem, Berlin 1885.

Marr, Wilhelm: Der Weg zum Siege des Germanenthums über das Judenthum, Berlin 1880a.

Marr, Wilhelm: Goldene Ratten und rothe Mäuse, Chemnitz 1880b.

Marr, Wilhelm: Der Sieg des Judenthums über das Germanenthum, Bern 1879a.

Marr, Wilhelm: Vom jüdischen Kriegsschauplatz, Bern 1879b.

Marr, Wilhelm: Der Judenspiegel, Hamburg 1862.

Martin, Bernd (Hrsg. u. a.): Die Juden als Minderheit in der Geschichte, München 1981.

Müller, Adam Heinrich: Die Elemente der Staatskunst, Bd. 1, Berlin 1809.

Nachama, Andreas (Hrsg. u. a.): Juden in Berlin, Berlin 2001.

Nancy, Jean-Luc: Der ausgeschlossene Jude in uns, Zürich 2018.

Naumann, Michael (Hrsg.): „Es muss doch in diesem Lande wieder möglich sein …". Der neue Antisemitismus-Streit, München 2002.

Nienhaus, Stefan (Hrsg.): Texte der deutschen Tischgesellschaft, Tübingen 2008.

Nienhaus, Stefan: Geschichte der deutschen Tischgesellschaft, Tübingen 2003.

Nirenberg, David: Anti-Judaismus. Eine andere Geschichte des westlichen Denkens, München 2017.

Noethlichs, Karl Leo: Die Juden im christlichen Imperium Romanum, Berlin 2001.

Nonn, Christoph: Antisemitismus, Darmstadt 2008.

Obermann, Heiko A.: Wurzeln des Antisemitismus, Berlin 1981.

Och, Gunnar: Imago judaica. Juden und Judentum im Spiegel der deutschen Literatur 1750–1812, Würzburg 1995.

Oestertle, Günter: Juden, Philister und romantische Intellektuelle. Überlegungen zum Antisemitismus in der Romantik, in: Jahrbuch für Romantik 2/1992, S. 55–89.

Oomen, Hans-Gert (Hrsg. u. a.): Vorurteile gegen Minderheiten. Die Anfänge des modernen Antisemitismus am Beispiel Deutschlands, Stuttgart 1978.

Osiander, Andreas: Das Judenbüchlein. Schrift über die Blutbeschuldigung, Kiel 1993.

Osten-Sacken von der, Peter: Martin Luther und die Juden, Stuttgart 2002.

Osterkamp, Ernst (Hrsg. u. a.): Wilhelm Hauff oder die Virtuosität der Einbildungskraft, Göttingen 2005.

Pangritz, Andreas: Theologie und Antisemitismus. Das Beispiel Martin Luthers, Frankfurt a. M. 2017.

Parkes, James: Antisemitismus, München 1964.

Pfahl-Traughber, Armin: Antisemitismus in der dt. Geschichte, Berlin 2002.

Poliakov, Léon: Geschichte des Antisemitismus (acht Bde.), Worms 1977/1981.

Prinz, Joachim: Illustrierte Jüdische Geschichte, Berlin 1930.

Purschwitz, Anne: Jude oder preußischer Bürger? Die Emanzipationsdebatte, Göttingen 2018.

Puschner, Marco: Antisemitismus im Kontext der politischen Romantik, Tübingen 2008.

Rabinovici, Doron (Hrsg. u. a.): Neuer Antisemitismus? Eine globale Debatte, Frankfurt a. M. 2004.

Ranan, David: Muslimischer Antisemitismus. Eine Gefahr für den gesellschaftlichen Frieden in Deutschland? Bonn 2018.

Reihlen, Helmut: Christian Peter Wilhelm Beuth, Berlin 2014.

Reinke, Andreas: Geschichte der Juden in Deutschland 1781–1933, Darmstadt 2007.

Rengstorf, Karl Heinrich (Hrsg. u. a.): Kirche und Synagoge. Handbuch zur Geschichte von Christen und Juden (2 Bde.), München 1988.

Rensmann, Lars (Hrsg. u. a.): Feindbild Judentum. Antisemitismus in Europa, Berlin 2008.

Rensmann, Lars: Demokratie und Judenbild. Antisemitismus in der politischen Kultur der Bundesrepublik Deutschland, Wiesbaden 2004.

Rill, Bernd: Die Inquisition und ihre Ketzer, Puchheim 1982.

Rohrbacher, Stefan: Gewalt im Biedermeier. Antijüdische Ausschreitungen in Vormärz und Revolution (1815–1848/49), Frankfurt a. M 1993.

Rohrbacher, Stefan; Schmidt, Michael: Judenbilder, Reinbek bei Hamburg 1991.

Roth, Cecil: Geschichte der Juden, Köln 1964.

Roth, Norman: Conversos, Inquisition, and the Expulsion of the Jews from Spain, Madison 2002.

Rudolph, Jörg; Schölzel, Christian: Christian Peter Wilhelm Beuth und seine Haltung zum Judentum. Unveröffentlichtes, online verfügbares Gutachten, Berlin 2017.

Rübenach, Bernhard (Hrsg.): Begegnungen mit dem Judentum, Stuttgart 1981.

Ruether, Rosemary: Nächstenliebe und Brudermord. Die theologischen Wurzeln des Antisemitismus, München 1978.

Rühs, Fridrich: Ueber die Ansprüche der Juden an das deutsche Bürgerrecht, Berlin 1816.

Rürup, Reinhard: Emanzipation und Antisemitismus: Studien zur „Judenfrage" der bürgerlichen Gesellschaft, Frankfurt a. M. 2016.

Rürup, Reinhard: Jüdische Geschichte in Berlin. Bilder und Dokumente, Berlin 1995.

Salzborn, Samuel: Antisemitismus. Geschichte, Theorie, Empirie, Baden-Baden 2014.

Salzborn, Samuel: Antisemitismus als negative Leitidee der Moderne. Sozialwissenschaftliche Theorien im Vergleich, Frankfurt a. M. 2010.

Salzborn, Samuel (Hrsg.): Antisemitismus – Geschichte und Gegenwart, Gießen 2004.

Sartre, Jean-Paul: Überlegungen zur Judenfrage, Reinbek bei Hamburg 1994.

Sasse, Martin (Hrsg.): Martin Luther und die Juden – „Weg mit ihnen!", Freiburg 1938.

Schäfer, Peter: Judenhass und Judenfurcht. Die Entstehung des Antisemitismus in der Antike, Berlin 2010.

Schall, Ute: Die Juden im Römischen Reich, Regensburg 2002.

Schenk, Tobias: Wegbereiter der Emanzipation? Studien zur Judenpolitik des „Aufgeklärten Absolutismus" in Preußen (1763–1812), Berlin 2010.

Schilling, Heinz (Hrsg.): Der Reformator Martin Luther 2017, Berlin 2014.

Schneider, Rolf: Süß und Dreyfus, Göttingen 1991.

Schoeps, Julius H. u. a.: Bilder der Judenfeindschaft. Antisemitismus – Vorurteile und Mythen, Frankfurt a. M. 1997.

Schoeps, Julius H.: „Du Doppelgänger, Du bleicher Geselle ...". Deutsch-jüdische Erfahrungen im Spiegel dreier Jahrhunderte 1700–2000, Berlin 2004.

Schoeps, Julius H.: Neues Lexikon des Judentums, München 1992.

Schramm, Hellmut: Der Jüdische Ritualmord, Berlin 1943.

Schreckenberg, Heinz: Die christlichen Adversus-Judaeos-Texte (11.–13. Jh.), Frankfurt a M. 1988.

Schrönghamer-Heimdal, Franz: Judas, der Weltfeind. Die Judenfrage als Menschheitsfrage und ihre Lösung im Lichte der Wahrheit, München 1919.

Schubert, Kurt: Jüdische Geschichte, München 1995.

Schulte, Marion: Über die bürgerlichen Verhältnisse der Juden in Preußen, Berlin 2013.

Schwanitz, Dietrich: Das Shylock-Syndrom. Die Dramaturgie der Barbarei, Frankfurt a. M. 1997.

Schwarz-Friesel, Monika (Hrsg.): Gebildeter Antisemitismus. Eine Herausforderung für Politik und Zivilgesellschaft, Baden-Baden 2015.

Schwarz-Friesel, Monika (Hrsg.): Aktueller Antisemitismus – ein Phänomen der Mitte, Berlin 2010.

Seibert, Peter: Der literarische Salon. Literatur und Gesellschaft, Stuttgart 1993.

Shakespeare, William: Der Kaufmann von Venedig (mit Bildern von Harold Bengen), Berlin 1921.

Simmel, Ernst (Hrsg.): Antisemitismus, Münster 2017.

Spiegel, Paul: Was ist koscher? Jüdischer Glaube – jüdisches Leben, Berlin 2004.

Staffelsteiner, Paul: Von dem Messia, Heidelberg 1560.

Stemberger, Günther: Das klassische Judentum. Kultur und Geschichte der rabbinischen Zeit (70 n. Chr. bis 1040 n. Chr.), München 1979.

Stoetzler, Marcel (Hrsg.): Antisemitism and the Constitution of Sociology, Lincoln 2014.

Sydow, Anna von (Hrsg.): Wilhelm und Caroline von Humboldt in ihren Briefen, vierter Band, Federn und Schwerter in den Freiheitskriegen, Briefe von 1812–1815, Berlin 1910.

Tacitus: Historien, Stuttgart 2018.

Thalheimer, Siegfried: Die Affäre Dreyfus, München 1963.

Thieme, Karl: Judenfeindschaft. Darstellung und Analysen, Frankfurt a. M. 1963.

Toch, Michael: Die Juden im mittelalterlichen Reich, München 1998.

Toland, John: Reasons for Naturalizing the Jews in Great Britain and Ireland, on the same foot with all other Nations, London 1714.

Torres, Max Sebastián Hering: Rassismus in der Vormoderne. Die „Reinheit des Blutes" im Spanien der Frühen Neuzeit, Frankfurt a. M. 2006.

Toury, Jacob: Soziale und politische Geschichte der Juden in Deutschland 1847–1871, Düsseldorf 1977.

Trachtenberg, Joshua: The Devil and the Jews. The medieval Conception of the Jew and its Relation to modern Antisemitism, New Haven 1943.

Urban, Monika: Von Ratten, Schmeißfliegen und Heuschrecken. Judenfeindliche Tiersymbolisierungen und die postfaschistischen Grenzen des Sagbaren, Köln 2018.

Veltzke, Veit: Der Mythos des Erlösers. Richard Wagners Traumwelten und die deutsche Gesellschaft 1871–1918, Stuttgart 2002.

Vogel, Barbara (Hrsg.): Preußische Reformen 1807–1820, Köln 1980.

Volkov, Shulamit: Die Juden in Deutschland 1780–1918, München 1994.

Wagner, Richard: Kunst und Revolution, Potsdam 1935.

Wagner, Richard: Sämtliche Schriften und Dichtungen, 5. Bd., Leipzig 1920.

Wahren, Reinhard: Baukünstler und Ingenieur, Berlin 2016.

Weiner, Marc A.: Antisemitische Fantasien. Die Musikdramen Richard Wagners, Berlin 2000.

Westphalus, Dudulaeus: Der immer in der Welt herumwandernde Jude, Leiden 1634.

Wilczek, Bernd (Hrsg. u. a.): Amsterdam 1582–1672. Morgenröte des bürgerlichen Kapitalismus, Bühl-Moos 1993.

Wilhelmy-Dollinger, Petra: Die Berliner Salons, Berlin 2000.

Wippermann, Wolfgang: Agenten des Bösen, Verschwörungstheorien von Luther bis heute, Berlin 2007.

Wistrich, Robert: Der antisemitische Wahn, München 1987.

Wolbe, Eugen: Geschichte der Juden in Berlin und der Mark Brandenburg, Berlin 1937.

Yavetz, Zvi: Judenfeindschaft in der Antike, Frankfurt a. M. 1997.

Zimmermann, Volker: Die Entwicklung des Judeneids, Frankfurt a. M. 1973.

Zuckermann, Moshe: Der allgegenwärtige Antisemit. Die Angst der Deutschen vor der Vergangenheit, Frankfurt a. M. 2019.

FSC
www.fsc.org
MIX
Papier aus ver-
antwortungsvollen
Quellen
FSC® C083411

Bibliografische Information der Deutschen Nationalbibliothek
Die Deutsche Nationalbibliothek verzeichnet diese Publikation in der
Deutschen Nationalbibliografie; detaillierte bibliografische Daten sind
im Internet über
http://dnb.d-nb.de abrufbar.

Originalausgabe

© by marixverlag in der Verlagshaus Römerweg GmbH, Wiesbaden 2019
Covergestaltung: Anja Carrà, Weimar
Bildnachweis: Ein Mann mit erhobener Keule vor einer Gruppe Juden.
Aus der Chronica Roffense (Flores Historiarum) von Matthew
Paris. © akg-images / British Library
Satz und Bearbeitung: SATZstudio Josef Pieper, Bedburg-Hau
Der Titel wurde in der Palatino Linotype gesetzt.
Gesamtherstellung: CPI books GmbH, Leck – Germany

ISBN: 978-3-7374-1124-0

Mehr über Ideen, Autoren und Programm des Verlags finden Sie auf
www.verlagshausroemerweg.de und in Ihrer Buchhandlung.